BODO STEPHAN

Das Rechtsschutzbedürfnis

NEUE KÖLNER RECHTSWISSENSCHAFTLICHE ABHANDLUNGEN

HERAUSGEGEBEN VON
DER RECHTSWISSENSCHAFTLICHEN FAKULTÄT
DER UNIVERSITÄT ZU KÖLN

HEFT 50

Berlin 1967

WALTER DE GRUYTER & CO.
vormals G. J. Göschen'sche Verlagshandlung · J. Guttentag, Verlagsbuchhandlung
Georg Reimer · Karl J. Trübner · Veit & Comp.

Das Rechtsschutzbedürfnis

Eine Gesamtdarstellung unter besonderer Berücksichtigung
des Verfassungsprozesses

Von

Dr. Bodo Stephan

Berlin 1967

WALTER DE GRUYTER & CO.

vormals G. J. Göschen'sche Verlagshandlung · J. Guttentag, Verlagsbuchhandlung
Georg Reimer · Karl J. Trübner · Veit & Comp.

Gedruckt mit Unterstützung der Stiftung Volkswagenwerk

Archiv-Nr. 27 08 67 2

Satz und Druck: Saladruck Steinkopf & Sohn, Berlin 36

Meiner lieben Mutter
dem Gedächtnis meines Vaters
meiner lieben Frau

VORWORT

Die Sachentscheidungsvoraussetzung des Rechtsschutzbedürfnisses beschäftigt seit langem die Wissenschaft und in einer kaum noch überschaubaren Fülle von Entscheidungen vor allem die Praxis. Die generalklauselartige Vagheit dieses Instituts und die Schwierigkeit seiner rechtstheoretischen Präzisierung bergen jedoch bei seiner Anwendung nicht selten die Gefahr in sich, mit den Verfassungsrechtswerten der Rechtssicherheit und der Berechenbarkeit der Rechtsdurchsetzung, auf die jedes Verfahrensrecht ausgerichtet sein muß, in Widerstreit zu geraten.

In der vorliegenden Arbeit ist der Versuch unternommen, den nach fast hundertjähriger Entwicklung zwar fast unangefochten gehandhabten, jedoch gerade wegen seiner Weite noch immer rechtstheoretisch umstrittenen Begriff des Rechtsschutzbedürfnisses in einer verfahrensrechtlichen Gesamtschau kritisch und möglichst umfassend zu behandeln und derart dem Bemühen um klarere Grundlagen für seine Anwendung einen neuen Anstoß zu verleihen. Neben ihrer spezifisch verfassungsprozessualen Aufgabenstellung trägt die Untersuchung daher ausgeprägt allgemein-verfahrensrechtliche Züge.

Ausgangspunkt der Überlegungen ist der „Mutterboden" des Zivilprozeßrechts, wenn sie sich auch darum bemühen, einen Schnitt durch sämtliche Prozeßrechte zu legen. Dabei hat sich die Arbeit der Aufgabe verpflichtet gefühlt, zu einer Institutionenlehre der Allgemeinen Prozeßrechtslehre beizutragen und die noch wenig entwickelte spezifisch verfassungsprozessuale Systematik, wenn auch auf begrenztem Gebiet, zu fördern. Die Untersuchung stützt sich daher nach der Darlegung der inneren Rechtfertigung und des Aufgabenbereichs — sowie der Grenzen — des Rechtsschutzbedürfnisses auf eine möglichst exakt aufgestellte Typologie abstrakter Fallgestaltungen seines Fehlens und schränkt zu deren Gunsten kasuistisches Verbreitern in Einzelfälle bewußt ein. Bei der Behandlung des Rechtsschutzbedürfnisses im Verfassungsprozeß bemüht sich die Arbeit aufzuzeigen, von welchen Voraussetzungen seine Geltung in einem gegebenen Verfahren abhängt, wie diese Geltungsvoraussetzungen zu ermitteln sind und in welchen der zahlreichen verschiedenen verfassungsgerichtlichen Verfahrensarten das Institut des Rechtsschutzbedürfnisses tatsächlich anwendbar und damit sein Vorliegen gefordert ist. Dabei ist die gerade für die

Praxis überaus wichtige Verfassungsbeschwerde besonders eingehend behandelt.

Trotz allen Bemühens mußte die Untersuchung ihrem vielschichtigen und in die verschiedensten Verfahrensrechte und Rechtsmaterien reichenden Gegenstand entsprechend nach manchen Seiten notwendig offen bleiben, wenn sie ihren einheitlichen monographischen Charakter nicht verlieren sollte. Vollständigkeit in Einzelfragen erstrebt und beansprucht sie daher nicht. Wenn es jedoch gelingt, neben einer kritischen Bestandsaufnahme des Bisherigen und der Erprobung des Rechtsschutzbedürfnisses an den einzelnen verfassungsgerichtlichen Verfahren die Gefährlichkeit dieser „Blankovollmacht" für unser Rechtsschutzsystem durch Erhöhung der Berechenbarkeit seines Fehlens etwas zu mildern, hat die Arbeit ihren Zweck bereits erfüllt.

Zur leichteren Handhabung des mit Bemühen um Vollständigkeit zusammengestellten verstreuten Materials zum Rechtsschutzbedürfnis sind der Arbeit detaillierte Personen- und Sachregister beigegeben. — Die Untersuchung wurde bereits im September 1964 abgeschlossen, nach längerem Auslandsaufenthalt ergänzt und, wenn auch überwiegend nur noch in den Fußnoten, auf den heutigen Stand gebracht.

Herrn *Prof. Dr. Klaus Stern* danke ich aufrichtig auch an dieser Stelle für die fürsorgende Betreuung und Förderung bei der Anfertigung der vorliegenden Arbeit.

Berlin, im Sommer 1966 Der Verfasser

INHALTSVERZEICHNIS

ZWEITER TEIL

Das Rechtsschutzbedürfnis im verfassungsgerichtlichen Prozeß — allgemein

DRITTER TEIL

Das Rechtsschutzbedürfnis im verfassungsgerichtlichen Prozeß — im einzelnen

ABKÜRZUNGEN

Die verwendeten Abkürzungen sind die üblichen. Sie können bei Hildebert Kirchner, Abkürzungsverzeichnis der Rechtssprache auf der Grundlage der für den Bundesgerichtshof geltenden Abkürzungsregeln, nachgeschlagen werden. Abkürzungen von Rechtsnormen sind auch im Schlüssel- und Abkürzungsverzeichnis der NJW-Leitsatzkartei, 8. Auflage, München—Berlin—Frankfurt am Main 1964, aufgeführt. Soweit eigene Abkürzungen verwendet worden sind, sind sie im Text der Arbeit erläutert.

LITERATURVERZEICHNIS

Affolter, F. — Die celsinische Actio und der Anspruch des BGB. In: ZZP Bd. 31 (1903), S. 453—470.

Allorio, Enrico — Rechtsschutzbedürfnis? In: ZZP Bd. 67 (1954), S. 321—343.

Arndt, Adolf — 1. Mittelbares Zeugnis? (Wahrheitsermittlung und Nachforschung der Presse.) — 2. Hat die Staatsanwaltschaft kein verfassungskräftiges Recht auf rechtliches Gehör? In: NJW 1962, S. 1192—1194.

— Die Erschöpfung des Rechtsweges (§ 90 Abs. 2 BVerfGG; §§ 318, 322, 565 Abs. 2 ZPO). In: NJW 1965, S. 807—809.

Arndt, Claus — Der Begriff der Partei im Organstreitverfahren vor dem Bundesverfassungsgericht. In: AöR Bd. 87 (1962), S. 197—239.

Babel, Gisela — Probleme der abstrakten Normenkontrolle. Schriften zum Öffentlichen Recht. Band 25. Berlin 1965.

Bachof, Otto — Rechtsweg, Parteifähigkeit, Prozeßführungsrecht und Sachlegitimation im Verfassungsstreit. Bemerkungen zum Urteil des Bundesverfassungsgerichts vom 7. 3. 1953 über die Gesetze zum EVG-Vertrag und zum Bonner Vertrag. In: AöR Bd. 79 (1953/54), S. 107—121.

— Urteilsanmerkung zu BGHSt 5, 231. In: NJW 1954, S. 510—512.

— Nachwort zu Bettermann: Zur Verfassungsbeschwerde gegen Gesetze und zum Rechtsschutz des Bürgers gegen Rechtssetzungsakte der öffentlichen Gewalt — Beiträge zu Art. 19 IV, 93, 100 des Grundgesetzes, §§ 90—95 des Bundesverfassungsgerichtsgesetzes und § 47 der Verwaltungsgerichtsordnung, in: AöR Bd. 86 (1961), S. 129—186. In: AöR Bd. 86 (1961), S. 186—193.

— Verfassungsrecht, Verwaltungsrecht, Verfahrensrecht in der Rechtsprechung des Bundesverwaltungsgerichts. Ergänzter Abdruck der Rechtsprechungsberichte aus der Juristenzeitung 1957 und 1962/63.

	Teil 1: BVerwGE Bände 1—3. Teil 2: BVerwGE Bände 4—12. Tübingen 1963.
Bähr, Otto	Urteile des Reichsgerichts mit Besprechungen. München — Leipzig 1883.
Baring, Martin	Die Prozeßvoraussetzungen im Verwaltungsrechtsstreit. In: AöR Bd. 76 (1950/51), S. 435—464.
Baumbach, Adolf — Lauterbach, Wolfgang	Zivilprozeßordnung mit Gerichtsverfassungsgesetz und anderen Nebengesetzen. Kommentar. 28. Auflage. München und Berlin 1965.
Baumgärtel, Gottfried	Die Verwirkung prozessualer Befugnisse im Bereich der ZPO und des FGG. In: ZZP Bd. 67 (1954), S. 423—451.
—	Treu und Glauben, gute Sitten und Schikaneverbot im Erkenntnisverfahren. In: ZZP Bd. 69 (1956), S. 89—131.
—	Die Unverwirkbarkeit der Klagebefugnis. In: ZZP Bd. 78 (1962), S. 385—407.
—	Der Zivilprozeßrechtsfall. Methodische Anleitung und Fälle mit Lösung für den Studenten. Köln — Berlin — Bonn — München 1965.
—	Der Zivilprozeßrechtsfall. Eine methodische Einführung. In: JuS 1965, S. 395—400; 1966, S. 187—195.
Baur, Fritz	Freiwillige Gerichtsbarkeit. 1. Buch. Allgemeines Verfahrensrecht. Tübingen 1955.
—	Zur „Beschwer“ im Rechtsmittelverfahren des Zivilprozesses. In: Festschrift für Friedrich Lent zum 75. Geburtstag, 6. 1. 1957, S. 1—16. München und Berlin 1957.
Beck, Emil	Das Rechtsschutzbedürfnis in der notariellen Praxis. In: DNotZ 1966, S. 259—267.
Bergmann, Wolfgang	Das Rechtsschutzbedürfnis bei der verwaltungsgerichtlichen Feststellungsklage. In: VerwArch Bd. 49 (1958), S. 333—367.
—	Probleme bei der verwaltungsgerichtlichen Feststellungs- und Zwischenfeststellungsklage. In: DöV 1959, S. 570—575.
Bernhardt, Wolfgang	Rechtsstreit. Tübingen 1939.

—	Grundriß des Zivilprozeßrechts. 2. Auflage. Tübingen 1951.
—	Rezension von Stein-Jonas-Schönke, Kommentar zur Zivilprozeßordnung. 17. Auflage, Tübingen 1949/50. In: ZZP 64 (1951), S. 92—94.
von Bethmann-Hollweg, Moritz August	Der Civilprozeß des gemeinen Rechts in geschichtlicher Entwicklung. Bd. 1. Bonn 1864.
Bettermann, Karl August	Die Vollstreckung des Zivilurteils in den Grenzen seiner Rechtskraft. Hamburg 1948.
—	Die Einwirkung der Währungsreform auf schwebende Prozesse, insbesondere auf die Zulässigkeit von Rechtsmitteln. Zugleich eine Kritik an RGZ (GrZS) 168, 372. In: NJW 1948, S. 447—450.
—	Rechtshängigkeit und Rechtsschutzform. Eine prozeßrechtliche Abhandlung. Heft 16 der prozeßrechtlichen Abhandlungen. Detmold — Frankfurt a. M. — Berlin 1949.
—	Über die Beiladung im Verwaltungsstreitverfahren oder vom Nutzen der Prozeßvergleichung und einer allgemeinen Prozeßrechtslehre. In: DVBl. 1951, S. 39—41, 72—75.
—	Verwaltungsakt und Richterspruch. In: Gedächtnisschrift für Walter Jellinek. Forschungen und Berichte aus dem öffentlichen Recht. Bd. 6. S. 361—389. München 1955.
—	Die freiwillige Gerichtsbarkeit im Spannungsfeld zwischen Verwaltung und Rechtsprechung. In: Festschrift für Friedrich Lent zum 75. Geburtstag, 6. 1. 1957, S. 17—42. München — Berlin 1957.
—	Notwendigkeit, Möglichkeiten und Grenzen einer Angleichung der deutschen Verfahrensordnungen. In: ZZP Bd. 70 (1957), S. 161—198.
—	Anmerkung zu BVerfGE 6, 7. In: NJW 1957, S. 338.
—	Das erfolglose Vorverfahren als Prozeßvoraussetzung des verwaltungsgerichtlichen Verfahrens. In: DVBl. 1959, S. 308—315.

— Der Schutz der Grundrechte in der ordentlichen Gerichtsbarkeit.
In: Die Grundrechte. Handbuch der Theorie und Praxis der Grundrechte. Dritter Band, 2. Halbband, S. 779—908.
Berlin 1959.

— Zur Verfassungsbeschwerde gegen Gesetze und zum Rechtsschutz des Bürgers gegen Rechtssetzungsakte der öffentlichen Gewalt. Beiträge zu Art. 19 IV, 93, 100 des Grundgesetzes, §§ 90—95 des Bundesverfassungsgerichtsgesetzes und § 47 der Verwaltungsgerichtsordnung.
In: AöR Bd. 86 (1961), S. 129—186.

— Klagebefugnis und Aktivlegitimation im Anfechtungsprozeß.
In: Staatsbürger und Staatsgewalt — Verwaltungsrecht und Verwaltungsgerichtsbarkeit in Geschichte und Gegenwart. Jubiläumsschrift zum hundertjährigen Bestehen der deutschen Verwaltungsgerichtsbarkeit und zum zehnjährigen Bestehen des Bundesverwaltungsgerichts. Bd. II. S. 427—447.
Karlsruhe 1963.

— Difformitätsprinzip und neuer Beschwerdegrund. Zur Theorie und Praxis des § 568 II ZPO.
In: ZZP 77 (1964), S. 3—54.

Bibliographie der Dissertationen — im Staats- und Verwaltungsrecht 1945—1960. Bearbeitet von Walter Rutz.
Berlin 1965.

Bibliographie zur Verfassungsgerichtsbarkeit — des Bundes und der Länder. Zusammengestellt von der Bibliothek des Bundesverfassungsgerichts mit einer Vorbemerkung von Dr. Josef Mackert. 5. Ausgabe. Stand vom 31. Juli 1962.
Karlsruhe 1962.

Binder, Julius — Prozeß und Recht. Ein Beitrag zur Lehre vom Rechtsschutzanspruch.
Leipzig 1927.

Binding, Karl — Das rechtskräftige Strafurteil in seinen strafprozessualen, strafrechtlichen und staatsrechtlichen Wirkungen.
In: Der Rechtsgang, Bd. II (1916), S. 1—38.

Bley, Erich — Die Feststellung des Konkursgläubigerrechts (KO § 146).
Leipzig 1914.

— Klagrecht und rechtliches Interesse. Eine Abhandlung. Leipziger rechtswissenschaftliche Studien. Heft 5.
Leipzig 1923.

Blomeyer, Arwed	Zivilprozeßrecht. Erkenntnisverfahren. Enzyklopädie der Rechts- und Staatswissenschaft, Abteilung Rechtswissenschaft. Berlin — Göttingen — Heidelberg 1963.
—	siehe auch Karl G. Deubner.
Blomeyer, Karl	Das Bundesverfassungsgericht und das Verfahrensrecht. In: MDR 1953, S. 65—69.
Bock, Hans	Die gewillkürte Prozeßstandschaft. Greifswalder Dissertation. Greifswald 1928.
Boehmer, Gustav	Grundlagen der Bürgerlichen Rechtsordnung. Bd. II, erster Halbband. Tübingen 1951.
Böttticher, Eduard	Kritische Beiträge zur Lehre von der materiellen Rechtskraft im Zivilprozeß. Berlin 1930.
—	Zur Lehre vom Streitgegenstand im Eheprozeß. In: Beiträge zum Zivilprozeßrecht. Festgabe zum siebzigsten Geburtstag von Leo Rosenberg, S. 73 bis 99. München und Berlin 1949.
—	Erbe und Gemeinschuldner als gewillkürte Prozeßstandschafter des Nachlaß- und Konkursverwalters. Kritische Bemerkungen zu BGHZ 38, 281 und 35, 180. In: JZ 1963, S. 582—586.
—	Die Konkursmasse als Rechtsträger und der Konkursverwalter als ihr Organ. In: ZZP 77 (1964), S. 55—77.
Bogs, Harald	Die Bindung des Fallrichters an eine verfassungskonforme Gesetzesauslegung des Normenkontrollrichters. Ein Beitrag zur Auslegung des § 31 Abs. 2 BVerfGG. In: DVBl. 1965, S. 633—637.
de Boor, Hans Otto	Rechtsstreit einschließlich Zwangsvollstreckung. Ein Grundriß. Berlin 1940.
de Boor, Hans Otto — Erkel, Günther	Zivilprozeßrecht. 2. Auflage. Wiesbaden 1961.
von Brunn, Johann Heinrich	Gewillkürte Prozeßstandschaft. Dissertation Halle-Wittenberg. Breslau 1933.
Bruns, Rudolf	Zivilprozeßrecht. Hannover 1949.

—	Rezension von: Leo Rosenberg, Lehrbuch des Deutschen Zivilprozeßrechts, 4. Auflage 1949. In: AcP Bd. 151 (1950/51), S. 186—192.
—	Zwangsvollstreckungsrecht. Eine systematische Darstellung. Berlin und Frankfurt a. M. 1951.
—	Zur Struktur des Prozesses. In: Festschrift zum 70. Geburtstag von Walter Schmidt-Rimpler, S. 237—258. Karlsruhe 1957.
Bülow, Oskar	Die Lehre von den Proceßeinreden und die Proceßvoraussetzungen. Gießen 1868.
—	Die neue Prozeßrechtswissenschaft und das System des Civilprozeßrechts. In: ZZP Bd. 27 (1900), S. 201—260.
—	Klage und Urteil. Eine Grundfrage des Verhältnisses zwischen Privatrecht und Prozeß. In: ZZP Bd. 31 (1903), S. 191—270.
Busch, L.	siehe Sydow-Busch.
de Clerck, Hans	siehe Schunck-de Clerck.
Cohnfeldt, Richard	Die Lehre vom Interesse nach Römischem Recht. Mit Rücksicht auf neuere Gesetzgebung. Leipzig 1865.
Degenkolb, Heinrich	Einlassungszwang und Urteilsnorm. Beiträge zur materiellen Theorie der Klagen, insbesondere der Anerkennungsklagen. Leipzig 1877.
Deubner, Karl G. — Blomeyer, Arwed	Grundprobleme der Erledigung der Hauptsache. In: JuS 1962, S. 205—215.
Diederichsen, Uwe	Die Prozeßführung des Gemeinschuldners für den Konkursverwalter. In: KTSch 1963, S. 94—104.
—	Die Funktion der Prozeßführungsbefugnis in ihrer Beschränkung auf Drittprozesse. In: ZZP Bd. 76 (1963), S. 400—423.
Doerr, Friedrich	Allgemeine Lehren der Gerichtsverfassung. In: AöR Bd. 41 (1921), S. 53—85.
Donau, Helmut	Die Erledigung der Hauptsache vor Einlegung eines Rechtsmittels. In: ZZP Bd. 67 (1954), S. 16—21.
Drath, Martin	Die Grenzen der Verfassungsgerichtsbarkeit. In: VVDStRL Heft 9 (1952), S. 17—116.
Dürig, Günter	siehe Maunz-Dürig.

Eckelmann, Hansgeorg	Begriff und Funktion des Institutes Rechtsschutzbedürfnis, entwickelt insbesondere an den Klagen des Erkenntnisverfahrens. Dissertation Freiburg im Breisgau 1947.
Ehard, Hans	Die Verfassungsbeschwerde nach bayerischem Landesrecht. In: BayVBl 1966, S. 73—78.
Engisch, Karl	Rezension von: Wilhelm Sauer, Allgemeine Prozeßrechtslehre, 1951. In: ZZP Bd. 66 (1953), S. 64—66.
Enneccerus, Ludwig — Nipperdey, Hans Carl	Allgemeiner Teil des bürgerlichen Rechts. Ein Lehrbuch. 15. Auflage. Tübingen 1959.
Erkel, Günther	siehe de Boor-Erkel.
Eyermann, Erich — Fröhler, Ludwig	Verwaltungsgerichtsordnung. 4. Auflage. München und Berlin 1965.
Federer, Julius	Aufbau, Zuständigkeit und Verfahren des Bundesverfassungsgerichts. In: Das Bundesverfassungsgericht, S. 39—60. Karlsruhe 1963.
Fischer, Otto	siehe Krech-Fischer.
Flad, Wolfgang	Verfassungsgerichtsbarkeit und Reichsexekution. Beiträge zur Lehre von den Streitigkeiten zwischen Reich und Ländern und deren Entscheidung. Heidelberger rechtswissenschaftliche Abhandlungen. Heft 4. Heidelberg 1929.
Förster, A. — Kann, Richard	Die Zivilprozeßordnung für das Deutsche Reich. Kommentar. 3. Auflage. Berlin 1913.
Förster, Klaus Dieter	Die einstweilige Verfügung und die vorbeugende Klage in der Verfassungsgerichtsbarkeit. Dissertation Freiburg i. Br. 1953.
Friesenhahn, Ernst	Die Staatsgerichtsbarkeit. In: Handbuch des Deutschen Staatsrechts, herausgegeben von Anschütz und Thoma. Bd. II. § 98, S. 523—545. Tübingen 1932.
—	Die Verfassungsgerichtsbarkeit in der Bundesrepublik Deutschland. Sonderabdruck aus: Beiträge zum ausländischen öffentlichen Recht undVölkerrecht des Max-Planck-Instituts für ausländisches öffentliches Recht und Völkerrecht. Heft 36: „Verfassungsgerichtsbarkeit in der Gegenwart — Länderberichte und Rechtsvergleichung“ (Internationales Kolloquium zu Heidelberg, 1962), S. 89—197. Köln — Berlin 1962.

Fröhler, Ludwig	siehe Eyermann-Fröhler.
Furtner, Georg	Die gewillkürte Prozeßstandschaft. In: JR 1958, S. 50—52.
Geib, Otto	Rechtsschutzbegehren und Anspruchsbetätigung im deutschen Zivilprozeß. München 1909.
Geiger, Willi	Gesetz über das Bundesverfassungsgericht vom 12. März 1951. Kommentar. Berlin und Frankfurt a. M. 1952.
—	Einige Probleme der Bundesverfassungsgerichtsbarkeit. In: DöV 1952, S. 481—487.
Giese, Friedrich — Schunck, Egon	Grundgesetz für die Bundesrepublik Deutschland vom 23. Mai 1949. 7. Auflage. Frankfurt a. M. 1965.
von Gneist, Rudolf	Der Rechtsstaat und die Verwaltungsgerichte in Deutschland. Nachdruck der 3. Auflage. Wissenschaftliche Buchgesellschaft. Darmstadt 1958.
Goeckel	Der Einfluß des Bestehens einer Streitgenossenschaft auf die Pflicht zur Tragung und Erstattung der Prozeßkosten. In: Blätter für Rechtspflege in Thüringen und Anhalt, Bd. 49 (1902), S. 1—52.
Göppinger, Horst	Die Erledigungserklärung im Urkunden-, Wechsel- und Scheckprozeß. In: ZZP Bd. 70 (1957), S. 221—223.
—	Die Erledigung des Rechtsstreits in der Hauptsache. Stuttgart 1958.
Goerz, Heinrich	Die Reihenfolge der Prozeßvoraussetzungen. Dissertation Gießen 1934.
Goessl, Manfred	Organstreitigkeiten innerhalb des Bundes. Eine Untersuchung des Art. 93 Abs. 1 Nr. 1 des Grundgesetzes und der zu seiner Ausführung ergangenen Bestimmungen des Bundesverfassungsgerichtsgesetzes. Schriften zum Öffentlichen Recht. Band 5. Berlin 1961.
Goldschmidt, James	Materielles Justizrecht. (Rechtsschutzanspruch und Strafrecht.) In: Festgabe für Bernhard Hübler, S. 85—152. Berlin 1905.
—	Zwei Beiträge zum materiellen Justizrecht. 1. Über Begriff und Bedeutung des materiellen Ziviljustizrechts. 2. Über die Behandlung der Rechtsschutzvoraussetzungen im Prozeß. Sonderabdruck aus der

	Festschrift der Berliner Juristenfakultät für Heinrich Brunner. München und Leipzig 1914.
—	Der Prozeß als Rechtslage. Eine Kritik des prozessualen Denkens. Berlin 1925.
—	Zivilprozeßrecht. 1. (2.) Auflage. Berlin 1929 (1932).
Grau, Richard	Zum Gesetzentwurf über die Prüfung der Verfassungsmäßigkeit von Reichsgesetzen und Reichsverordnungen. In: AöR Bd. 11 (1926), S. 287—334.
Groh, Wilhelm	Der Anspruch auf Rechtspflege (Justizanspruch). In: ZZP Bd. 51 (1926), S. 145—200.
Grundmann, Werner	Zulässigkeit und Begründetheit in Verfahren nach § 24 BVerfGG. In: JZ 1957, S. 613—615.
—	Die neue Verfassungsbeschwerde. Zur Neuregelung des Verfahrens durch § 93 a BVerfGG. In: DöV 1963, S. 754—758.
Grunsky, Wolfgang	Rechtskraft von Entscheidungsgründen und Beschwer. In: ZZP Bd. 76 (1963), S. 165—183.
Habscheid, Walther J.	Der Anspruch auf Rechtspflege. In: ZZP Bd. 67 (1954), S. 188—199.
—	Die Rechtsnatur der Erledigung der Hauptsache. Ein Beitrag zur Lehre vom Streitgegenstand. In: Festschrift für Friedrich Lent zum 75. Geburtstag, 6. 1. 1957, S. 153—177. München und Berlin 1957.
—	Beschwer des verurteilten Beklagten bei nicht vollstreckungsfähigem Leistungstitel? In: NJW 1964, S. 234—237.
Hamann, Andreas	Die Verfassungsbeschwerde an das Bundesverfassungsgericht. In: BB 1951, S. 707—709.
—	Das Grundgesetz für die Bundesrepublik Deutschland vom 23. Mai 1949. Ein Kommentar. 2. Auflage. Neuwied — Berlin 1961.
von Hammerstein, Christian	Das Verhältnis von Bundes- und Landesverfassungsgerichtsbarkeit. Dissertation Göttingen 1960.
Hartmann, Nicolai	Teleologisches Denken. Berlin 1951.

Hasse, G. — Ueber das Wesen der actio, ihre Stellung im System des Privatrechts und ueber den Gegensatz der in personam und in rem actio.
In: Rheinisches Museum für Jurisprudenz, Bd. 6, S. 1—86, 154—205.
Göttingen 1833/34.

Heck, Philipp — Begriffsbildung und Interessenjurisprudenz.
Tübingen 1932.

— Die Leugnung der Interessenjurisprudenz durch Herrmann Isay. Eine Erwiderung.
In: AcP Bd. 137 (1933), S. 47—65.

Hegel, Georg Wilhelm Friedrich — Grundlinien der Philosophie des Rechts.
Berlin 1821.

Hegler, August — Zum Aufbau der Systematik des Zivilprozeßrechts.
In: Festgabe für Philipp Heck, Max Rümelin, Arthur Benno Schmidt, S. 216—244.
Tübingen 1931.

Hellwig, Hans — Ermächtigung zur Prozeßführung über fremde Rechte im eigenen Namen.
In: GruchBeitr. Bd. 55 (1911), S. 607—625.

Hellwig, Konrad — Anspruch und Klagrecht. Beiträge zum bürgerlichen und zum Prozeßrecht.
Leipzig 1900.

— Klagrecht und Klagmöglichkeit. Eine Auseinandersetzung über die Grundfragen des heutigen Civilprozeßrechts.
Leipzig 1905.

— Lehrbuch des Deutschen Civilprozeßrechts.
Erster Band: Leipzig 1903.
Zweiter Band: Leipzig 1907.

— System des Deutschen Zivilprozeßrechts.
Erster Band: Leipzig 1912.
Zweiter Band: Leipzig 1919 (vollendet von Paul Oertmann).

Henckel, Wolfram — Parteilehre und Streitgegenstand im Zivilprozeß.
Heidelberger Rechtswissenschaftliche Abhandlungen. Neue Folge. 8. Abhandlung. Heidelberg 1961.

Hölder, Eduard — Pandekten. Allgemeine Lehren.
Freiburg 1891.

Hoffman, Heinrich — Die Rechtsschutzbehauptung im Verwaltungsprozeß. Ein Beitrag zur Auslegung des § 42 Abs. 2 der Verwaltungsgerichtsordnung.
In: VerwArch Bd. 53 (1962), S. 297—332.

Hofmann, Gottfried — Die Verfassungsstreitigkeit innerhalb eines Landes nach Artikel 19 der Reichsverfassung.
Leipziger rechtswissenschaftliche Studien. Heft 77.
Leipzig 1933.

Hofmann, Hamikar	Die Verfassungsbeschwerde nach bayerischem Verfassungsrecht. Annalen des Deutschen Reichs 1931, S. 265—317. Sonderdruck München 1932.
Holtkotten, Johann u. a.	(Bonner) Kommentar zum Bonner Grundgesetz. Erstbearbeitung. Hamburg 1950 ff.
Huber, Hans	Die Verfassungsbeschwerde. Vergleichende und kritische Betrachtungen. Juristische Studiengesellschaft Karlsruhe. Schriftenreihe. Heft 9. Karlsruhe 1954.
von Hülsen, Hans-Viggo	Das Rechtsschutzinteresse für die negative Abstammungsfeststellungsklage und deren Entscheidung bei „non liquet". In: FamRZ 1964, S. 280—283.
Hülshoff, Klaus	siehe Lechner-Hülshoff.
von Ihering, Rudolph	Der Kampf ums Recht. Wien 1872. Neudruck Frankfurt a. M. 1960. In: Deutsches Rechtsdenken, Heft 10, herausgegeben von Erik Wolf.
—	Geist des römischen Rechts auf den verschiedenen Stufen seiner Entwicklung. Dritter Teil. Erste Abteilung. 5. Auflage, Leipzig 1906.
—	Zweck im Recht. 4. Auflage. Bd. 1: Leipzig 1904. Bd. 2: Leipzig 1905.
Isay, Hermann	Die Methode der Interessenjurisprudenz. Eine kritische Betrachtung. In: AcP Bd. 137 (1933), S. 33—46.
Jaeger, Ernst	Kommentar zur Konkursordnung und den Einführungsgesetzen. Band 2. 6. und 7. Auflage. Berlin und Leipzig 1936.
Jaeger, Ernst — Lent, Friedrich	Konkursordnung mit Einführungsgesetzen. 8. Auflage. Erster Band. Berlin 1958.
Jauernig, Othmar	Warum keine Verbindung von Prozeß- und Sachabweisung? In: JZ 1955, S. 235—237.
—	siehe auch Lent-Jauernig.
Jellinek, Georg	System der subjektiven öffentlichen Rechte. 2. Auflage. Tübingen 1905 (Neudruck 1919).
Jellinek, Walter	Der Schutz des öffentlichen Rechts durch ordentliche und Verwaltungsgerichte (Fortschritte, Rück-

	schritte und Entwicklungstendenzen seit der Revolution). In: VVDStRL Heft 2 (1925), S. 8—80.
Jerusalem, Franz W.	Die Staatsgerichtsbarkeit. Tübingen 1930.
Jonas, Martin	siehe Stein-Jonas-Schönke-Pohle.
Juncker, Josef	siehe Stein-Juncker.
Kamm, Reinhold	Beschwerdeberechtigung in der freiwilligen Gerichtsbarkeit und Klagebefugnis im Verwaltungsprozeß. In: JuS 1961, S. 146—151.
Kann, Richard	siehe Förster-Kann.
Keidel, Theodor	Freiwillige Gerichtsbarkeit. Handausgabe. 8. Auflage. München und Berlin 1963.
Kienzle, Werner	Anmerkung zu BVerwGE 20, 124. In: NJW 1965, S. 1497—1498.
Kierulff, J. F.	Theorie des Gemeinen Civilrechts. Band I. Altona 1839.
Kilian, Peter	Urteilsanmerkung zu OVG Berlin, Urteil vom 6. 5. 1963 — OVG II B 35/62. In: DVBl. 1964, S. 85—86.
Kisch, Wilhelm	Parteiänderung im Zivilprozeß. München 1912.
Klein, Franz	siehe Maunz-Sigloch-Schmidt-Bleibtreu-Klein.
Kleinfeller, Georg	Lehrbuch des Deutschen Zivilprozeßrechts. Für das akademische Studium. 3. Auflage. Berlin 1925.
Klinger, Hans	Verwaltungsgerichtsordnung. 2. Auflage. Göttingen 1964.
Kniestedt, Klaus	Nochmals: Kann eine wegen Verletzung des Art. 103 Abs. 1 GG offensichtlich begründete Verfassungsbeschwerde nach § 91 a BVerfGG verworfen werden? In: NJW 1960, S. 853.
Koehler, Alexander	Verwaltungsgerichtsordnung vom 21. Januar 1960. Berlin und Frankfurt 1960.
—	Verfahren und Gerichtsverfassung in der Allgemeinen Verwaltungsgerichtsbarkeit und in der Verfassungsgerichtsbarkeit des Bundes und der Länder. In: DöV 1963, S. 743—754.
Körner, Gerhard	Verfassungsbeschwerde und juristische Personen. In: BayVBl. 1957, S. 184—185.

—	Zur Zulässigkeit der bayerischen Verfassungsbeschwerde. In: NJW 1962, S. 22—24.
—	Bayerische Verfassungsbeschwerde und Bundesrecht. In: DöV 1962, S. 295—300.
Kohler, Josef	Der Prozeß als Rechtsverhältnis. Prolegomena zu einem System des Civilprozesses. Mannheim 1888.
—	Der sogenannte Rechtsschutzanspruch. In: ZZP Bd. 33 (1904), S. 211—234.
—	Über die Grundlagen des Civilprozesses. In: AcP Bd. 97 (1905), S. 1—16.
Krantz, Walter	siehe Sydow-Busch.
Krech, Johannes — Fischer, Otto	Das preußische Gesetz betr. die Zwangsvollstrekkung in das unbewegliche Vermögen. 1. Auflage. Berlin 1883.
von Kries, August	Lehrbuch des Deutschen Strafprozeßrechts. Freiburg i. Br. 1892.
Kühn, Friedrich	Formen des verfassungsgerichtlichen Rechtsschutzes im deutschen Reichs- und Landesstaatsrecht. In: Leipziger rechtswissenschaftliche Studien. Heft 39. Leipzig 1929.
Kuttner, Georg	Die privatrechtlichen Nebenwirkungen der Zivilurteile. München 1908.
Laband, Paul	Das Staatsrecht des Deutschen Reiches. Band II. 4. Auflage. Freiburg i. Br. 1901.
Lammers, Hans Heinrich — Simons, Walter	Die Rechtsprechung des Staatsgerichtshofes für das Deutsche Reich auf Grund Art. 13 Abs. 2 der Reichsverfassung. Bd. I bis VI. Berlin 1929, 1930, 1931, 1932, 1933, 1939.
Lange, Hans-Richard	Die Frage der Zulässigkeit von Verfassungsbeschwerden gegen Gesetze. In: NJW 1962, S. 417—420.
Langheineken, Paul	Der Urteilsanspruch. Ein Beitrag zur Lehre vom Klagerecht. Leipzig 1899.
Larenz, Karl	Methodenlehre der Rechtswissenschaft. Enzyklopädie der Rechts- und Staatswissenschaft, Abteilung Rechtswissenschaft. Berlin — Göttingen — Heidelberg 1960.
Laufer, Heinz	Die Schiedsgerichtsbarkeit der deutschen Parteien. Ein Beitrag zur innerparteilichen Ordnung. In: Österr. Z. öff. Recht Bd. XV (1965), S. 1—17.

Lauterbach, Wolfgang	siehe Baumbach-Lauterbach.
Lechner, Hans	Bundesverfassungsgerichtsgesetz. München und Berlin 1954.
—	Nochmals zur bindenden Wirkung verfassungsgerichtlicher Entscheidungen. In: NJW 1956, S. 441—445.
—	Gesetz zur Änderung des Gesetzes über das Bundesverfassungsgericht. Ergänzungsband zum Kurzkommentar „Bundesverfassungsgerichtsgesetz". München und Berlin 1957.
—	siehe auch Wintrich-Lechner.
Lechner, Hans — Hülshoff, Klaus	Parlament und Regierung. Textsammlung des Verfassungs-, Verfahrens- und Geschäftsordnungsrechts der obersten Bundesorgane mit Anmerkungen, Erläuterungen, Hinweisen und Sachregister. 2.Auflage. München und Berlin 1958.
Lent, Friedrich	Über die Beseitigung der Rechtszersplitterung. In: NJW 1954, S. 1585—1589.
—	Zivilprozeßrecht. Ein Studienbuch. 9. Auflage. München und Berlin 1959.
—	siehe auch Jaeger-Lent.
Lent, Friedrich — Jauernig, Othmar	Zivilprozeßrecht. Ein Studienbuch. 12. Auflage. München und Berlin 1965.
Leonhard	Die Zulässigkeitsvoraussetzungen für die Verfassungsbeschwerde zum Bundesverfassungsgericht. In: Der deutsche Rechtspfleger 1963, S. 181—186.
Lerche, Peter	Die verwaltungsgerichtliche Klage aus öffentlichrechtlichen Verträgen. In: Staatsbürger und Staatsgewalt — Verwaltungsrecht und Verwaltungsgerichtsbarkeit in Geschichte und Gegenwart. Jubiläumsschrift zum hundertjährigen Bestehen der deutschen Verwaltungsgerichtsbarkeit und zum zehnjährigen Bestehen des Bundesverwaltungsgerichts. Bd. II. S. 59—90. Karlsruhe 1963.
Levy, M.	Die Reihenfolge der Prozeßvoraussetzungen. In: ZZP Bd. 20 (1894), S. 87—112.
Löbl, Rudolf	Geltendmachung fremder Forderungsrechte im eigenen Namen. Ein Beitrag zur Lehre von der Innen- und Außenwirkung der Obligation. In: AcP Bd. 129 (1928), S. 257—339.
Loening, Richard	Die Widerklage im Reichs-Civilprozeß. Berlin 1881.
Lüke, Gerhard	Die Abgrenzung der Klagebefugnis im Verwaltungsprozeß. In: AöR Bd. 84 (1959), S. 185—226.

—	Grundsätze des Verwaltungsprozesses. Ein Beitrag zur allgemeinen Prozeßrechtslehre. In: JuS 1961, S. 41—48.
—	Die Prozeßführungsbefugnis. In: ZZP Bd. 76 (1963), S. 1—31.
Mackert, Josef	siehe Bibliographie zur Verfassungsgerichtsbarkeit.
von Mangoldt, Hermann	Das Bonner Grundgesetz. 1. Auflage. Berlin und Frankfurt a. M. 1953.
Maunz, Theodor	Deutsches Staatsrecht. Ein Studienbuch. 14. Auflage. München und Berlin 1965.
Maunz, Theodor — Dürig, Günter	Grundgesetz. Kommentar. Lieferung 1 bis 8. Stand März 1966. 2. Auflage. München und Berlin 1966.
Maunz, Theodor — Sigloch, Heinrich — Schmidt-Bleibtreu, Bruno — Klein, Franz	Bundesverfassungsgerichtsgesetz mit Nebengesetzen. Kommentar. 1. Lieferung. München und Berlin 1965.
Meiss, Wilhelm	Zum Verhältnis von Zivilprozeß und Verwaltungsprozeß. In: ZZP Bd. 67 (1954), S. 169—187.
Menger, Christian-Friedrich	System des verwaltungsgerichtlichen Rechtsschutzes. Eine verwaltungsrechtliche und prozeßvergleichende Studie. Tübingen 1954.
—	Allgemeine Prozeßrechtssätze in der Verwaltungsgerichtsordnung. In: Staatsbürger und Staatsgewalt — Verwaltungsrecht und Verwaltungsgerichtsbarkeit in Geschichte und Gegenwart. Jubiläumsschrift zum hundertjährigen Bestehen der deutschen Verwaltungsgerichtsbarkeit und zum zehnjährigen Bestehen des Bundesverwaltungsgerichts. Bd. II. S. 427—447. Karlsruhe 1963.
Moller, Hans	Klageerzwingungsverfahren und berechtigtes Vergeltungsbedürfnis. In: NJW 1966, S. 1253—1254.
Morel, René	Traité élémentaire de procédure civile. 1. éd., Paris 1932.
Mühl, Otto	Die Lehre von Gutachten und Urteil. In: JuS 1963, S. 351—356.
Müller-Tochtermann	Die Erledigung des Rechtsstreits nach Erledigung der Hauptsache. In: NJW 1958, S. 1761—1764.

— Die Erledigung des Rechtsstreits in der Hauptsache nach der Verwaltungsgerichtsordnung. In: VerwArch Bd. 53 (1962), S. 45—73.

von Münch, Ingo — Der Schutz der Grundrechte durch staatliche Stellen im nationalen Bereich. In: JuS 1965, S. 417—426.

Muther, Theodor — Zur Lehre von der Römischen actio, dem heutigen Klagerecht, der Litiscontestation und der Singularsuccession in Obligationen. Eine Kritik des Windscheid'schen Buches: „Die Actio des Römischen Civilrechts vom Standpunkte des heutigen Rechts". Erlangen 1857.

Näke, Hans — Die Parteifähigkeit vor dem Staatsgerichtshof. Dissertation Leipzig. Großenhain i. Sa. 1931.

Nagel, Heinrich — Auf dem Wege zu einem europäischen Prozeßrecht. Studien zum europäischen Wirtschaftsrecht. Heft 7. Baden-Baden 1963.

Nakano, Teiichiro — Das Prozeßrechtsverhältnis. In: ZZP Bd. 79 (1966), S. 99—113.

Nathan, Hans — Das Zivilprozeßrecht der Deutschen Demokratischen Republik. Bd. I. Berlin 1957.

Naumann, Richard — Streitigkeiten des öffentlichen Rechts. In: Staatsbürger und Staatsgewalt — Verwaltungsrecht und Verwaltungsgerichtsbarkeit in Geschichte und Gegenwart. Jubiläumsschrift zum hundertjährigen Bestehen der deutschen Verwaltungsgerichtsbarkeit und zum zehnjährigen Bestehen des Bundesverwaltungsgerichts. Bd. II. S. 365—385. Karlsruhe 1963.

Nawiasky, Hans — Allgemeine Rechtslehre als System der rechtlichen Grundbegriffe. 2. Auflage. Einsiedeln — Zürich — Köln 1948.

Nettelbladt, Daniel — Abhandlung von der practischen Rechtsgelahrtheit überhaupt, deren Theilen, Quellen und Huelfsmitteln wie auch der Art und Weise, dieselbe zu lehren und zu lernen. Halle 1764.

Neuner, Robert — Privatrecht und Prozeßrecht. Beiträge zum Zivilprozeß. Heft 3. Mannheim — Berlin — Leipzig 1925.

Niese, Werner — Doppelfunktionelle Prozeßhandlungen. Ein Beitrag zur allgemeinen Prozeßrechtslehre. Göttingen 1950.

—	Die allgemeine Prozeßrechtslehre und der Rechtskrafteintritt bei zurückgenommenen und unzulässigen Rechtsmitteln. In: JZ 1957, S. 73—78.
—	siehe auch Schönke — Schröder — Niese.
Nikisch, Arthur	Zivilprozeßrecht. Ein Lehrbuch. 2. Auflage. Tübingen 1952.
Nipperdey, Hans Carl	siehe Enneccerus-Nipperdey.
Nußbaum, Arthur	Die metaphysisch-teleologische Methode im Prozeß. Zugleich ein Beitrag zur Lehre vom Rechtsschutzanspruch. In: Archiv für Rechts- und Wirtschaftsphilosophie. Bd. II. S. 307—318. Berlin — Leipzig 1908/1909.
Obermayer, Klaus	Verwaltungsakt und innerdienstlicher Rechtsakt. Stuttgart — München — Hannover 1956.
—	Verfassungsrechtliche Aspekte der verwaltungsgerichtlichen Normenkontrolle. In: DVBl. 1965, S. 625—633.
Oertmann, Paul	Interesse und Begriff in der Rechtswissenschaft. Leipzig 1931.
—	siehe auch Konrad Hellwig.
von Oertzen, Hans-Joachim	siehe Redeker-von Oertzen.
Oetker, Friedrich	Das Verfolgungsrecht (right of stoppage in transitu) nach § 36 der Reichsconcursordnung. Kassel 1883.
Patzig, Werner	Der kooperative Föderalismus. Bemerkungen zum Sachverständigengutachten über die Finanzreform. In: DVBl. 1966, S. 389—396.
Pawlowski, Hans Martin	Gedanken zur Methode der Gesetzesauslegung. In: AcP Bd. 160 (1961), S. 209—237.
Peters, Egbert	Der sogenannte Freibeweis im Zivilprozeß. Beiträge zum Zivilrecht und Zivilprozeß. Heft 10. Köln und Berlin 1962.
Pfeiffer, Gerd	Die Verfassungsbeschwerde in der Praxis, mit einer Darstellung des Normenkontrollverfahrens auf Antrag eines Gerichts. Essen 1959.
Plósz, Alexander	Beiträge zur Theorie des Klagerechts. Leipzig 1880.
von Poellnitz, Richard	Die Arglisteinrede im Erkenntnisverfahren des Zivilprozesses. Dissertation Breslau. Würzburg 1937.

Pohle, Rudolf	Verfassungsbeschwerde und Zivilprozeß in Bayern. In: Beiträge zum Zivilprozeßrecht — Festgabe zum 70. Geburtstag von Leo Rosenberg, S. 145—198. München — Berlin 1949.
—	Rezension von: Adolf Schönke, Das Rechtsschutzbedürfnis. Studien zu einem zivilprozessualen Grundbegriff. Prozeßrechtliche Abhandlungen. Heft 17. In: ZZP Bd. 64 (1951), S. 94—96.
—	Bemerkungen über Verfassungsbeschwerde und Normenkontrolle nach Bundes- und nach Landesrecht aus Anlaß des hessischen Sozialisierungsstreites. Rechtsgutachten. Wiesbaden 1953.
—	Zur Lehre vom Rechtsschutzbedürfnis. In: Festschrift für Friedrich Lent zum 75. Geburtstag, 6. 1. 1957, S. 195—235. München — Berlin 1957.
—	Über die Rechtskraft im Zivil- und Strafprozeß. In: Juristische Blätter 1957, S. 113—122.
—	Gedanken über das Wesen der Rechtskraft. In: Scritti giuridici in memoria di Piero Calamandrei (Gedächtnisschrift). Band 2. S. 377—402. Padua 1958.
—	Zur rechtlichen Bedeutung der Erledigungserklärung nach deutschem Zivilprozeßrecht. In: Eranion (Festschrift) für G. S. Maridakis. Band II. S. 427—462. Athen 1963.
—	siehe auch Stein — Jonas — Schönke — Pohle.
Putzo, Hans	siehe Thomas — Putzo.
Redeker, Konrad	Verfahrensrechtliche Bindungen der Untersuchungsmaxime im Verwaltungsprozeß. In: Staatsbürger und Staatsgewalt — Verwaltungsrecht und Verwaltungsgerichtsbarkeit in Geschichte und Gegenwart. Jubiläumsschrift zum hundertjährigen Bestehen der deutschen Verwaltungsgerichtsbarkeit und zum zehnjährigen Bestehen des Bundesverwaltungsgerichts. Bd. II. S. 475—495. Karlsruhe 1963.
Redeker, Konrad — von Oertzen, Hans-Joachim	Verwaltungsgerichtsordnung. 2. Auflage. Münster 1965.
Redelberger	Die Verfassungsbeschwerde. In: NJW 1953, S. 361—365.

Reichel, Hans	Rechtskraft und ungerechtfertigte Bereicherung. In: Festschrift für Adolf Wach. Bd. III. S. 1—106. München und Leipzig 1913.
Renck, Ludwig	Zur Verfassungsmäßigkeit von § 76 BVerfGG. In: JZ 1964, S. 249—251.
—	Die verfahrensrechtlichen Möglichkeiten eines Rechtsschutzes bei Rechtsverletzungen unmittelbar durch Rechtsvorschriften. In: DöV 1964, S. 651—658.
—	Feststellung der Wirksamkeit von Verwaltungsakten. In: NJW 1965, S. 1791—1795.
—	Verwaltungsgerichtlicher Rechtsschutz gegen Rechtsnormen. BVerwG, DöV 1965, 169. In: JuS 1966, S. 273—279.
Riezler, Erwin	siehe Staudinger — Riezler.
Ritter, Kurt	Die verfassungsrechtlichen Streitigkeiten vor dem Staatsgerichtshof für das Deutsche Reich. Heidelberger rechtswissenschaftliche Abhandlungen. Heft 10. Heidelberg 1930.
Rosenberg, Leo	Zur Lehre von der gewillkürten Prozeßstandschaft. In: JZ 1952, S. 137—138.
—	Lehrbuch des Deutschen Zivilprozeßrechts. 9. Auflage. München und Berlin 1961.
—	Die Beweislast auf der Grundlage des Bürgerlichen Gesetzbuchs und der Zivilprozeßordnung. 5. Auflage. München und Berlin 1965.
Rümelin, Max	Rechtspolitik und Doktrin in der bürgerlichen Rechtspflege. Tübingen 1926.
Rupp, Hans Heinrich	Zur Prüfungsreihenfolge von Gerichtszuständigkeit und Zulässigkeit des Rechtsweges — BSG, NJW 1965, 789. In: JuS 1966, S. 109—112.
—	Grundfragen der heutigen Verwaltungsrechtslehre. Verwaltungsnorm und Verwaltungsrechtsverhältnis. Tübinger Rechtswissenschaftliche Abhandlungen. Band 15. Tübingen 1965.
Rutkowsky, Heinz	Anmerkung zum Beschluß des Amtsgerichts Meppen vom 30. 4. 1963 — 11 Ms 52/60 (71). In: NJW 1963, S. 1636—1637.
Rutz, Walter	siehe Bibliographie der Dissertationen.

Sauer, Wilhelm	Grundlagen des Prozeßrechts. Mit einem Nachtrag über die neuere Entwicklung der allgemeinen Prozeßrechtslehre. 2. Auflage, Stuttgart 1929.
—	Allgemeine Prozeßrechtslehre. Zugleich eine systematische Schulung der zivilistischen und der kriminalistischen Praxis. Berlin — Detmold — Köln — München 1951.
von Savigny, Friedrich Carl	System des heutigen Römischen Rechts. Fünfter Band. Berlin 1841.
Sax, Walter	Das unrichtige Sachurteil als Zentralproblem der allgemeinen Prozeßrechtslehre. In: ZZP Bd. 67 (1954), S. 21—54.
Schäfer, Hans	siehe Süsterhenn — Schäfer.
Schätzel, Walter	Prozessuale Fragen des Bundesverfassungsgerichts. In: AöR Bd. 78 (1952/53), S. 228—237.
Schima, Hans	Das Verfahren vor dem Bundesgerichtshof im Lichte einer allgemeinen Prozeßrechtslehre. In: 60 Jahre Österreichische Verwaltungsgerichtsbarkeit, S. 45—51. Wien 1936.
Schischkoff, Georgi	siehe Schmidt — Schischkoff.
Schlitzberger, Egbert	Die Entscheidungserheblichkeit des Gesetzes bei einer Vorlage nach Art. 100 Abs. 1 GG. In: NJW 1963, S. 1901—1905.
—	Einstweilige Anordnungen des Bundesverfassungsgerichts im Einzelinteresse. In: JR 1965, S. 404—407.
Schmidt, Heinrich — Schischkoff, Georgi	Philosophisches Wörterbuch. 16. Auflage. Stuttgart 1961.
Schmidt, Richard	Lehrbuch des deutschen Zivilprozeßrechts. 2. Auflage. Leipzig 1910.
—	Der Prozeß und die staatsbürgerlichen Rechte. Vorträge der Gehestiftung. Bd. II. Leipzig 1910.
Schmidt-Bleibtreu, Bruno	siehe Maunz — Sigloch — Schmidt-Bleibtreu — Klein.
Schmidt-Ernsthausen	Die Parteien im Verfahren der Wiederaufnahme von Rechtsstreitigkeiten bei Sonderrechtsnachfolge. In: ZZP Bd. 63 (1943), S. 119—128.
Schmitt, Carl	Verfassungslehre. 4. Auflage. Berlin 1965.

Schneider, Rudolf	Rechtsschutz gegen verfassungswidriges Unterlassen des Gesetzgebers. In: AöR Bd. 89 (1964), S. 24—56.
—	Das Rechtsschutzbedürfnis im Verfahren der Verfassungsbeschwerde. In: ZZP Bd. 79 (1966), S. 1—78.
Schnorr von Carolsfeld	Internationalrechtliche Fragestellungen zur Dogmatik des deutschen Zivilprozeßrechts. In: Festschrift für Friedrich Lent zum 75. Geburtstag am 6. 1. 1957, S. 245—270. München und Berlin 1957.
Schönke, Adolf	Zivilprozeßrecht. Eine systematische Darstellung. 5. Auflage, Karlsruhe 1948.
—	Das Rechtsschutzbedürfnis. Ein zivilprozessualer Grundbegriff. In: AcP Bd. 150 (1949), S. 216—234.
—	Das Rechtsschutzbedürfnis. Studien zu einem zivilprozessualen Grundbegriff. Prozeßrechtliche Abhandlungen. Heft 17. Detmold — Frankfurt a. M. — Berlin 1950.
—	siehe auch Stein — Jonas — Schönke — Pohle.
Schönke, Adolf — Schröder, Horst — Niese, Werner	Lehrbuch des Zivilprozeßrechts. 8. Auflage. Karlsruhe 1956.
Schröcker, Sebastian	Der öffentlich-rechtliche Kündigungsschutz. Berlin 1960.
Schröder, Horst	siehe Schönke — Schröder — Niese.
Schüle, Adolf	Das Problem der einstweiligen Verfügung in der deutschen Reichsstaatsgerichtsbarkeit. Berlin 1932.
—	Das Bonner Wahlkampfabkommen vom 9. Januar 1965. In: AöR Bd. 90 (1965), S. 81—82.
Schumann, Ekkehard	Die Problematik der Urteils-Verfassungsbeschwerde bei gesetzgeberischem Unterlassen. In: AöR Bd. 88 (1963), S. 331—346.
—	Zur Prüfungspflicht des Bundesverfassungsgerichts bei Verfassungsbeschwerden. Das Beruhen gerichtlicher Entscheidungen auf dem Grundrechtsverstoß. In: Deutsche Richterzeitung 1963, S. 388—391.
—	Verfassungs- und Menschenrechtsbeschwerde gegen richterliche Entscheidungen. Schriften zum Öffentlichen Recht. Band 11. Berlin 1963.
—	Die abredewidrige Erledigungserklärung. In: JuS 1966, S. 26—33.

Schunck, Egon — siehe Giese — Schunck.

Schunck, Egon — de Clerck, Hans — Verwaltungsgerichtsordnung mit ergänzenden Bundesgesetzen und den Ausführungsgesetzen der Länder.
Siegburg 1961.

Schwab, Karl Heinz — Die einseitige Erledigungserklärung.
In: ZZP Bd. 72 (1959), S. 127—141.

Schwinge, Erich — Der Methodenstreit in der heutigen Rechtswissenschaft.
Bonn 1930.

Seiwerth, Jakob — Zur Zulässigkeit der Verfassungsbeschwerde gegenüber Grundrechtsverletzungen des Gesetzgebers durch Unterlassen.
Neue Kölner Rechtswissenschaftliche Abhandlungen. Heft 20.
Berlin 1962.

von Seuffert, Lothar — Walsmann, Hans — Kommentar zur Zivilprozeßordnung.
1. Band. 12. Auflage.
München 1932.

Siber, Heinrich — Die Prozeßführung des Vermögensverwalters nach dem deutschen Bürgerlichen Gesetzbuch.
In: Festschrift der Leipziger Juristenfakultät für Dr. Adolf Wach zum 16. November 1915.
München und Leipzig 1918.

Siebert, Wolfgang — Das rechtsgeschäftliche Treuhandverhältnis. Ein dogmatischer und rechtsvergleichender Beitrag zum allgemeinen Treuhandproblem.
Marburg 1933.

Siegert, Karl — Die Prozeßhandlungen, ihr Widerruf und ihre Nachholung. Ein Beitrag zu den Lehren des allgemeinen Prozeßrechts, unter besonderer Berücksichtigung des Reichsstrafprozeßrechts.
Berlin 1929.

Sigloch, Heinrich — siehe Maunz — Sigloch — Schmidt-Bleibtreu — Klein.

Simshäuser, Wilhelm — Zur Entwicklung des Verhältnisses von materiellem Recht und Prozeßrecht seit Savigny. Eine Untersuchung am Beispiel rechtsfremder Klagen.
Schriften zum Deutschen und Europäischen Zivil-, Handels- und Prozeßrecht. Band 32.
Bielefeld 1965.

Sintenis, Gustav — Der simulirte Prozeß.
In: ZZP Bd. 30 (1902), S. 358—422.

Spanner, Hans — Verfassungsprozeß und Rechtsschutzbedürfnis.
In: Festschrift Hermann Jahrreiß zu seinem siebzigsten Geburtstag — 19. August 1964 — gewidmet, S. 411—427.
Köln — Berlin — Bonn — München 1964.

von Staudinger, J. — Riezler, Erwin — Kommentar zum Bürgerlichen Gesetzbuch und dem Einführungsgesetze.
I. Band. Allgemeiner Teil. 10. Auflage. München — Berlin und Leipzig 1936.

Stein, Friedrich — Über die Voraussetzungen des Rechtsschutzes, insbesondere bei der Verurteilungsklage.
Halle a. S. 1903 (Sonderabzug aus: Festgabe der Juristischen Fakultät der Vereinigten Friedrichs-Universität Halle-Wittenberg für Herrmann Fitting zum 27. Oktober 1902. Halle 1903).

Stein, Friedrich — Juncker, Josef — Grundriß des Zivilprozeßrechts und des Konkursrechts.
3. Auflage. Tübingen 1928.

Stein, Friedrich — Jonas, Martin — Schönke, Adolf — Pohle, Rudolf — Kommentar zur Zivilprozeßordnung. Begründet von Ludwig Gaupp.
18. Auflage (19. Auflage). Tübingen 1953 ff. (1964 ff.).

Stephan, Bodo — Rechtsschutzbedürfnis auch im Strafprozeß? Zum Begriff der strafprozessualen Überholung.
In: NJW 1966, S. 2394—2395.

Stern, Klaus — Gesetzesauslegung und Auslegungsgrundsätze des Bundesverfassungsgerichts.
Dissertation München 1956.

— Probleme der Errichtung eines Verfassungsgerichts in Berlin.
In: DVBl. 1963, S. 696—704.

— Ermessen und unzulässige Ermessensausübung. Eine Analyse der subjektiven und objektiven Elemente.
Heft 4 der Studien und Gutachten aus dem Institut für Staatslehre, Staats- und Verwaltungsrecht der Freien Universität Berlin. Berlin 1964.

— Art. 28, 94 und 99 GG, in: (Bonner) Kommentar zum Bonner Grundgesetz.
Zweitbearbeitung. Hamburg 1964 ff.

— Sachlegitimation, Prozeßführungsbefugnis und Beiladung unter besonderer Berücksichtigung der Rechtsprechung des Bundessozialgerichts.
In: Rechtsschutz im Sozialrecht. Beiträge zum ersten Jahrzehnt der Rechtsprechung des Bundessozialgerichts. S. 223—245.
Köln — Berlin — Bonn — München 1965.

Stich, Gottfried — Die Beschwer im Verwaltungsprozeß.
Dissertation München 1963.

Stoll, Heinrich — Begriff und Konstruktion in der Lehre der Interessenjurisprudenz.
In: Festgabe für Philipp Heck, Max Rümelin, Arthur Benno Schmidt, S. 60—117.
Tübingen 1931.

Süsterhenn, Adolf — Schäfer, Hans — Kommentar der Verfassung für Rheinland-Pfalz mit Berücksichtigung des Grundgesetzes für die Bundesrepublik Deutschland.
Koblenz 1950.

Sydow-Busch — Zivilprozeßordnung und Gerichtsverfassungsgesetz. Begonnen von R. Sydow. Weiterbearbeitet von L. Busch. Fortgeführt von Walter Krantz und Franz Triepel.
22. Auflage. Berlin 1941.

Thomas, Heinz — Putzo, Hans — Zivilprozeßordnung mit Gerichtsverfassungsgesetz und den Einführungsgesetzen. 2. Auflage.
München und Berlin 1965.

Tietgen, Walter — Das verwaltungsprozessuale Rechtsschutzbedürfnis im Hinblick auf zivilgerichtlich verfolgbare Ersatzansprüche.
In: DVBl. 1960, S. 261—269.

Triepel, Franz — siehe Sydow-Busch.

Triepel, Heinrich — Streitigkeiten zwischen Reich und Ländern. Beiträge zur Auslegung des Art. 19 der Weimarer Reichsverfassung.
In: Festgabe für Wilhelm Kahl, Tübingen 1923.

Ule, Carl Herrmann — Verwaltungsgerichtsbarkeit. Kommentar.
In: Verwaltungsgesetze des Bundes und der Länder, neu herausgegeben von Ule. Bd. I, Teil 2.
2. Auflage. Köln — Berlin — München — Bonn 1962.

— Verwaltungsprozeßrecht. Ein Studienbuch. 3. Auflage.
München und Berlin 1963.

Wach, Adolf — Handbuch des Deutschen Civilprozeßrechts. Erster Band.
Leipzig 1885.

— Der Feststellungsanspruch. Ein Beitrag zur Lehre vom Rechtsschutzanspruch.
Sonderabdruck aus der Festgabe der Leipziger Juristenfakultät für Bernhard Windscheid zum 22. Dezember 1888, S. 75—138.
Leipzig 1889.

— Vorträge über die Reichs-Civilprozeßordnung gehalten vor praktischen Juristen im Frühjahr 1879.
2. Auflage. Bonn 1896.

— Der Rechtsschutzanspruch.
In: ZZP Bd. 32 (1904), S. 1—34.

von Wächter, Karl Georg — Pandekten. Band I. Allgemeiner Teil. Leipzig 1880.

Wagner, Friedrich Wilhelm | Zehn Jahre Bundesverfassungsgericht. In: DRiZ 1961, S. 284—287.

Walsmann, Hans | Die Anschlußberufung. Zugleich ein Beitrag zur Lehre von der Berufung, insbesondere Grundlagen und Zulässigkeitsvoraussetzungen der Berufung. Leipzig 1928.

— | siehe auch Seuffert — Walsmann.

Weber, Werner | Anmerkung zum Zwischenurteil des Deutschen Obergerichts für das Vereinigte Wirtschaftsgebiet vom 20. 10. 1949 — X 3/49 — abgedruckt in: AöR Bd. 76 (1950/51), S. 96—103. In: AöR Bd. 76 (1950/51), S. 103—107.

Weismann, Jakob | Die Feststellungsklage. Zwei Abhandlungen. Bonn 1879.

— | Hauptintervention und Streitgenossenschaft. Ein Beitrag zu den Grundlehren des Aktionen- und Processrechts. Leipzig 1884.

Wengler, Wilhelm | Anmerkung zu BVerfGE 15, 25. In: NJW 1963, S. 435—436.

— | Anmerkung zur Entscheidung des Internationalen Gerichtshofs vom 2. 12. 1963 (Nordkamerun-Fall). Leitsatz in NJW 1964, S. 376 Nr. 29. In: NJW 1964, S. 276.

Wetzell, Georg Wilhelm | System des ordentlichen Civilprozesses. 3. Auflage. Leipzig 1878.

Wieczorek, Bernhard | Zivilprozeßordnung und Nebengesetze. Band II. Teil 1. Berlin 1957.

Wieser, Eberhard | Das rechtliche Interesse des Nebenintervenienten. Bielefeld 1965.

Windscheid, Bernhard | Die Actio des römischen Civilrechts vom Standpunkte des heutigen Rechts. Düsseldorf 1856.

Wintrich, Josef — Lechner, Hans | Die Verfassungsgerichtsbarkeit. In: Die Grundrechte. Handbuch der Theorie und Praxis der Grundrechte. Dritter Band, 2. Halbband (Rechtspflege und Grundrechtsschutz), S. 643—716. Berlin 1959.

Wolf, Heinz | Rechtsschutzbedürfnis für Klagen aus vollstreckbaren Ansprüchen. Dissertation Leipzig 1937.

Wolff, Hans J. | Verwaltungsrecht I. Ein Studienbuch. 5. Auflage. München und Berlin 1963.

Woltereck, Richard — Unechte und echte Schiedsgerichte des Verwaltungsrechts.
In: DöV 1966, S. 323—327.

Zeidler, Karl — Gedanken zum Fernseh-Urteil des Bundesverfassungsgerichts.
In: AöR Bd. 86 (1961), S. 361—404.

Zuck, Rüdiger — Die Kostenfragen im Verfahren vor dem Bundesverfassungsgericht.
In: NJW 1965, S. 2096—2097.

— Die Erledigung des Rechtsstreits im Verfassungsbeschwerdeverfahren.
In: ZZP Bd. 78 (1965), S. 323—345.

— Der Tod des Beschwerdeführers im Verfassungsbeschwerdeverfahren vor dem Bundesverfassungsgericht.
In: DöV 1965, S. 836—843.

Zuleeg, Manfred — Verfahrensfragen und Interessenschutz bei Ausübung des Vorkaufsrechts nach §§ 24 ff. BBauG.
In: DVBl. 1966, S. 233—241.

Zweigert, Konrad — Die Verfassungsbeschwerde.
In: JZ 1952, S. 321—328.

— Die Schiedsstelle zum Wahlkampfabkommen.
In: AöR Bd. 90 (1965), S. 497—502.

EINLEITUNG

Die vorliegende Arbeit hat zum Ziel, den oft gebrauchten, nichtsdestoweniger auch heute noch stark schillernden prozessualen Begriff des Rechtsschutzbedürfnisses (RSchB) einer erneuten Überprüfung zu unterziehen, indem dieser auf seinen allgemein-prozessualen Gehalt sowie auf seine praktische Verwendbarkeit in den sechzehn einzelnen Verfahrensarten vor dem Bundesverfassungsgericht (BVerfG) untersucht wird. Ersteres findet seine Rechtfertigung darin, daß zum Thema des RSchB im Zivilprozeß praktisch[1] nur zwei sich in der Grundhaltung widersprechende Arbeiten neueren Datums[2,3], von *Adolf*

---

[1] Die Dissertationen von WOLF, Rechtsschutzbedürfnis für Klagen aus vollstreckbaren Ansprüchen (1937), und ECKELMANN, Begriff und Funktion des Institutes Rechtsschutzbedürfnis, entwickelt insbesondere an den Klagen des Erkenntnisverfahrens (1947), können bei aller verdienstvollen Vorarbeit, insbesondere bei ECKELMANN, für unser Thema kaum größere Bedeutung gewinnen. In der Sache mit Spezialfragen des Zivilprozesses befaßt, stehen beide Arbeiten im Zeichen der Auseinandersetzung mit dem heute überwundenen vermeintlichen prozessualen Zentralbegriff des sog. Rechtsschutzanspruches (näheres hierzu s. u. Erster Teil, I. Kapitel, § 1, S. 4 bis 11). Zudem sind die fortwirkenden Ergebnisse, insbesondere der Arbeit ECKELMANNS, von SCHÖNKE zusammengefaßt worden (vgl. Anm. 4).

[2] Noch 1929 ist bei SAUER, Grundlagen des Prozeßrechts, § 25 II 1 d, S. 482 unten, von dem „sehr wenig analysierten Begriff des Rechtsschutzinteresses" die Rede! (Obwohl Abweisungen wegen Fehlens des RSchB bereits damals in der Praxis häufig waren, vgl. v. BRUNN, Gewillkürte Prozeßstandschaft, § 9 II, S. 85 Anm. 2, und obwohl STEIN, Voraussetzungen des Rechtsschutzes, § 2, S. 15 Anm. 1, schon 1903 eine nahezu allgemeine Anerkennung des Erfordernisses des RSchB konstatieren zu können glaubte.)

[3] Die Situation bis 1945 kennzeichnet eine Bemerkung von „E. J." (= Ernst JAEGER!) in einem „Zusatz der Schriftleitung" (zu: Schmidt-Ernsthausen, Parteien im Wiederaufnahmeverfahren), ZZP 63 (1943), S. 129 a. E.: „In diesem Zusammenhang spricht die Schriftleitung den Wunsch aus, daß der so überaus fruchtbare Begriff des Rechtsschutzbedürfnisses bald eine selbständige und erschöpfende, umfassende Darstellung finden möge. Hier erschließt sich der Prozeßwissenschaft ein Arbeitsfeld mitten im Leben des Rechts. Ein großer Aufwand von Gelehrsamkeit ist jahrzehntelang in Spekulationen um den ‚Rechtsschutzanspruch' vertan worden. Hier aber liegt schöne grüne Weide." Dem ist nichts hinzuzufügen.

Schönke (1949/50)[4] und *Rudolf Pohle* (1957)[5], vorliegen und weil dennoch in der Tat über unseren Untersuchungsgegenstand „das letzte Wort noch nicht gesprochen"[5a] zu sein scheint. Letzteres ohne weiteres deshalb, weil eine Einzeluntersuchung hier überhaupt fehlt[6].

Der Gang der Untersuchung ergibt sich ohne weiteres aus der gestellten Aufgabe: Um die Frage untersuchen zu können, ob und gegebenenfalls inwieweit das Institut des RSchB im Verfassungsprozeß anzuwenden ist, bedarf es der Klärung, woraus sich seine Geltung im herkömmlichen (vor allem Zivil-) Prozeß herleitet. Hierzu wird ein Rückblick auf die Entwicklung unseres Untersuchungsgegenstandes in der Zivilprozeßrechtswissenschaft von Nutzen sein. Die dabei gewonnenen funktionellen Einsichten werden als Maßstab für die Reichweite des Anwendungsbereichs des RSchB herangezogen werden, da sie die Frage nach dem Ob und Inwieweit der Anwendbarkeit des Instituts des RSchB im Verfassungsprozeß beeinflussen könnten. Eine wesentliche Aufgabe wird darin bestehen herauszufinden, welche der zahlreichen einzelnen Verfahrensarten vor dem BVerfG von ihrer Eigen-

---

[4] Die Monographie SCHÖNKES aus dem Jahre 1950 („Das Rechtsschutzbedürfnis. Studien zu einem zivilprozessualen Grundbegriff") fußt auf einem kleineren Aufsatz aus dem Jahre 1949 („Das Rechtsschutzbedürfnis. Ein zivilprozessualer Grundbegriff"), in: AcP 150, 216 ff., der gegenüber der Monographie keine abweichenden Gesichtspunkte enthält. Im folgenden ist daher immer letztere (1950) gemeint, soweit nicht ausdrücklich etwas anderes angemerkt ist.

[5] Zur Lehre vom Rechtsschutzbedürfnis, in: Festschrift für Lent (1957), S. 196: „Zu einer gründlichen Erörterung der Lehre fehlt hier der Raum."

[5a] BRUNS, Rezension der 4. Auflage (1949) L. Rosenbergs Lehrbuch, in: AcP 151 (1950/51), 189 Mitte.

[6] Die Durchsicht der umfassenden Bibliographie zur Verfassungsgerichtsbarkeit des Bundes und der Länder (5. Ausgabe mit Stand vom 31. 7. 1962) ist völlig unergiebig geblieben. — Das gleiche gilt für die „Bibliographie der Dissertationen im Staats- und Verwaltungsrecht 1945—1960" (Stand: 31. 12. 1960). Vgl. jedoch neuerdings SPANNER, Verfassungsprozeß und Rechtsschutzbedürfnis, Festschrift für Jahrreiß, S. 411 ff., und kurz vor Drucklegung dieser Arbeit R. SCHNEIDER, Rechtsschutzbedürfnis im Verfahren der Verfassungsbeschwerde, ZZP 79, 1 ff. Beide Abhandlungen, die auf eine allgemeinprozessuale Grundlegung des RSchB leider verzichten, konnten nur noch in den Fußnoten Berücksichtigung finden. — Aus der Weimarer Zeit ist es, soweit ersichtlich, allein G. HOFMANN, Die Verfassungsstreitigkeit innerhalb eines Landes nach Art. 19 der Reichsverfassung (1933), S. 80 ff., gewesen, der sich ansatzweise monographisch mit dem RSchB im Verfassungsprozeß befaßt hat. Diese Unergiebigkeit erklärt sich zum größten Teil daher, daß der RStGH zwar das RSchB „der Sache nach wiederholt anerkannt hat" (S. 81 oben; die ebenda angeführten Rechtsprechungsbeispiele sind allerdings unergiebig, da sie allein die Frage der Parteifähigkeit betreffen), doch es weder ausdrücklich so bezeichnete noch seine „Eigenart herausgearbeitet" hatte (S. 80 oben). Vgl. auch a. a. O., S. 82 Anm. 91.

art her und nach der Funktion des RSchB dessen Anwendung überhaupt erlauben oder aber gänzlich ausschließen. Hilfsmittel bei der Entscheidung von Detailfragen wird der Versuch sein, eine Phänomenologie der Erscheinungsformen des Mangels des RSchB aufzustellen, die die typischen Fälle fehlenden RSchB herausarbeitet. Schließlich wird es des Eingehens auf mit dem Begriff des RSchB verwandte prozessuale Begriffe wie Beschwer, prozessuale Überholung, Erledigtsein, Gegenstandsloswerden, Verwirkung von Prozeßbefugnissen, Treu und Glauben u. ä. bedürfen, die u. U. dort die Funktionen des Instituts des RSchB wahrnehmen könnten, wo dieses aus allgemein-prozeßdogmatischen Gründen nicht zur Anwendung gelangen sollte.

Insgesamt handelt es sich bei der vorliegenden Untersuchung um den Versuch, unter Zuhilfenahme einer ernst genommenen Allgemeinen Prozeßrechtslehre das Institut des RSchB in einer Gesamtdarstellung und unter besonderer Berücksichtigung des Verfassungsprozesses neu zu durchdenken. Dabei weiß sich die Arbeit der dringenden Aufgabe verpflichtet, die noch wenig entwickelte spezifisch verfassungsprozessuale Systematik, wenn auch auf begrenztem Gebiet, nach Kräften zu fördern.

ERSTER TEIL

DAS RECHTSSCHUTZBEDÜRFNIS IM AUSSERVERFASSUNGSGERICHTLICHEN PROZESS

Unsere Untersuchung betrifft vorwiegend Fragen des Verfahrensrechts vor dem BVerfG. Hierzu gibt das Bundesverfassungsgerichtsgesetz (BVerfGG) vom 12. März 1951[7] im II. Teil (§§ 17 bis 35) einige wenige allgemeine und im III. Teil (§§ 36 bis 96) für die einzelnen Verfahrensarten besondere Verfahrensvorschriften, wobei die letzteren insbesondere die möglichen Verfahrensbeteiligten, die Fristen und näheren Voraussetzungen für Anträge und den Inhalt der Entscheidungen festlegen. Ein ausdrücklicher Hinweis auf die (allgemeine oder begrenzte) Geltung des Instituts des RSchB im Verfassungsprozeß findet sich im BVerfGG jedoch nicht. Da diese Frage im Anschluß an die Regeln des außerverfassungsgerichtlichen Prozeßrechts zu entscheiden sein wird, soweit diese bei den Besonderheiten des verfassungsgerichtlichen Verfahrens entsprechende Anwendung finden können, ist es gerechtfertigt und geboten, die Ausbildung unseres Untersuchungsgegenstandes in seiner komplexen Entwicklung bis heute kurz nachzuverfolgen und den heutigen Stand der Lehre hierzu im Überblick kritisch darzustellen. Dies soll im folgenden vor allem am Beispiel des Zivilprozeßrechts geschehen, aus dem der Begriff des RSchB herrührt.

I. KAPITEL

Die Entwicklung des Instituts des Rechtsschutzbedürfnisses im Zivilprozeß

§ 1 Rechtsschutzbedürfnis und sogenannter Rechtsschutzanspruch

Die Rückverfolgung dessen, was heute üblicherweise unter RSchB verstanden wird, gleicht dem Unterfangen, die vielen und weitverzweigten Quellbäche eines breiten Stromes aufzusuchen. Glaubt der Sucher sie entdeckt zu haben, so entschwinden sie seinen Blicken in

---

[7] BGBl. I S. 243 i. d. F. der Änderungsgesetze vom 21. Juli 1956 (BGBl. I S. 662), vom 26. Juni 1959 (BGBl. I S. 297), vom 8. September 1961 (BGBl. I S. 1665) und vom 3. August 1963 (BGBl. I S. 589).

kaum noch zugängliche Tiefen. Gerade die offensichtliche Vagheit[8] des hier am Verfassungsprozeß zu erprobenden Begriffes des RSchB gebietet indes dennoch die Vergegenwärtigung seiner Entstehungsgeschichte

Erst seit etwa der Jahrhundertwende hat es sich eingebürgert, vom RSchB oder Rechtsschutzinteresse (RSchI) zu sprechen; davor ist überwiegend vom „rechtlichen Interesse" die Rede. Der Ausdruck des *rechtlichen* Interesses findet sich allerdings in den römischen Quellen noch nicht[9]. Auch die gemeinrechtliche Prozeßrechtsdoktrin gebrauchte ihn erst seit dem Beginn des vorigen Jahrhunderts[10], wozu die landesgesetzliche Einführung des Begriffes in der (in Baden, Kurhessen, Sachsen und Württemberg geschichtlich erstmals zugelassenen) Feststellungsklage[11] beigetragen haben mag. Seine Anwendung war jedoch zunächst auf die Zulässigkeit der Nebenintervention[11a] und des Feststellungsprozesses beschränkt. Erst[12] mit der Überwindung der bloßen Prozeßbeschreibung der herkömmlichen Prozeßrechtswissenschaft[13] und dem Durchbruch[14] zu einem Prozeßrechtssystem fand das „rechtliche Interesse" seine erste dogmatische Institutionalisierung:

---

[8] So schon WACH, Handbuch I, § 55 II, S. 617; bei LOENING, Die Widerklage im Reichs-Civilprozeß (1881), S. 15, wird das rechtliche Interesse als „vages und unbestimmtes Requisit" bezeichnet.

[9] WACH, a. a. O., § 55 I, S. 616.

[10] Vgl. die Literaturangaben bei WACH, a. a. O., § 55 I, Anm. 4, S. 616.

[11] Vgl. STEIN-JUNCKER, Grundriß des Zivilprozeßrechts, § 7, S. 19. Zur Geschichte der Feststellungsklage sehr ausführlich WEISMANN, Die Feststellungsklage, S. 1—110.

[11a] Dazu jüngst WIESER, Das rechtliche Interesse des Nebenintervenienten, 1965.

[12] BÜLOW, ZZP 27, 202, setzt diesen Zeitpunkt mit etwa 1870 wohl etwas zu spät an.

[13] So heißt es bei SAVIGNY, System V, § 205, S. 6, daß dem Prozeß nur die Klaghandlung mit ihren Bedingungen und Formen zugehöre, und bei NETTELBLADT, Praktische Rechtsgelahrtheit, § 8, findet sich die ergötzliche Definition des Prozesses als „die Kunst, Akten anzufertigen und mit ihnen geschickt umzugehen". Nähere Auskünfte und Nachweise über den Zustand der gemeinen Prozeßtheorie finden sich bei BÜLOW, ZZP 27, 225, Anm. 12 (bis S. 227), wo sich bezüglich des Verfahrens auch die drastische Beurteilung zitiert findet, daß „Staatsdiener die ganze verrostete Justizmaschine, oft selbst Justizmaschinen, im Finstern langsam und verdrossen bewegen". Hierzu auch DEGENKOLB, Einlassungszwang und Urteilsnorm, Einl. Anm. 5.

[14] Seit BÜLOWS epochaler Monographie von den Proceßeinreden und den Proceßvoraussetzungen (1868) ist die Vorstellung des Prozesses als eines bloßen Vorganges zugunsten des Prozesses als Rechtsverhältnis überwunden; a. a. O., S. 1 ff. „unter Anknüpfung an einzelne Vorgänger" (BETHMANN-HOLLWEG, Civilprozeß I, § 13, S. 22 und § 31, S. 103, und HEGEL, Rechtsphilosophie, § 222).

Das Bemühen um vertiefte Erforschung der prozeßrechtlichen Grundbegriffe richtete sich — nach der Durchsetzung des modernen Begriffs des „Anspruchs" durch *Windscheid*[15] und nach der Scheidung des prozeßrechtlichen Elements der actio[16], besonders auch unter dem Eindruck der inzwischen auch reichsrechtlich[17] eingeführten Feststellungsklage — in erster Linie darauf, das Verhältnis zwischen dem materiellen Recht und dem Verfahrensrecht zu erklären[18], dem „Processrecht seine Substanz zu vindiciren"[19]. Nachdem bisher die Zivilprozeßtheorie „den Begriff der Klage dem Zivilrecht entlehnt" hatte, da derartige „Begriffe nicht aus *ihrem* (sc. dem der Prozeßwissenschaft) Material zu bilden" seien[20], also nach einem bekannten Wort „vom Kredit"[21] gelebt hatte, tauchte nun ein prozessual konstruiertes Klagerecht[22] und die von *Wach*[23] begründete Theorie vom *Rechtsschutzanspruch* auf. Als Rechtsschutzanspruch wurde verstanden der Anspruch des Klägers (z. T. auch des Beklagten) gegen den Staat auf den

---

[15] Die actio des römischen Civilrechts vom Standpunkt des heutigen Rechts (1856), S. III. Vgl. auch die folgende Anmerkung.

[16] WINDSCHEID, a. a. O.: „Man darf nicht sagen, die römische actio sei unser Anspruch; in dem Begriffe actio wird ein Element mitgedacht, welches in unserem Begriffe Anspruch nicht enthalten ist, das Element des Gerichts, des gerichtlichen Gehörs und des gerichtlichen Schutzes, der Möglichkeit der Erlangung richterlicher Zuerkennung für das Begehren, welches man hat." . . . „Was wir Rechtsanspruch nennen, ist den Römern Gerichtsanspruch."

[17] § 231 CPO a. F.

[18] Das Problem zu lösen, „wie die Brücke vom Privatrecht zum Prozesse zu schlagen" sei; so der Ausdruck WACHS, Feststellungsanspruch, S. 27, und ZZP 32, 26. Hierzu jüngst SIMSHÄUSER, Zur Entwicklung des Verhältnisses von materiellem Recht und Prozeßrecht seit Savigny (1965), S. 71 ff.

[19] So die berühmte Formulierung DEGENKOLBS, Einlassungszwang und Urteilsnorm, S. 2.

[20] WETZELL, System, § 31.

[21] DEGENKOLB, Einlassungszwang, S. 2, auf Grund von WETZELL, a. a. O.

[22] Zuerst bei MUTHER, Kritik von Windscheids actio, S. 42, nach dem Vorgang von HASSE, Über das Wesen der actio, Rhein. Museum f. Jurisprudenz, Bd. VI (1833), S. 6 f., insbesondere S. 9, der die Richtung des Klagrechts gegen den Staat als erster betont hatte. — Zuvor war das Klagrecht durchweg als eine „Metamorphose des Privatrechts" (SAVIGNY, System V, S. 5), als eine immanente Eigenschaft desselben bezeichnet worden. Nähere Angaben bei LANGHEINEKEN, Urteilsanspruch, § 2 I, S. 2/3. Noch 1880 schreibt jedoch WÄCHTER, Pandekten, Bd. I, § 98, S. 503: „. . . Ein Klagrecht läßt sich daher nicht denken *ohne ein Recht*, das durch die Klage geltend gemacht werden soll, und welches die Grundlage bildet, von der die Klage ein Ausfluß ist." — Römischrechtliche Stütze war hierbei die berühmte Definition der actio von CELSUS (l. 51 D. de A. et O. 44, 7): „Nihil aliud est actio quam ius quod sibi debeatur, *iudicio* persequendi."

[23] Handb. I (1885), S. 19 ff.; näher ausgebaut in: Feststellungsanspruch (1889).

seiner Rechtslage entsprechenden *günstigen* Rechtsschutz[24], sei es als *Urteils*anspruch (auf Leistungs-, Feststellungs- oder Gestaltungsurteil), sei es als *Vollstreckungs*anspruch (auf Durchsetzung des materiell-rechtlichen Anspruchs im Wege der Zwangsvollstreckung) oder als *Sicherungs*anspruch (auf Sicherung der Befriedigung des Anspruchs durch Arrest oder einstweilige Verfügung). Trotz vielfacher Abwandlungen[25] forderten alle Lehrmeinungen als sog. Existenzvoraussetzung[26] des Rechtsschutzanspruches auf günstiges Sachurteil u. a.[27] das Vorhandensein eines rechtlichen Interesses, eines im Rechte begründeten Interesses, eines Bedürfnisses nach Rechtsschutz, eines Rechtsschutzinteresses, eines

---

[24] Vgl. die in Anm. 25 und 26 Genannten mit umfangreichen Nachweisen. Eine Definition gibt HELLWIG, Klagrecht und Klagmöglichkeit, § 1 IV 3, S. 12 a. E.

[25] Den hergebrachten zivilistischen Theorien standen nunmehr die *publizistischen* gegenüber, die sich ihrerseits in die *konkreten* und abstrakten schieden; die letzteren spalteten sich ferner in die Theorien vom *vorprozessualen* (so die damals h. M.) und vom innerprozessualen Klagerecht. Eine Sonderstellung nimmt GOLDSCHMIDTS Lehre vom materiellen Justizrecht ein. — Ausführliche Auseinandersetzungen mit allen Gesichtspunkten bringen in unserem Jahrhundert insbesondere die Arbeiten von BINDER, Prozeß und Recht (1927), S. 142 ff.; GROH, Der Anspruch auf Rechtspflege (Justizanspruch), ZZP 51 (1926), 173 ff.; BLEY, Klagrecht und rechtliches Interesse (1923), S. 56 ff. und 74 ff.; HELLWIG, System I (1912), S. 291 ff.; ders., Anspruch und Klagrecht (1900), S. 116 ff.; LANGHEINEKEN, Urteilsanspruch (1899), durchgehend. — Es ist in der Tat richtig, wenn ROSENBERG (Lehrbuch, § 90 IV 3 b, S. 439) meint, man müsse „eine besondere Tabelle anlegen, um sich in der Literatur über den Rechtsschutzanspruch zurechtzufinden".

[26] So die Bezeichnung LANGHEINEKENS, a. a. O., S. 21. SCHMIDT, Zivilprozeßrecht, § 4 II, S. 13 und § 110, S. 695, spricht von „Rechtsschutzbedingungen"; HELLWIG, Lehrbuch I, § 22 II, S. 145 f. von „Klagvoraussetzungen" und § 23 III 5, S. 160/61 sowie System I, §§ 101—109, S. 256 ff. vom „Rechtsschutzgrund"; WACH, Handb. I, S. 19 f. von den „Voraussetzungen des Rechtsschutzanspruchs." — Dieser Gegensatz zu den Prozeßvoraussetzungen wurde schon frühzeitig abgelehnt von BÜLOW, Die neue Prozeßrechtswissenschaft und das System des Civilprozeßrechts, ZZP 27 (1900), 253 f., und RGZ 71, S. 68 (71), wonach „diese Lehre, deren theoretischer Wert nicht verkannt werden soll", dem Prozeßrecht der ZPO fremd sei.

[27] Daneben setzte der staatsgerichtete „Anspruch" des Klägers auf günstiges Sachurteil voraus: einen „Tatbestand" (Grundlage des geltend gemachten materiell-rechtlichen Rechts oder Rechtsverhältnisses) und die „Rechtsschutzfähigkeit" des Tatbestandes (hierzu wurde ein Teil der heutigen Prozeßvoraussetzungen gerechnet). Im einzelnen herrschte auch hier erheblicher Streit. — Vgl. außer den in Anm. 25 und 26 Genannten BINDER, a. a. O., S. 186 ff.; STEIN, Voraussetzungen des Rechtsschutzes, durchgehend, insbes. S. 13 ff.; GOLDSCHMIDT, Zwei Beiträge, S. 32 ff.; WACH, Der Rechtsschutzanspruch, ZZP 32, S. 29 f. u. v. a.

RSchB[28, 29]. Damit war der Begriff, der unsere Untersuchung beschäftigen wird, als eigenständiges Institut in die (zivil-)prozessuale Dogmatik eingeführt, um seitdem — wenn auch unter erheblichem Bedeutungswandel — nicht wieder aus der Welt der prozessualischen Begriffe zu verschwinden.

Nachdem unter teilweise äußerst heftigen Auseinandersetzungen[30] die Theorie vom Rechtsschutzanspruch schließlich fast allgemeiner Ablehnung verfallen war[31, 32], war nach Auffassung vieler[33] den sog.

---

[28] Die Terminologie ist hier noch recht uneinheitlich und häufig ohne Vorbedacht gewählt. — Ablehnend gegenüber dem rechtlichen Interesse als einem allgemeinen Institut erklären sich bereits damals DEGENKOLB, Einlassungszwang (1877), S. 50 („Zauberstab") und auch WACH, Handb. I (1885), § 55 II, S. 617 („ohne Frucht").

[29] So schon WACH, Handbuch I, § 2 V, S. 22, wo sich, soweit ersichtlich, der Ausdruck RSchB — wenn auch mehr zufällig — erstmals findet.

[30] Vgl. die berühmte Polemik zwischen BÜLOW, ZZP 27, S. 201 ff. sowie vor allem ZZP 31, S. 191 ff., und WACH, ZZP 32, 1 ff.

[31] Es kann nicht Aufgabe dieser Arbeit sein, sämtliche Argumente gegen den Rechtsschutzanspruch noch einmal zusammenzutragen. Es sei auf BINDER, a. a. O., § 7, S. 142 ff.; GROH, ZZP 51, 173 ff.; BLEY, a. a. O., § 9, S. 56 ff. und — für die Gegenwart — auf die eindringlichen Ausführungen ROSENBERGS, a. a. O., § 90 IV, S. 435—439, hingewiesen. — Das Schweizerische Bundesgericht hat sie in einer neueren Entscheidung (BGE 67 II 74) als eine „doktrinäre Überspannung" bezeichnet. — Vertreten wurde sie in der Zeit vor 1945 zuletzt nur noch von SEUFFERT-WALSMANN, ZPO, § 253 Anm. 1, und STEIN-JONAS, ZPO (16. Aufl., Bd. I, 1938), Bem. III vor § 253, wo es allerdings nur noch hieß, der Rechtschutzanspruch sei „nichts mehr als ein konstruktiver Begriff, über dessen Wert sich ebenso, wie über den sonstiger konstruktiver Begriffe streiten läßt". — Neuestens sind es wohl allein BLOMEYER, Zivilprozeßrecht, § 1 III 2, S. 6/7, der sich nachdrücklich für die Figur des Rechtsschutzanspruches, bes. für deren „theoretischen Wert", einsetzt, und STJSCHP, ZPO (19. Aufl. 1964), Einl. E I 3, der vorwiegend unter prozeßsystematischen Gesichtspunkten den „wahren Kern" (S. 20 vor f) erhalten wissen will.

[32] Daß ein „Rechtsschutzanspruch" als öffentlich-rechtlicher Anspruch auf staatlichen Rechtsschutz (Justizgewährungsanspruch) anzuerkennen ist, sollte indes nicht ernsthaft bestreitbar sein. SCHÖNKE-SCHRÖDER-NIESE, Zivilprozeßrecht, § 1 VI 1, S. 20/21, weisen mit Recht darauf hin, daß die (zuerst von WACH, Feststellungsanspruch, S. 27 und ZZP 32, 26 angestrebte) Brücke zwischen Privat- und Prozeßrecht vom Gesetz, nämlich vom Staatsrecht geschlagen ist: Art. 97 Abs. 1 GG (so aber auch schon § 1 GVG von 1877) sagt, daß „die Richter (unabhängig und) nur dem Gesetze unterworfen" sind, also das objektive (auch materielle) Recht anzuwenden verpflichtet sind. Das Recht des Bürgers auf Justizgewährung ist als „dem status civitatis immanent" zu denken, dem eine staatliche Justizgewährungspflicht — gebunden nach Art. 97 Abs. 1 und auch 20 Abs. 3 GG — entspricht. Vgl. auch BETTERMANN, Schutz der Grundrechte in der ordentlichen Gerichtsbarkeit, GR III/2, S. 784, sowie MAUNZ-DÜRIG, GG, Art. 19 IV Rdnr. 2, die

Existenzvoraussetzungen desselben, zu denen das Erfordernis des rechtlichen Interesses zählte, die Grundlage entzogen; denn ihre Bedeutung hatte sich bis dahin darin erschöpft, Kriterium für die Beantwortung der Frage zu sein, ob der Partei (insbes. dem Kläger) ein Anspruch gegen den Staat auf Erlaß eines günstigen Urteils (= Rechtsschutzanspruch) zustehe oder aber nicht. In dieser Situation ist es vor allem auf die verdienstvolle Arbeit *Erich Bleys*[34] zurückzuführen, daß das Institut des noch immer überwiegend sog. „rechtlichen Interesses" als wissenschaftlich fruchtbarer und zugleich praktisch brauchbarer Begriff dem Prozeßrecht und seiner Wissenschaft erhalten blieb. Hierbei wurde unserem Institut eine eigenständige dogmatische Stellung in dem Grenzbereich zwischen Privatrecht und Zivilprozeßrecht zugewiesen, die sich konstruktiv aus der Zweckbeziehung, in der Verfahrens- und materielles Recht stehen, herleitete.

Das Reichsgericht hat sodann in vielen Entscheidungen ausdrücklich und grundsätzlich erklärt, daß das Vorhandensein eines RSchB eine Voraussetzung für die Zulässigkeit jeder Klage sei[35]. Besonders in RGZ 160, 204 (209) hat es betont, daß „die Tatsache, daß dieses Erfordernis vom Gesetz nur vereinzelt[36] hervorgehoben wird, nicht bedeutet, daß es nicht Voraussetzung für die gerichtliche Geltendmachung eines *jeden* Anspruches wäre". Auch in der allgemeinen Zivilprozeß-

---

über Art. 19 Abs. 4 GG zum selben Ergebnis gelangen. Übrigens dürfte sich der Justizgewährungsanspruch des Bürgers auch aus Art. 6 Abs. 1 Satz 1 der Konvention zum Schutze der Menschenrechte und Grundfreiheiten herleiten lassen. — Gegen den Justizgewährungsanspruch des Bürgers als einem subjektiven öffentlichen Recht HABSCHEID, Der Anspruch auf Rechtspflege, ZZP 67, 188 (193 ff.) mit Angaben über den Streitstand. Wie hier jüngst ausführlich NAKANO, ZZP 79, 108 ff.

[33] Vgl. z. B. BÜLOW, Die neue Prozeßrechtswissenschaft, ZZP 27, S. 253; STJSCHP, a. a. O., Bem. IV vor § 253; BAUMBACH-LAUTERBACH, ZPO, Grundzüge 1 B vor § 253. Gegen die Abhängigkeit der Figur des RSchB von der Anerkennung des Rechtsschutzanspruches allerdings bereits KOHLER, Der sog. Rechtsschutzanspruch, ZZP 33, S. 229.

[34] BLEY, Klagrecht und rechtliches Interesse, dessen Monographie dem Nachweis gewidmet war, daß das von ihm sog. rechtliche Interesse Sachentscheidungsvoraussetzung sei (vgl. a. a. O., S. 3 a. E., 108). Davor hatte vor allem KOHLER, ZZP 33, 229, den Wert des RSchB unabhängig von der Lehre vom Rechtsschutzanspruch hervorgehoben.

[35] So (neben vielen Entscheidungen, in denen dieses Erfordernis hervorgehoben wird: z. B. in E 95, 268, 273; 88, 267, 270; 132, 180, 182; 148, 146, 147; 149, 224, 225 und JW 1908, S. 479, Nr. 10) in dieser allgemeinen und grundsätzlichen Form in E 91, 391, 397 — 135, 33, 35 — 155, 72, 75 — JW 1932, S. 649, Nr. 12 — und vor allem in E 160, 204, 209. — STEIN-JUNCKER, Grundriß des Zivilprozeßrechts, § 7 VI (S. 22), sagen: „nur um der Neuheit der Sache willen ausdrücklich gefordert".

rechtsliteratur der Zeit vor 1945 war es anerkannt[37], wenn auch noch nicht überall der Zusammenhang mit dem Rechtsschutzanspruch aufgegeben war[38].

An monographischen Arbeiten liegen aus neuerer Zeit die Dissertationen von *Wolf* (1937)[39] und *Eckelmann* (1947)[40], sowie die Arbeiten von *Schönke*[41], *Allorio*[42] und *Pohle*[43] vor. Während *Wolf* und *Eckelmann*, abgesehen von der thematischen Einengung, trotz *Bley*[44] noch im Banne der Auseinandersetzung um die Lehre vom Rechts-

---

[36] Im Vordergrund der Betrachtung standen damals insbesondere die Feststellungsklage in § 256 ZPO („rechtliches Interesse an alsbaldiger Feststellung"), in § 280 ZPO („Abhängigkeit der Entscheidung von dem streitigen Rechtsverhältnis") und in § 146 KO (Bestrittenheit der angemeldeten und geprüften Forderung), die Nebenintervention in § 66 ZPO („rechtliches Interesse" am Obsiegen einer Partei in einem anhängigen Rechtsstreit), dann die Klage auf künftige Leistung in § 259 ZPO („Besorgnis, daß der Schuldner sich der rechtzeitigen Leistung entziehen werde") und schließlich die Unterlassungsklagen in den §§ 12, 550, 862, 1004, 1053, 1134 und mittelbar auch in den §§ 1027, 1065, 1090, 1192, 1227 BGB („Besorgnis weiterer Störungen oder Beeinträchtigungen"). Vgl. auch § 485 ZPO.

[37] Außer den frühen Anhängern des Rechtsschutzanspruches z. B. Sydow-Busch, ZPO, Vorbem. 1 vor § 253 und § 256 A. 4; Seuffert-Walsmann, a. a. O., § 253 A. 1; Baumbach, a. a. O., (17. Aufl., 1943), Grundzüge 5 vor § 253; de Boor, Rechtsstreit, § 14 V, S. 88 f.; Bernhardt, Rechtsstreit (1. Aufl.), § 2, S. 8 und § 24, S. 55; Sauer, Grundlagen des Prozeßrechts, § 28, S. 524 ff.; Rosenberg, a. a. O., (3. Aufl., 1931), § 85 II 2 b, S. 263; § 86 II 2, S. 265; § 87 III, S. 269 und § 89 II 3, S. 284; Goldschmidt, ZPO, § 12, 4c, S. 53 f.; Stein-Juncker, a. a. O., § 5 II, S. 14 f.; Schönke, Zivilprozeßrecht, § 43 IV, S. 146 f.; Neuner, Privatrecht und Prozeßrecht, § 8, S. 63 ff. — Abweichend Förster-Kann, ZPO, Vorbem. 4 b aa vor § 253, S. 617; a. A. auch v. Brunn, Gewillkürte Prozeßstandschaft, § 9 II, S. 84 a. E., der den Umkehrschluß zieht.

[38] Seuffert-Walsmann, a. a. O.; Goldschmidt, a. a. O.; Stein-Juncker, a. a. O.; auch Hegler, Zum Aufbau der Systematik des Zivilprozesses, S. 242 unten. — Rosenberg, a. a. O., § 90 IV 3, S. 438 a. E., hat jedoch recht, wenn er die Lehre vom Rechtsschutzanspruch insofern für einen *„fruchtbaren Irrtum"* hält, als sie die Wissenschaft um den Begriff des RSchB bereichert hat.

[39] Rechtsschutzbedürfnis für Klagen aus vollstreckbaren Ansprüchen, Diss. Leipzig.

[40] Begriff und Funktion des Institutes „Rechtsschutzbedürfnis", entwickelt besonders an den Klagen des Erkenntnisverfahrens, Diss. Freiburg.

[41] Das Rechtsschutzbedürfnis. Studien zu einem zivilprozessualen Grundbegriff. 1950.

[42] Rechtsschutzbedürfnis?, in: ZZP 67 (1954), S. 321—343.

[43] Zur Lehre vom Rechtsschutzbedürfnis, in: Festschrift für Lent (1957), S. 195—235.

[44] Klagrecht und rechtliches Interesse (1923).

schutzanspruch standen[45], wird diese von *Schönke* nur noch beiläufig als Reminiszenz gestreift und das RSchB als völlig eigenständiges Institut als „allgemeine Rechtsschutzgewährungsvoraussetzung“[46] gekennzeichnet, der im Detail die Kraft zugesprochen wird, eine Vielzahl durchaus heterogener Prozeßerscheinungen umfassend zu erklären. Während der italienische Rechtslehrer *Allorio* „die Idee vom RSchB“ für unfähig erklärt, „ein besonderer, umschriebener technischer Begriff des prozessualen Rechtes zu werden“[47], erkennt *Pohle* den Wert des Institutes an, um ihn lediglich von gewissen doktrinären Überspannungen *Schönkes* zu befreien[48].

§ 2 Heutiger Stand von Lehre, Rechtsprechung und Gesetzgebung

Seit der genannten Abhandlung *Pohles* (1957) ist es um das RSchB als ein Institut der (Zivil-)Prozeßrechtsdogmatik ruhiger geworden. Wenn auch nicht bis in letzte Winkel abgeklärt, ist es doch mit folgendem allgemeinen[49] Inhalt anerkannt[50]:

---

[45] ECKELMANN, a. a. O., S. 78, will dem Institut des RSchB, an Stelle des Rechtsschutzanspruches, sogar die „zentrale Stellung für die wissenschaftliche Betrachtung des Zivilprozeßrechtes“ zuweisen.

[46] A. a. O., S. 13.

[47] A. a. O., S. 338/39. Ablehnend wohl auch PAWLOWSKI, Gedanken zur Methode des Gesetzesauslegung, AcP 160 (1961), S. 229 a. E., 234 f.; sowie NATHAN, Zivilprozeßrecht der DDR, Bd. I (1957), S. 200 ff., der das RSchB als Produkt der bürgerlichen Rechtslehre und Justiz in der Epoche des Imperialismus sieht und es als „mit der demokratischen Gesetzlichkeit unvereinbar“ ablehnt.

[48] Zurückhaltend auch BÖTTICHER, Zur Lehre vom Streitgegenstand, Festgabe für Rosenberg, S. 74 sub 2.

[49] Soweit Einzelheiten unser Thema berühren, werden sie im Dritten Teil (s. u. S. 100 ff.) behandelt werden.

[50] BAUMBACH-LAUTERBACH, ZPO, Grundzüge 2 F vor § 128; Grundzüge 3 F und 5 vor § 253; STJSCHP, ZPO, Einl. D (S. 18 ff.); IV 2 vor § 253; THOMAS-PUTZO, ZPO, Vorbem. III A 1 n vor § 253; LENT-JAUERNIG, Zivilprozeßrecht, §§ 35, 36, S. 98 ff.; ROSENBERG, Zivilprozeßrecht, § 85 II 2 b (S. 402 f.); § 87 III (S. 414); § 89 (S. 424 ff.); § 90 (S. 433 ff.); SCHÖNKE-SCHRÖDER-NIESE, Zivilprozeßrecht, § 43 IV und V (S. 196/7), § 44 III 5 (S. 202 ff.); NIKISCH, Zivilprozeßrecht, § 37 II 2, S. 142; BLOMEYER, Zivilprozeßrecht, § 30 X (S. 149/50), § 35 II (S. 170—172), § 97 II (S. 513/14); allgemein zur Auffassung BLOMEYERS s. u. Erster Teil, II. Kapitel, § 3 A, S. 18. Dunkel bleibt die Stellung WIECZOREKS, ZPO, § 253 A. E (S. 26 bis 27), der das RSchB als „Beschwer“ zu bezeichnen scheint (zum Verhältnis beider Begriffe zueinander s. u. Erster Teil, II. Kapitel, § 4 E I, S. 63—68).

Das Vorliegen eines RSchB ist Voraussetzung dafür, daß das Gericht zur Sache entscheiden darf[51]; das Erfordernis des RSchB ist allgemeine[52] Sachentscheidungsvoraussetzung[53]. Gefordert wird es für

---

[51] Die Frage, ob das Erfordernis des RSchB eine Voraussetzung der Zulässigkeit oder der Begründetheit ist, war lange umstritten. Während die frühen Anhänger der Lehre vom Rechtsschutzanspruch das RSchB zur Begründetheit rechneten (das RSchB war ja eine der drei „Existenzvoraussetzungen" desselben; s. o. Anm. 25 und 26), erkannten deren Gegner frühzeitig, daß es sich um eine Frage der Zulässigkeit handelt (vgl. BÜLOW, ZZP 27, S. 254/55; mit besonderem Nachdruck und erstmals umfassend BLEY, Feststellung des Konkursgläubigerrechts, S. 37 f.; ders., Klagrecht und rechtliches Interesse, S. 5, 108 ff.: „Erfordernis prozessualer Logik", m. w. N.). RGZ 160, 204 (209) schließt sich der zweiten Auffassung endgültig an und stützt sich dabei auf die treffende Formulierung SEUFFERT-WALSMANNS, ZPO, § 253 A. 1, wonach aus dem sachlichen Recht zu entnehmen sei, ob jemand der Anspruch zusteht, um dessentwillen er Rechtsschutz verlangt, wonach aber die Frage, ob ein Bedürfnis nach diesem Rechtsschutz für ihn besteht, dem Prozeßrecht angehört; der Mangel dieses Bedürfnisses müsse also zur Rechtsschutzversagung führen. Solange an dem Vorrang der Zulässigkeitsprüfung festgehalten wird, ist die Frage (trotz R. BRUNS, Zivilprozeßrecht, § 24 V, S. 73 f.; ders., Zur Struktur des Prozesses, Festschrift für Schmidt-Rimpler, S. 256 bei und in Anm. 47: RSchB = „vorgelagerte Wertung" der Begründetheit!) als ausdiskutiert anzusehen. A. A. heute allein noch SAUER, Allgemeine Prozeßrechtslehre, S. 231 a. E. („Sachvoraussetzung"). Vgl. aber auch unten Erster Teil, I. Kapitel, § 2, S. 13 Anm. 56.

[52] Die h. M. unterscheidet zu Recht zwischen „allgemeinen" und „besonderen" sog. Prozeßvoraussetzungen (BAUMBACH-LAUTERBACH, ZPO, Grundzüge 3 F und G vor § 253). Vgl. auch die folgende Anmerkung.

[53] Der Ausdruck steht im Gegensatz zu dem von BÜLOW, Die Lehre von den Processeinreden und die Processvoraussetzungen (1868), entdeckten Grundbegriff der Prozeßrechtslehre, der sog. Prozeßvoraussetzung, der dem seit 1879 überholten gemeinrechtlichen Begriff der denegatio actionis a limine folgt, und geht über den der Sachurteilsvoraussetzung (so als erster GOLDSCHMIDT, Zwei Beiträge, S. 44—46, Anm. 3, mit umfassenden Nachweisen) hinaus. Der Ausdruck *Prozeß*voraussetzung ist deshalb verfehlt, weil das Prozeßrechtsverhältnis unabhängig von ihrem Vorhandensein oder Fehlen begründet wird und endigt (anders im gemeinen Prozeß, sog. denegatio actionis a limine; vgl. HELLWIG, System II, § 274 A 1, S. 158, Anm. 1), während die Bezeichnung Sach*urteils*voraussetzung einseitig auf die Form der richterlichen Entscheidung abstellt. — Was SAUER, Grundlagen des Prozeßrechts, § 9 I, S. 149 ff., gegen die Ersetzung oder Gleichsetzung der sog. Prozeßvoraussetzungen durch die Sachentscheidungsvoraussetzungen vorbringt, ist nicht stichhaltig (vgl. NIESE, Doppelfunktionelle Prozeßhandlungen, S. 22 Anm. 14). — SCHÖNKES Bezeichnung des RSchB als sog. „Rechtsschutzgewährungsvoraussetzung", die in den Wirkungen mit den sog. Prozeßvoraussetzungen übereinstimmen soll (STJSCHP, ZPO, Einl. D I 2, S. 18 a), hat zu Recht keinen Anklang gefunden, da sie gegenüber der her-

jede beliebige Rechtsverfolgung, also für alle[54] Rechtsschutzgesuche der Partei und nicht etwa nur für die Klage[55]. Fehlt es, so ist die Verfahrenshandlung unzulässig, und es ergeht Prozeßurteil, Prozeßentscheidung[56]. In der Prüfungsreihenfolge der Sachentscheidungsvoraus-

---

kömmlichen Terminologie keine Vorteile bietet. Neuerdings ist sie allerdings von HOFFMANN, Die Rechtsschutzbehauptung im Verwaltungsprozeß, VerwArch 53 (1962), 305, übernommen worden.

[54] Vgl. die in Anm. 50 genannten Schriftsteller. So auch BLOMEYER, Zivilprozeßrecht, § 30 X 1, S. 150 bei und in Anm. 1, der seine Anwendung zu Recht auf die sog. *Erwirkungshandlungen* wie z. B. Anträge, Gesuche u. ä., die im Gegensatz zu den sog. Bewirkungshandlungen stehen, beschränken will (der inhaltliche Aussagewert dieser auf GOLDSCHMIDT zurückgehenden Unterscheidung ist allerdings bestritten; vgl. SAX, Das unrichtige Sachurteil, ZZP 67, S. 24 Anm. 11, sowie ausführlich und mit Nachweisen GÖPPINGER, Die Erledigungserklärung im Urkunden-, Wechsel- und Scheck-Prozeß, ZZP 70, 222 Anm. 8). Auch BAUMGÄRTEL, Treu und Glauben, ZZP 69, S. 99/100, will das RSchB „nur für Rechtsschutzbegehren im ganzen" gelten lassen.

[55] Die Entwicklung des Erfordernisses des RSchB in der Literatur nur für die Klagen ist rechtsgeschichtlich mit den Gründen zu erklären, die zur Lehre vom Rechtsschutzanspruch geführt haben (s. o. Erster Teil, I. Kapitel, § 1, S. 4 ff.). Während WEISMANN, Hauptintervention (1884), § 21, S. 84 ff., als erster das RSchB auch für die *Leistungs*klage fordert, haben ECKELMANN, Diss. Freiburg, S. 71, und dann SCHÖNKE, Rechtsschutzbedürfnis, S. 13, das Institut des RSchB vom Zusammenhang mit den Klagen gelöst und ihm *allgemeine* Bedeutung zugewiesen.

[56] BGHZ 12, 308 (316) sieht das RSchB zwar als Prozeßvoraussetzung an, jedoch nicht als eine solche, ohne deren Vorliegen dem Gericht ein Sachurteil überhaupt verwehrt wäre. Ähnlich bereits NIKISCH, Zivilprozeßrecht, § 37 II 3, S. 143 und § 39 III 3, S. 154, der aus Gründen der Prozeßökonomie eine Sachabweisung dann für geboten hält, wenn — bevor die Frage nach dem RSchB entscheidungsreif ist — feststeht, daß die Klage etc. auf jeden Fall unbegründet ist. Dem sind gefolgt: JAUERNIG, Warum keine Verbindung von Prozeß- und Sachabweisung? JZ 1955, 236; POHLE, Festschrift für Lent, S. 228/29, 233/34; LENT-JAUERNIG, Zivilprozeßrecht, § 35 III 1, S. 100, und § 36 I, S. 102; auch BLOMEYER, Zivilprozeßrecht, § 37 III 4 a, S. 185, mit Nachweisen über die schwankende Rechtsprechung (jüngst BVerwG, DVBl 1966, 33 34 r. Sp.); STJSCHP, ZPO (19. Aufl. 1964), Einl. E I 3 b, S. 18; TIETGEN Das verwaltungsprozessuale Rechtsschutzbedürfnis, DVBl. 1960, 264 l. Sp. oben, mit eigener Begründung; ähnlich HENCKEL, Parteilehre und Streitgegenstand, S. 193, wo es heißt, das RSchB sei „nur für das stattgebende Urteil unbedingte Sachurteilsvoraussetzung"; wie Nikisch bereits früher HELLWIG, System I, § 101 III 2, S. 258; BAUMGÄRTEL, Zivilprozeßrechtsfall, S. 34 (in ZZP 67, 431 oben noch dahingestellt gelassen). Ähnlich verfährt die h. L., wenn die Unschlüssigkeit von vornherein feststeht (umfangreiche Nachweise bei HENCKEL, a. a. O., S. 193 Anm. 19). Dazu sei nur bemerkt, daß eine lupenreine Trennung zwischen Zulässigkeits- und Begründetheitsfragen nicht erreichbar ist. Ja, es ist beim RSchB — wie bei den anderen Sachentscheidungsvoraussetzungen — nichts

setzungen besteht bezüglich des RSchB schließlich Einigkeit darüber, daß es — von Amts wegen[57] — als letzte vor den Sachfragen geprüft werden muß[58].

Außergewöhnliches, daß zu seiner Prüfung nötigenfalls in die Erörterung der Hauptsache eingetreten werden muß (so mit Recht bereits Bley, Klagrecht und rechtliches Interesse, § 5 VIII, S. 41 a. E.; auch Baumgärtel, a. a. O., S. 430 Anm. 1). Dies liegt in der Eigenart unseres Untersuchungsgegenstandes begründet. In der Sache ist entschieden zu widersprechen, da die Rechtskraft der Prozeßabweisung die Wiederholung der Klage bei nunmehrigem Vorliegen des RSchB zuläßt, während die Feststellungswirkung der rechtskräftigen Sachabweisung dies ausschließt. Der prozessuale Vorrang der Zulässigkeitsprüfung wäre zwar in der Tat purer Formalismus, wenn das Urteil im zweiten Verfahren auch nicht anders ausfallen könnte. Letzteres ist jedoch gerade die Frage. Es ist eine Erfahrungstatsache, daß eine Vielzahl zunächst unbegründeter Klagen durchaus noch zum Erfolg führen kann (z. B. behobene Beweisschwierigkeiten, Änderung der höchstrichterlichen Rechtsprechung oder der Gesetzgebung). Die bekämpfte „rationelle Arbeitsweise" des Richters könnte daher allenfalls gebilligt werden, wenn bereits endgültig und abschließend feststeht, daß die zur Zeit unbegründete Klage auch in Zukunft nie von Erfolg sein kann. Dieser Fall wird die seltene Ausnahme sein. Ablehnend wohl auch Baumbach-Lauterbach, ZPO, Bem. 5 B vor § 253, S. 435; Rosenberg, Zivilprozeßrecht, § 89 IV 1, S. 429 vor 2. Für den Verfassungsprozeß kann diese Frage im übrigen wohl keine Bedeutung gewinnen, da § 24 Satz 1 BVerfGG die Verwerfung (nicht: Zurückweisung!) a limine als „offensichtlich unbegründet" zuläßt, *ohne* daß vorher die Zulässigkeit des Antrags geprüft sein muß (BVerfGE 6, 7, 11/12; zustimmend Bettermann, Anmerkung hierzu, NJW 1957, 338, der hierin allerdings einen besonderen Unzulässigkeitsgrund erblickt). Sie braucht daher nicht weiter verfolgt zu werden.

[57] Allgemeine Meinung. Ausführlich und mit Einzelheiten der prozessualen Behandlung Eckelmann, Rechtsschutzbedürfnis im Erkenntnisverfahren, S. 89 ff. (in Anm. 305 erschöpfende Literaturangaben); weitere Nachweise bei Wolf, Rechtsschutzbedürfnis für Klagen aus vollstreckbaren Ansprüchen, § 9, S. 70 Anm. 1. Die im Zivilprozeß zu einzelnen Sachentscheidungsvoraussetzungen herrschende Lehre, daß in diesen Fällen eine Prüfung von Amts wegen nicht stattfinde, sondern daß der etwa erforderliche Nachweis des Vorliegens einer zweifelhaften oder betrittenen Sachentscheidungsvoraussetzung von der beweisbelasteten Partei zu erbringen sei, hat ihren Grund in der prinzipiellen Geltung der Verhandlungsmaxime (zur Unterscheidung zwischen von Amts wegen zu prüfenden und von Amts wegen zu ermittelnden Tatsachen vgl. E. Peters, Freibeweis, S. 72 f.). Da für den Verwaltungs- und Verfassungsprozeß der Untersuchungsgrundsatz gilt (§ 86 Abs. 1 VwGO, § 26 Abs. 1 Satz 1 BVerfGG), ist dieser Lehre für die genannten Bereiche der Boden entzogen. Denn die Untersuchungsmaxime erstreckt sich nicht nur auf die klagebegründenden Tatsachen, sondern auch auf jene, die für die Zulässigkeit eines Verfahrens erheblich sind; d. h.: sie gilt auch für die Prüfung der Sachentscheidungsvoraussetzungen. So Ule, Verwaltungsprozeßrecht, § 31 II, S. 90; ders., Komm. z. VwGO, § 81 A. III; Schunck-de Clerck, VwGO, § 81 A. 3; Koehler,

Die Rechtsprechung nicht nur der Zivilgerichte in der Nachkriegszeit hat sich in steigendem Maße dieses Instituts in einer kaum noch überschaubaren Fülle von Entscheidungen bemächtigt[59]. Trotz mancher Abweichung im Detail[60] ist sie dabei dem Vorgang der Wissenschaft gefolgt.

Der Gesetzgeber hat sich der gekennzeichneten Entwicklung nicht verschlossen und das Erfordernis des RSchB in zunehmendem Maße in die neuen Verfahrensordnungen[61] — wenn auch z. T. erneut in Form des „rechtlichen Interesses" — ausdrücklich aufgenommen: so z. B. in § 46 Abs. 1 ArbGG; §§ 43 Abs. 1, 65 Abs. 1, 113 Abs. 1 Satz 4 VwGO; §§ 55 Abs. 1, 131 Abs. 1 Satz 3 SGG; §§ 41 Abs. 1, 60 Abs. 1 Satz 1, 100 Abs. 1 Satz 4 FGO[62].

Die Verwaltungsprozeßrechtswissenschaft schließlich ist der des Zivilprozesses gefolgt[63, 63a].

VwGO, § 86 A. A III 1; Bettermann, Klagebefugnis und Aktivlegitimation im Anfechtungsprozeß, in: Staatsbürger und Staatsgewalt, Bd. II, S. 466 a. E.; vgl. auch Blomeyer, a. a. O., § 14 IV, S. 70.

[58] So schon Bley, a. a. O., § 13 III, S. 109 m. w. N.; Goerz, Die Reihenfolge der Prozeßvoraussetzungen, Diss. Gießen, 1934, S. 28 sub 2; für heute Nikisch, Zivilprozeßrecht, § 56 II 5, S. 224; Rosenberg, Zivilprozeßrecht, § 89 IV 5, S. 431 m. w. N. und § 90 IV 2 a β, S. 437 a. E. Grundsätzlich gegen eine Reihenfolge überhaupt Blomeyer, a. a. O., § 39 III, S. 195. Zur Prüfungsreihenfolge allgemein als erster Levy, ZZP 20, 87 ff., der im Rückblick auf die Literatur des römischen und des gemeinen deutschen Prozesses informiert; jüngst Rupp, JuS 1966, 109 ff.; Menger-Erichsen, VerwArch Bd. 57 (1966), 71 f.; Baumgärtel, Zivilprozeßrechtsfall, S. 91; ders., JuS 1966, 188 sub 2; BSG, NJW 1965, 789 f.

[59] Vgl. z. B. Baumbach-Lauterbach, ZPO, § 256 A. 3 und 5.

[60] Soweit Einzelheiten unser Thema berühren, werden sie im Dritten Teil behandelt werden.

[61] Ausgenommen nur das BVerfGG!

[62] Finanzgerichtsordnung (FGO) vom 6. 10. 1965 (BGBl. I, S. 1477 ff.).

[63] Ule, VwGO, § 42 III 5 (S. 108); Klinger, VwGO, Bem. A I vor § 124, § 42 Bem. B 2; Redeker-von Oertzen, VwGO, § 42 Rdnr. 72, § 43 Rdnr. 9; Koehler, VwGO, Bem. VII vor §§ 42, 43; Eyermann-Fröhler, VwGO, § 42 Rdnr. 104. Ausführlicher zuletzt Bachof, Verfassungsrecht usw. in der Rechtsprechung des BVerwG, S. 37 f., 181 ff.; ders., Die Rechtsprechung des BVerwG (Bde. 13—19), JZ 1966, 302 f.; Tietgen, Verwaltungsprozessuales Rechtsschutzbedürfnis, DVBl. 1960, 261 ff.; Bergmann, Rechtsschutzbedürfnis bei der verwaltungsgerichtlichen Feststellungsklage, VerwArch Bd. 49 (1958), 333 ff.

[63a] Für das Antragsverfahren der freiwilligen Gerichtsbarkeit ist die Anwendbarkeit des RSchB bestritten; bejahend Keidel, FGG, § 12 Rdnr. 16 mit Nachweisen. — Völlig unvereinbar mit Begriff und Funktion des RSchB als einer Sach*entscheidungs*voraussetzung bei Inanspruchnahme der *Gerichte* wäre es dagegen, für die Urkundstätigkeit (§§ 20—22 BNotO) oder gar für die gesamte Amtstätigkeit des Notars als Tätigkeitsvoraussetzung (!) ein RSchB zu verlangen, wie es jüngst von Beck, Das Rechtsschutzbedürfnis in

II. KAPITEL

Das Rechtsschutzbedürfnis als allgemeines Verfahrensprinzip

§ 3 Rechtfertigung und Funktionen des Instituts des Rechtsschutzbedürfnisses

Nach den vorstehenden Ausführungen wird das Erfordernis des RSchB so behandelt, als fordere es ein ungeschriebener Rechtssatz[64] als Voraussetzung für alle Rechtsschutzbegehren. Daran ist festzuhalten.

A. Die Einwände Allorios und Blomeyers

Der italienische Rechtslehrer *Allorio*[65] hat unter gleichzeitiger Heranziehung des „interesse ad agire" (= Interesse am gerichtlichen Vorgehen) des italienischen Prozeßrechts die Lehre vom RSchB als einen „vollkommen überflüssigen und schädlichen Überbau" (a. a. O., S. 323) verworfen. Er trägt vor, daß „diese Idee vom RSchB . . . weitverbreitet und der inneren juristischen Ordnung immanent (ist) und . . . ihre eigene Unfähigkeit (zeigt), ein besonderer, umschriebener technischer Begriff des prozessualen Rechtes zu werden" (S. 338/39). Es sei eine „entweder überflüssige oder gefahrvolle Operation", wenn der Richter „das Vorhandensein eines Interesses an der einzelnen Prozeßhandlung zusätzlich und unter Umständen in Widerspruch mit der Bewertung prüft, die schon implizite durch die mens legis Ausdruck gefunden hat". Die Frage nach dem RSchB sei nämlich „eine Bewertung, die der Gesetzgeber a priori vollzogen hat in einem Augenblick, der jenem, in dem er die (sc. materielle) Norm diktierte, vorausging; und diese Bewertung darf nicht mit einem vielleicht abweichenden Ergebnis vom Richter dadurch von neuem vorgenommen werden, daß er sich anstelle des Gesetzgebers, diesem seinen Beruf raubend, setzt" (a. a. O., S. 340). Es handele sich um eine „Art von patriarchalischer

---

der notariellen Praxis, DNotZ 1966, 259 ff., erstmals behauptet worden ist. Der nicht zu überbrückende Unterschied zum Gerichtsverfahren sei deshalb nicht „einleuchtend, weil hier wie dort den Rechtsuchenden (?) grundsätzlich ein voll ausgebildeter Jurist zur Verfügung steht" (a. a. O., S. 262). Die Ablehnungsgründe des Gesetzes (Nachweise a. a. O., S. 260) rechtfertigen vielmehr *allein* die Untätigkeit des Notars.

[64] So schon NEUNER, Privatrecht und Prozeßrecht, § 8, S. 63, 65 letzter Absatz; SCHÖNKE, Rechtsschutzbedürfnis, ungenannte Grundthese; GOESSL, Organstreitigkeiten, S. 172 bei Anm. 698. Kritisch hierzu POHLE, a. a. O., S. 210; HENCKEL, Parteilehre und Streitgegenstand, S. 39 Anm. 17; vgl. auch MENGER, System, S. 241 bei Anm. 23, 24. Ablehnend ALLORIO, Rechtsschutzbedürfnis?, in: ZZP 67, 342.

[65] Rechtsschutzbedürfnis?, in: ZZP 67 (1954), S. 321 ff.

Prüfung" anhand eines Verfahrensmaßstabes, der „in seiner Anwendung nur willkürliche Ergebnisse zeitigen kann" (a. a. O., S. 343).

Bis auf eine knappe Bemerkung *Rosenbergs*[66] sind diese Ausführungen in der Literatur ohne Resonanz geblieben. Dies erscheint nicht ganz gerechtfertigt, wenn *Allorio* auch in der Sache nicht beigetreten werden kann, da er die prozessuale Eigenart und Reichweite des Instituts des RSchB verkannt hat.

Der Gedanke einer (Interessen-)„Bewertung, die der Gesetzgeber a priori vollzogen hat" und die damit die Forderung nach Vorliegen eines RSchB im konkreten Einzelfall ausschließen soll, ist in der Tat recht naheliegend[67]. War es doch lange Zeit üblich, das subjektive Recht insbesondere der Privatrechtsordnung als „rechtlich geschütztes Interesse"[68] oder „Willensmacht zur Befriedigung rechtlich anerkannter Interessen"[69] oder als „von der Rechtsordnung anerkannte . . . auf ein . . . Interesse gerichtete menschliche Willensmacht"[70] zu bestimmen. Es ist ein einleuchtender Gedanke, daß die Interessenlage ein ausreichend starkes Schutzbedürfnis-Interesse enthalten muß, um den Gesetzgeber zur Gewährung eines — materiell-rechtlichen — Anspruches, eines subjektiven Rechtes zu veranlassen. Denn aller Rechtsschutz ist Interessenschutz. Ist ein solcher Anspruch, wie er geltend gemacht wird, der Rechtsordnung bekannt, so wäre die Lehre vom RSchB unbestreitbar ein „vollkommen überflüssiger und schädlicher Überbau", wollte sie als *materiell*-rechtliche Voraussetzung noch die Darlegung eines besonderen RSchB verlangen. Darum geht es jedoch gerade nicht; das RSchB ist ein Erfordernis der *Zulässigkeit* jedes Verfahrens, in dem ein Anspruch geltend gemacht wird, es ist Sachentscheidungsvoraussetzung! *Allorios* Kritik könnte schließlich nur dann durchschlagen, wenn mit dem Mittel des RSchB die materielle Rechtsordnung in concreto aus den Angeln gehoben werden würde, wenn m. a. W. diese Lehre die Zerstörung des geltend gemachten Anspruchs bewirken würde, falls das Fehlen des RSchB zur Prozeßabweisung führen sollte. Einmal würde dies die Geltung der heute ganz über-

---

[66] Lehrbuch, § 85 II 2b, S. 402 in Anm. 3.

[67] Gleichwohl findet er sich im bisherigen Schrifttum — soweit ersichtlich — nur bei BINDER, Prozeß und Recht, S. 187 Anm. 6, und andeutungsweise bei LANGHEINEKEN, Urteilsanspruch, S. 22 sub 3.

[68] IHERING, Geist des römischen Rechts, 3. Aufl. 1877, III. Teil, § 60, S. 338/39 und § 61, S. 351, der bekanntlich vom Zweck des Rechts ausgeht. Hier werden Begriff und Voraussetzungen des subjektiven Rechts verwechselt.

[69] So NEUNER, a. a. O., § 8, S. 62.

[70] So G. JELLINEK, System der subjektiven öffentlichen Rechte, S. 44, der die Iheringsche Begriffsbestimmung mit der WINDSCHEIDS (Lehrb., § 37, S. 92) als einer „Willensmacht" verband.

wiegend abgelehnten[70a] materiellen Rechtskrafttheorien sowie eine unvertretbare Ausdehnung der sachlichen Grenzen der Rechtskraft voraussetzen, zum anderen aber auch eine Verkennung der Fallgestaltungen bedeuten, bei denen das Erfordernis des RSchB praktisch werden kann[71].

Wie *Allorio*[72] fürchtet auch *Blomeyer*[72a], der sich weitgehend der Stellungnahme *Pohles*[72b] anschließt, „eine unerfreuliche Rechtsunsicherheit", die das RSchB mit sich bringe, ja es sei für die unmittelbare Rechtsanwendung sogar „unbrauchbar". *Blomeyer* lehnt daher das RSchB als eine allgemeine unbeschränkte Zulässigkeitsvoraussetzung ab und überläßt es grundsätzlich der gesetzlichen Regelung durch die jeweilige Prozeßordnung, wieweit es auf das Vorliegen oder Fehlen des RSchB ankommt. Daneben hält er eine mit Vorsicht vorgenommene entsprechende Anwendung der gesetzlichen Regelung freilich für möglich[72c]. Es erscheint mir jedoch zweifelhaft, ob diese Auffassung, die sich in erster Linie an der weitgehend durchnormierten Zivilprozeßordnung orientiert, noch mit dem fortgeschrittenen Entwicklungsstadium und der verbreiteten Anerkennung unseres Untersuchungsgegenstandes vereinbart werden kann. Ihr kann hier jedenfalls im Grundsatze nicht gefolgt werden[72d].

Es ist freilich zuzugeben, daß der Anwendungsbereich des Instituts des RSchB im Detail häufig erheblich zu weit gezogen worden ist und als „Unterschlupf"[73] für scheinbar nicht anders zu lösende Probleme gedient hat und bis heute dient[74]. Dies tut dem Institut des RSchB jedoch keinen entscheidenden Abbruch, da es Funktionsträger unverzichtbarer prozessualer Leitgedanken ist. Worum es sich dabei handelt, soll im folgenden erörtert werden.

[70a] Vgl. jedoch neuerdings die von POHLE (Gedächtnisschrift für Calamandrei, S. 388 ff.; Jur. Blätter 1957, 113 ff.) vertretene „Vermutungstheorie", der BAUMGÄRTEL (JuS 1966, 189 Anm. 17) folgt. Hierzu s. u. S. 37 N. 142.

[71] Hierzu ausführlich unten Erster Teil, II. Kapitel, § 4 B, S. 29—48.

[72] Ähnlich PAWLOWSKI, Gedanken zur Methode der Gesetzesauslegung, AcP 160 (1961), S. 234/5.

[72a] Zivilprozeßrecht, § 30 X, S. 149.

[72b] In: Festschrift für Lent, S. 195 ff.

[72c] A. a. O., § 30 X 2, S. 150. Beides zusammen rechtfertigt, daß auch er weitgehend mit dem RSchB arbeitet (vgl. die Angaben in Anm. 50).

[72d] Zur Rechtfertigung des RSchB s. u. § 3 B, S. 21 ff., insbes. 24 ff.

[73] BÖTTICHER, Zur Lehre vom Streitgegenstand im Eheprozeß, in: Festgabe für Rosenberg, S. 74 sub 2.

[74] So hat neuerdings HOFFMANN, Die Rechtsschutzbehauptung im Verwaltungsprozeß, VerwArch 53 (1962), 305 g. E., den verfehlten Versuch unternommen, in § 42 Abs. 2 VwGO ein von ihm sog. „besonderes (!) Rechtsschutzbedürfnis" zu sehen, da diese Vorschrift zur „Begriffssphäre des Rechtsschutzbedürfnisses" gehöre. Ähnlich bereits davor KAMM, Be-

B. Die Funktionen des Instituts des Rechtsschutzbedürfnisses

Es wird sich im Verlaufe der Arbeit als von entscheidendem Wert erweisen, die Funktionen zu kennen, denen das Institut des RSchB zu dienen bestimmt ist, weil es aus ihnen seine Rechtfertigung bezieht. Denn nur derart wird es möglich sein, mit innerer Geschlossenheit und Folgerichtigkeit die Reichweite und die Grenzen seiner Anwendung insbesondere im Verfassungsprozeß zu bestimmen.

I. Rechtsschutzbedürfnis und Prozeßökonomie

Es ist heute in zunehmendem Maße zu beobachten, daß das Erfordernis des RSchB mit dem grundlegenden prozessualen Leitgedanken der Prozeßwirtschaftlichkeit in Verbindung gebracht wird[75].

---

schwerdeberechtigung in der freiwilligen Gerichtsbarkeit und Klagebefugnis im Verwaltungsprozeß, JuS 1961, 147 l. Sp. Auch kann der These BETTERMANNS, Zur Verfassungsbeschwerde gegen Gesetze, AöR 86 (1961), 129 ff. (passim), der Normverletzte müsse regelmäßig die Anwendung der Norm abwarten und den dagegen zugelassenen Rechtsweg erschöpfen, bevor er Vb erheben kann, andernfalls sei seine Vb mangels RSchB (!) unzulässig, wegen einer „erheblichen Überdehnung von Begriff und damit Anwendungsbereich unseres Untersuchungsgegenstandes" nicht gefolgt werden. Dazu näher s. u. Dritter Teil, I. Kapitel, § 15 B II 3 a ee, S. 119—124. — Schließlich sei darauf hingewiesen, daß auch bei der Frage sog. In-sich-Prozesse nach der VwGO mit dem RSchB operiert wird (darüber und zutreffend dagegen OVG Berlin, Urt. v. 6. 5. 1963 — OVG II B 35/62, in NJW 1963, 1939/1940 l. Sp. oben) = JuS 1963, 494 = DöV 1963, 587 = DVBl. 1964, 82 mit Anm. von KILIAN. Neuerdings ist sogar die Forderung erhoben worden, *behördliche* Erlaubnissse nur dann zu erteilen, „wenn der Antragsteller ein rechtliches Interesse daran hat" (so KIENZLE, NJW 1965, 1498 r. Sp.). Vgl. schließlich unten S. 97 N. 422.

[75] So z. B. bei BAUMBACH-LAUTERBACH, ZPO, Grundzüge 2 F vor § 128; SCHÖNKE-SCHRÖDER-NIESE, Zivilprozeßrecht, § 2 III, 1 a α (S. 24), § 43 IV, S. 196, und § 44 III, 5 c (S. 204); HOFFMANN, a. a. O., S. 304; BGH, in: JZ 1963, 450 l./r. Sp.). — Vgl. auch SAUER, Allgemeine Prozeßrechtslehre, § 10 I 3 (S. 150), § 14 II 1 (S. 217) und § 18 III 1 B bb (S. 276/277); für früher ders., Grundlagen des Prozeßrechts, § 28 I 3 d, S. 530, und § 31 I 3 b, S. 607, sowie HELLWIG, System I, § 101 I, S. 256 („RSchI ... auch ... mit Rücksicht auf die Gerichte gefordert") und NEUNER, a. a. O., § 8, S. 63/65 (der den Schutz der Gerichte vor überflüssigen Klagen als „gesetzgeberisches Motiv der Vorschrift" des RSchB bezeichnet!); neuerdings auch TIETGEN, Das verwaltungsprozessuale Rechtsschutzbedürfnis, DVBl. 1960, 264 l. Sp.; sowie jüngst RENCK, Feststellung der Wirksamkeit von Verwaltungsakten, NJW 1965, 1792 l. Sp. („prozeßpragmatischer Gesichtspunkt"). — Geläufig ist der Zusammenhang des RSchB mit der Prozeßwirtschaftlichkeit bei der Feststellungsklage nach § 256 ZPO: Stand die Einführung der Zulässigkeitsvoraussetzung des Feststellungsinteresses bereits unter dem Gesichtswinkel prozeßökonomischer Zwecke (Vermeidung von Prozeßverdoppelungen

Das Gebot ökonomischer Verfahrensweise vermag jedoch das Institut des RSchB nicht ausreichend zu erklären, noch viel weniger grundlegend zu rechtfertigen. Beides mag mitunter sogar durchaus Gegensätzliches verlangen:

Es bedarf keiner besonderen Begründung, daß das Verfahren der Gerichte, wie alles Staatshandeln, unter dem Gebot größtmöglicher Effektivität bei minimalem Zeit- und Sachaufwand steht. Es handelt sich um ein allgemeines Prinzip[76]. Während der Gedanke der Prozeßwirtschaftlichkeit also im Bereich des Staates liegt, in erster Linie von seinem Standpunkt betrachtet wird[77, 78], muß das geforderte RSchB zur Vermeidung von Willkür wertend im Bereich des Rechtsschutzsuchenden, grundsätzlich aus seiner Sicht und Interessenlage[79] heraus ermittelt werden. Wenn auch nicht geleugnet werden soll, daß das

---

durch nachfolgende Leistungsklage!), so ist es umgekehrt unter Führung der Rechtsprechung allgemein anerkannt, daß der Gesichtspunkt einer „gesunden" Prozeßwirtschaftlichkeit — trotz der Möglichkeit zur Erhebung einer entsprechenden Leistungsklage — bei gegebener Verfahrensvereinfachung und annähernd gleichem Ergebnis zur ausnahmsweisen Zulässigkeit der Feststellungsklage führen kann. Hierzu umfassend zuletzt BGHZ 2, 250 ff., m. w. N. insbes. auf die Rspr. des Reichsgerichts; umfangreiche Kasuistik bei WIECZOREK, ZPO, § 256 A. C II c bis C II c 4, S. 87/88. — Eine kritische Auseinandersetzung mit Teilaspekten der sog. Subsidiarität findet sich bei BETTERMANN, Rechtshängigkeit und Rechtsschutzform, S. 38 bis 40. Den Zusammenhang der Prozeßökonomie mit der Rechtskraft hat BÖTTICHER, Kritische Beiträge, S. 201 ff., 218 f., recht umfassend aufgezeigt; zur Beschwer vgl. BAUR, Festschrift für Lent, S. 10 oben. Zur Prozeßökonomie im Strafprozeß vgl. RUTKOWSKY, NJW 1963, 1636/1637 l. Sp.

[76] So heißt es bei MOREL, Traité élémentaire de procédure civile (1932), S. 40, der Grundsatz des französischen Zivilprozeßrechts: „Pas d'intérêt, pas d'action", sei „une règle d'ordre public, destinée à ménager le temps des juges, les deniers de l'Etat et à empêcher de naître de contestations inutiles ou vexatoires." — Zum RSchB im französischen Zivilprozeßrecht (Zulässigkeit = la recevabilité; Begründetheit = le bienfondé) vgl. DALLOZ, Répertoire de procédure civile (1955), Artikel „Action/Intérêt de l'action", No. 15: „L'absence d'intérêt exclut sans conteste la recevabilité de l'action".

[77] Daran ist nichts geändert, wenn man in bescheidenem Umfang aus dem Prozeßverhältnis auch eine Pflicht der Partei zu prozeßwirtschaftlichem Verhalten herleiten wollte (so z. B. BAUMBACH-LAUTERBACH, ZPO, Einl. III, 3 A, S. 9; SCHÖNKE-SCHRÖDER-NIESE, Zivilprozeßrecht, § 2 III 1 a α, S. 24).

[78] SAUER, Grundlagen des Prozeßrechts, § 21 I 3 b, S. 604, definiert folgendermaßen: „keine unnötige Zeit-, Kraft- und Geldvergeudung!" — Viel zu eng begreift ders., Allgemeine Prozeßrechtslehre, § 5 II 2 c (S. 61) und § 13 II 1 a (S. 205), allerdings den Gedanken der Prozeßwirtschaftlichkeit, wenn er ihn auf das rein Technische der verfahrensmäßigen Ausgestaltung beschränkt. Vgl. hierzu unten Anm. 93.

[79] Hierzu Näheres sowie die erforderliche Eingrenzung durch objektive Merkmale unten sub Erster Teil, II. Kapitel, § 4 C, S. 53—56.

ökonomische Moment in unseren Fragenkreis stark hineinspielt, ja daß beide Gesichtspunkte sich teilweise überlappen und damit insoweit kohärent sein können[80], ist auf Grund dieses unterschiedlichen Ansatzes doch offenbar, daß RSchB und Prozeßökonomie grundsätzlich auf verschiedener Ebene liegen, daß das erstere nicht innerer Geltungsgrund des anderen zu sein vermag. Dies wird deutlich, wenn der offensichtlich unzulässige Versuch unternommen werden sollte, das Gebot der Prozeßwirtschaftlichkeit gegen (vorhandenes) RSchB auszuspielen, um prozeßökonomische Ziele fiskalischer Art oder eine Entlastung des Gerichts zu erreichen[81].

Es kann daher der nicht näher begründeten Auffassung *Eckelmanns*[82] und *Neuners*[83] in dieser Ausschließlichkeit nicht zugestimmt werden, daß Funktion des Instituts des RSchB „die Beschränkung der Tätigkeit der Gerichte auf das unbedingt gebotene Maß" sei. So sehr es richtig erscheint, daß der Staat mit seiner Aktion geizt, geizen muß, weil sie „Ausdruck höchster Autorität" ist[84], genügen rein verfahrensökonomische Erwägungen *allein* doch nicht, das Verlangen nach dem Vorliegen eines RSchB zu rechtfertigen[84a]. Hierzu bedarf es tiefer gehender Erklärung.

II. Rechtsschutzbedürfnis und Prozeßzweck

Wesen und Funktionen des Instituts „RSchB" lassen sich nur unter Berücksichtigung der teleologischen Methode, die freilich systematische Gesichtspunkte nicht außer acht lassen darf[84b], erklären und rechtfertigen:

---

[80] Vgl. unten Anm. 93 sowie § 4 B II 1, S. 33 f., § 4 B II 2 a, S. 36 und § 4 B II 3, S. 38—39.

[81] Zur genannten teilweisen Gegenläufigkeit im Zusammenhang mit Rechtskraftfragen, vgl. Bötticher, Kritische Beiträge, S. 201 ff., insbes. S. 207 vor II und S. 213. Putzo, NJW 1965, 1019 a. E., hat mit Recht gewarnt, „mit der Prozeßökonomie ... läßt sich jedes Ergebnis begründen, das dem Gericht Arbeit spart".

[82] A. a. O., S. 71.

[83] A. a. O., § 8, S. 62 unten. Auch die Formulierung, es sei „ein Zweck der Vorschrift (!), die ein RSchI fordert, der Schutz der Gerichte" (a. a. O., § 8, S. 65), will nichts anderes sagen.

[84] Nach einer Formulierung Bindings, Rechtskraft des Strafurteils, Rechtsgang II, S. 24 a. E.

[84a] So auch Schröcker, Der öffentl.-rechtl. Kündigungsschutz, S. 106 Mitte, der die Prüfung des RSchB sogar für verfassungswidrig hält. Diese Lehre habe „ihre geistige Heimat nicht im Rechtsstaat, sondern im autoritären Staat" (a. a. O., S. 107). — In anderem Zusammenhang warnt auch Rupp, JuS 1966, 109 l. Sp. a. E., davor, sich von Gedanken der Prozeßökonomie „blenden" zu lassen.

[84b] Zur Erforderlichkeit der gegenseitigen Durchdringung beider Gesichtspunkte Zuleeg, Verfahrensfragen und Interessenschutz, DVBl 1966, 235 vor III.

Von *Wach*[85] stammt das zutreffende Wort, daß „alle Rechtsbildung teleologisch, Zweckschöpfung ist . . . Die ‚Idee' des Instituts ist der dasselbe tragende und durchdringende Zweck". Denn erst der Zweck ist es, der den Sinn und Inhalt der Rechtsnormen allgemein erschließt[86], und es ist der Zusammenhang der Zwecke, der die Bedeutung jeder einzelnen Norm erkennbar werden läßt[87]. Diese teleologische Methode hat nicht nur im Privatrecht festen Eingang in die Schule der Interessenjurisprudenz[88] gefunden, sondern ist, jedenfalls im Grundsatz, auch für die Prozeßrechtsdogmatik überwiegend anerkannt[89]. Zu ihr bekennt sich auch unsere Arbeit nachdrücklich. Denn es ist der Prozeßzweck, auf den der gesamte innere Mechanismus des Prozesses ausgerichtet ist[90], der das tragende Gerüst jeder Prozeßrechtssystematik ist.

---

[85] ZZP 32 (1904), S. 5. Ähnlich REICHEL, Rechtskraft und ungerechtfertigte Bereicherung, in: Festschrift für Wach, Bd. III (1913), S. 103.

[86] Vgl. SCHWINGE, Der Methodenstreit in der heutigen Rechtswissenschaft, S. 16.

[87] Vgl. IHERING, Zweck im Recht, Bd. 1, S. 2, 7 ff., der mit diesem zweibändigen Werk (1. Auflage 1877, 4. Auflage 1904) der Begründer der teleologischen Richtung in der Jurisprudenz überhaupt wurde. Das Werk steht unter dem Motto: Der Zweck ist der Schöpfer des gesamten Rechts.

[88] Eine umfassende Bestandsaufnahme der Lehren der „Tübinger Schule" findet sich bei STOLL, Begriff und Konstruktion in der Lehre der Interessenjurisprudenz, in: Festgabe für Heck, Rümelin, A. B. Schmidt, S. 60 ff. — Speziell zum Verhältnis der teleologischen Methode und der Interessenjurisprudenz vgl. die Nachweise bei HECK, Die Leugnung der Interessenjurisprudenz durch Hermann Isay, AcP 137, 47 (48, Anm. 1 a).

[89] Vgl. insbes. HEGLER, Zum Aufbau der Systematik des Zivilprozeßrechts, in: Festgabe für Heck, Rümelin und A. B. Schmidt (1931), S. 216 ff., insbes. S. 230 ff., mit umfangreichen Nachweisen auch auf die systematische Betrachtungsweise im Strafprozeß, Staatsrecht und in der Rechtswissenschaft allgemein (S. 233 Anm. 1 Nachweise und Auseinandersetzung mit anderen Auffassungen, insbes. mit NUSSBAUM, Die metaphysisch-teleologische Methode im Prozeß, Archiv für Rechts- und Wirtschaftsphilosophie, Bd. 2, S. 315 ff., bes. S. 317). — Übereinstimmend BETTERMANN, Vollstrekkung des Zivilurteils in den Grenzen seiner Rechtskraft, S. 24 sub 7; SAUER, Allgemeine Prozeßrechtslehre, § 5 II 1 b, S. 59 Anm. 12; SCHÖNKE, Rechtsschutzbedürfnis, S. 12; SAX, Das unrichtige Sachurteil, ZZP 67, S. 47 sub 3. Vgl. auch BAUMBACH-LAUTERBACH, ZPO, Einl. III 5 B; ROSENBERG, Lehrbuch, § 8/2, S. 27; STJSCHP, ZPO, Einl. C (S. 18); NIKISCH, Zivilprozeßrecht, S. 27 f.; BOEHMER, Grundlagen II/1, S. 166; MENGER, System, § 22, S. 74; ZULEEG, Verfahrensfragen und Interessenschutz, DVBl 1966, 234 sub II. Vgl. auch RGZ 105, 427; 150, 363; Warn. Rspr. 1922, S. 129.

[90] So zu Recht BERNHARDT, Rezension von StJSch (17. Aufl., 1949/50), ZZP 64, S. 93. Ähnlich SAUER, a. a. O., § 6 V 2, S. 92 („Es gibt nur ein Prinzip für das Prozeßrecht, d. i. die Prozeßidee."), sowie für früher WACH, Handbuch I, S. 5 („Der Aufbau der Prozeßwissenschaft hat auf der objektiven, nicht der subjektiven Zweckbestimmung zu erfolgen.").

Methodologisch gilt es also, die Existenzberechtigung des prozeßrechtlichen Instituts des RSchB nicht konstruktiv, sondern dadurch zu erklären, daß seine *Funktion im Zweckganzen* (zunächst nur) des nichtverfassungsgerichtlichen Verfahrens *aufgezeigt* wird[91]. Wenn es also richtig ist, daß „Idee des Instituts der dasselbe tragende und durchdringende Zweck" ist, so muß jetzt nach *diesem* gefragt werden. Denn ohne Antwort hierauf, wird die Frage nach dem RSchB theoretisch verschwommen und im praktischen Detail ein Tappen im Dunkeln bleiben, da sich Umfang und Grenzen seiner Anwendbarkeit naturgemäß aus den ihm zugrunde liegenden Zwecken ergeben.

Was also ist der Zweck[92] der Figur des RSchB, wenn es nicht oder zumindest nicht im wesentlichen der Dienst zur Erreichung möglichster Verfahrenswirtschaftlichkeit ist?

Die Antwort sei vorweggenommen: Das Verlangen nach dem Vorhandensein eines RSchB als Voraussetzung der Zulässigkeit jedweder Sachentscheidung gründet sich auf die Notwendigkeit, über die notwendig unvollkommene gesetzliche Verfahrensregelung hinaus den oder die allgemein erkannten Zwecke des Verfahrens im allgemeinen — als *Institution* — auf die Gegebenheiten im konkreten Fall, den einzelnen Prozeß, umzusetzen und diese so durchzuführen, m. a. W. zu verhindern, daß das einzelne Verfahren Zielen nutzbar gemacht wird, die dem Prozeßzweck[93] zuwiderlaufen[94].

---

[91] Hierbei machen wir uns keines verfehlten Methodensynkretismus' schuldig, weil man einen „Konstruktionsbegriff" nicht aus dem (Prozeß)-Zweck herleiten könne (so der Einwand HEGLERS, Zum Aufbau der Systematik des Zivilprozeßrechts, Anm. 6 a. E. auf S. 233, gegenüber der WACHschen Herleitung des Rechtsschutzanspruches unmittelbar aus dem Prozeßzweck). Denn das RSchB stellt keinen bloßen „Konstruktionsbegriff" dar, wie sogleich im Text erkennbar sein wird.

[92] Über die Unterscheidung des Zwecks in objektive und subjektive und individuelle Zwecke, vgl. bei BLEY, Klagrecht und rechtliches Interesse, S. 6f., sowie als metaphysisches Problem zuletzt bei N. HARTMANN, Teleologisches Denken, 1951.

[93] Da auch der Grundsatz der Prozeßökonomie mit der Prozeßidee in engem Zusammenhang steht (vgl. SAUER, Allgemeine Prozeßrechtslehre, § 5 II 2c, S. 61/62; auch MÜHL, Gutachten und Urteil, JuS 63, 354 r. Sp.), ergibt sich so über denselben Mutterboden ein mittelbarer, dialektischer Zusammenhang zwischen RSchB und Verfahrenswirtschaftlichkeit (dies ist oben sub § 3 B I, S. 21 bei Anm. 80 bereits angedeutet worden; RÜMELIN, Rechtspolitik und Doktrin, S. 51, ist sogar der abzulehnenden Auffassung, daß er *innerhalb* des Prozeßzwecks liege), der bei der konkreten Fallentscheidung beides miteinander verbinden, aber auch der Frage nach dem RSchB widerstreiten kann.

[94] Nicht dürfte genügen, daß nur mitberücksichtigte oder vom Gesetzgeber nur nicht in Betracht gezogene individuelle Zwecke verfolgt werden, obwohl sie — streng genommen — sich mit dem Prozeßzweck nicht decken.

Kurzum: *Aufgabe der Figur des RSchB ist, die Durchführung des Prozeßzwecks im Einzelfall*[94a] *zu gewährleisten*[95], *hierfür Regulativ zu sein*[96, 97, 98]. Hiernach darf die Partei mit einem Rechtsschutzgesuch das Gericht nur dann und nur insoweit in Anspruch nehmen, als sie gerichtlichen Schutzes bedarf, also Bedürfnis[99] nach Rechtsschutz, mithin ein RSchB hat[100].

Es spielt hierbei der Schutz der Interessen des Verfahrens*gegners* (des Beklagten etc.) nur insofern eine Rolle, als das Maß an Zeit,

---

[94a] Dies wirkt sich jedoch allein bei den Rechtsschutzgesuchen, den sog. Erwirkungshandlungen (s. o. S. 13 bei und in Anm. 54), aus, verlangt dagegen nicht die Annahme, ein RSchB für alle Parteiprozeßhandlungen zu fordern. Andernfalls würde das RSchB in der Tat der „Unterschlupf" für scheinbar nicht anders zu lösende Probleme, vor dem BÖTTICHER (Festgabe für Rosenberg, S. 74 sub 2) mit Recht gewarnt hat.

[95] Daß eine ähnliche Zweckbeziehung auch bei zahlreichen anderen, möglicherweise gar bei allen Instituten und Maximen des Prozeßrechts bestehen dürfte, sollte die Gültigkeit dieser *Grundlegung* nicht mindern. Denn so wie das RSchB in dieser Untersuchung verstanden wird — nämlich als letzte, aber strenge Prozeßrechtsschranke oder „Auffangtatbestand" für mit den sonstigen verfahrensrechtlichen Mitteln nicht mehr lösbare, aber als lösungsbedürftig erkannte Sachverhalte (ähnlich jüngst RENCK, NJW 1965, 1792 l. Sp.: „verfahrensrechtlicher Ausgleichsgrundsatz, ein Korrektivum") — steht es zu den Prozeßzwecken in ganz besonders engem, nämlich *unmittelbarem* Zusammenhang, so daß diese für seine grundlegende Herleitung und Rechtfertigung erforderlich, aber auch ausreichend sind.

[96] Abwegig H. WOLF, Rechtsschutzbedürfnis für Klagen aus vollstreckbaren Ansprüchen, S. 70, der es als „Sinn" des Erfordernisses des RSchB bezeichnet, „daß es nicht der Disposition der Parteien überlassen sein kann, ob sie durch Einigung über das Vorliegen des RSchB (sic!) den Richter nötigen wollen, dessen Vorhandensein als gegeben hinzunehmen, oder nicht".

[97] Zu eng POHLE, Rezension von Schönkes Rechtsschutzbedürfnis, ZZP 64, S. 95, nach dem das Verlangen nach einem RSchB seine „Rechtfertigung ... weitgehend ... in der Abwehr mißbräuchlicher Inanspruchnahme der Rechtspflege" findet. Näher zum Verhältnis von RSchB und Mißbrauch unter Erster Teil, II. Kapitel, § 4 B II 4 b, S. 46—48.

[98] Dem Institut des RSchB ist wegen der staatlichen Pflicht zur Rechtsschutzgewährung (s. o. § 1, S. 8 Anm. 32) daher auch die Aufgabe zugewiesen, die Gerichte in begrenztem Umfang vor unredlicher Inanspruchnahme zu bewahren. So wohl auch BAUMGÄRTEL, Treu und Glauben, ZZP 69, 99 (3. Abs.).

[99] Daß und welchen spezifischen Anforderungen im einzelnen Genüge getan sein muß, wird unten § 4 B, S. 28—51, erläutert.

[100] So mit Recht schon ECKELMANN, Diss. Freiburg, insbes. S. 41 und 81 (ferner S. 2, 35, 71, 76) sowie SCHÖNKE, AcP 150 (1949), S. 218. Bei SAUER, Allgemeine Prozeßrechtslehre, S. 5 a. E., findet sich in anderem Zusammenhang der Ausdruck „*Gerichtswürdigkeit*". Auch nach RGZ 160, 204 (214) muß das prozessuale Begehren „des Rechtsschutzes *würdig*" sein.

Arbeit, Kosten und psychischer Belastung, das die Partei ihrem Gegner aufnötigt, *mittelbar* die konkrete Frage nach dem Vorhandensein des RSchB zu beeinflussen vermag. Primärer *Geltungsgrund* der Figur des RSchB ist er keinesfalls[101].

Diese Herleitung des RSchB aus dem Prozeßzweck ist im Zivilprozeß zuerst von *Bley*[102] mit Nachdruck vertreten und von *Schönke*[103] wiederaufgenommen worden. Sie hat neben dem Vorteil methodischer Sauberkeit und prozessualer Logik die für das Institut des RSchB erfreuliche Folge, daß auf diese Weise jedwede Verbindung mit dem nebulos weiter wirkenden Gedanken des Rechtsschutzanspruches, zu dem es — wie gezeigt — im Verhältnis eines bloßen „Anhängsels"[104] stand, endgültig abgerissen ist[105].

---

[101] POHLE, Festschrift für Lent, S. 205/6 sub 3, hat allerdings mit Recht darauf hingewiesen, daß im *Einzelfall* sehr wohl auch maßgeblich auf Interessen des Beklagten abgestellt werden muß (z. B. bei Teilklagen). — Den Gedanken des Schutzes des Beklagten als *Geltungsgrund* des RSchB lehnten bereits früher ab: WACH, Feststellungsanspruch, S. 62; BÄHR, Urteile des RG, S. 168/9; STEIN, Voraussetzungen des Rechtsschutzes, § 2, S. 25/6 (vgl. aber § 4, 43/4); im Gegensatz zu DEGENKOLB, Einlassungszwang und Urteilsnorm, S. 186, und NEUNER, Privatrecht und Prozeßrecht, § 8, S. 63 a. E. und S. 70; vgl. auch HEGLER, Zum Aufbau der Systematik des Zivilprozeßrechts, S. 241. Im Zusammenhang mit der Grundlegung des RSchB findet er sich heute nur noch vereinzelt: vgl. SCHÖNKE, Rechtsschutzbedürfnis, A IV 6, S. 39; BLOMEYER, Zivilprozeßrecht, § 37 III 4 a, S. 185 (im Hinblick auf die Sonderlage bei § 256 ZPO); POHLE, a. a. O. — Bezüglich der entsprechenden Fragestellung bei der Rechtskraft ist von HELLWIG, Klagrecht und Klagmöglichkeit, § 9 III 2 b, S. 71 a. E., jegliche „zarte Rücksichtnahme auf den Beklagten" als ihr Geltungsgrund verworfen worden.

[102] Klagrecht und rechtliches Interesse (1923), S. 6 ff., dem sich ECKELMANN, Diss. Freiburg (1947), S. 2 und öfter — wie auch sonst — angeschlossen hat.

[103] Rechtsschutzbedürfnis (1950), S. 11 ff., wo sich auch eine — allerdings bündige — Auseinandersetzung mit den Ansichten über die Zwecke des Zivilprozesses findet, auf die hier verwiesen werden muß. (SCHÖNKE, a. a. O., geht von der mit guten Gründen bestreitbaren Auffassung aus, daß Zweck des Zivilprozesses die Bewährung des objektiven Rechts durch Schutz des auf seinem Boden sich ergebenden subjektiven Rechts im Einzelfalle und die Sicherung des Rechtsfriedens sei; zustimmend BGHZ 10, 333, 336 sub 3; ablehnend z. B. BLOMEYER, Zivilprozeßrecht, § 1 I 4, S. 2).

[104] ALLORIO, Rechtsschutzbedürfnis?, ZZP 67, 322.

[105] Auch *prozeßsystematisch* ist das insoweit der Fall, als ECKELMANN, a. a. O., S. 78, zwar die Lehre vom Rechtsschutzanspruch — die für sich in Anspruch nahm, der Schlüssel zur wissenschaftlichen Erfassung des Prozeßrechts zu sein — ablehnte, sie aber durch das Institut des RSchB insoweit ersetzen zu müssen glaubte, als er nunmehr *diesem* die zentrale Stellung im Prozeßrecht einräumte. Ähnlich bereits BLEY, Klagrecht und rechtliches Interesse, S. 3 sub III, der den Begriff der Prozeßvoraussetzungen zum Zentralbegriff erklärte, als deren Kernstück bei ihm sein „rechtliches Inter-

Schließlich ist darauf hinzuweisen, daß die direkte Herleitung des RSchB aus den Grundaufgaben der (jeweiligen) Gerichtsbarkeit und die damit fast von selbst gegebene minimale Funktionsbreite es ermöglichen, eine letzte Zulässigkeitsschranke gegenüber sonst statthaften, aber dennoch als prozeßzweckwidrig erachteten Rechtsschutzgesuchen herabzulassen. Sicherzustellen, daß dies durch die Rechtsprechung einheitlich und nach gesicherten Leitgedanken des RSchB geschieht, ist Aufgabe der Wissenschaft. Hier hofft die vorliegende Untersuchung, die bisherigen Bemühungen der Zivilprozeßrechtswissenschaft weiterführen und einen Beitrag speziell für den Verfassungsprozeß leisten zu können.

§ 4 Der Begriff des Rechtsschutzbedürfnisses

So unerläßlich die theoretische Grundlegung und Rechtfertigung des Instituts des RSchB ist, sichere Praktikabilität erlangt es erst, wenn es gelungen ist, seine Funktionen *begrifflich* zu erfassen. Begriffsbildung ist ein wesentliches Wissenschaftsmerkmal; besonders für die Jurisprudenz als eine weithin praktische Wissenschaft ist sie ein Maßstab für Güte, ja wohl sogar für ihre Existenzberechtigung. Hier soll nun der Versuch unternommen werden, die begriffliche Erfassung unseres Instituts, soweit als in unserem Rahmen möglich, voranzutreiben. Dabei muß bereits jetzt darauf hingewiesen werden, daß sich der Gedanke des RSchB nur schwer prägnant ausdrücken läßt, weil sein umfassender Geltungsgrund — Sicherstellung der Durchführung des relevanten Prozeßzwecks im Einzelverfahren — eine formelartige Definition kaum zulassen dürfte. Eingedenk der aufzuzeigenden Komplexität der hierbei auftauchenden Fragen und Sachgestaltungen ist es im Grunde daher auch keine Überraschung, wenn festzustellen ist, daß wir uns damit weitgehend auf Neuland, wenn auch nicht völlig unbestelltes, begeben.

A. Terminologisches

Es ist bereits darauf hingewiesen worden[106], daß sich der Gedanke des RSchB unter mannigfacher Bezeichnung[107] seinen Weg zu allgemeiner Anerkennung gebahnt hat. Rechtliches Interesse, berechtigtes

---

esse" erscheint. Nachwirkungen dieser prozeßwissenschaftlichen *Überschätzung* unseres Untersuchungsgegenstandes zeigen sich schließlich in der doktrinären Überspannung, die er in der praktischen Anwendung bei SCHÖNKE, a. a. O., passim, erfahren hat.

[106] S. o. Erster Teil, I. Kapitel, § 1, S. 4—5 und 7.

[107] Außer den bereits genannten Bezeichnungen (vgl. Anm. 106) z. B.: im Rechte begründetes Interesse (DEGENKOLB, Einlassungszwang und Urteils-

Interesse, Rechtsschutzinteresse (RSchI) und Rechtsschutzbedürfnis (RSchB) sind davon diejenigen, die auch heute noch gebräuchlich sind. Während die einschlägigen gesetzlichen Bestimmungen von „rechtlichem Interesse"[108] oder „berechtigtem Interesse"[109] reden, sprechen Lehre und Rechtsprechung überwiegend vom RSchI und/oder RSchB. Die beiden letzten Begriffe werden dabei als äquivalent, ja synonym[110] gebraucht. Dieser Uneinheitlichkeit in der Bezeichnung der Sache gilt es entgegenzutreten. Ihr angemessen ist, wie sich zeigen wird, allein der Begriff des Rechtsschutz*bedürfnisses*, da sprachlich die Frage nach dem (mit stark *objektiven* Elementen versehenen) „Bedürfnis" nach Rechtsschutz sachgerechter ist als die nach dem (im wesentlichen *subjektiv* zu verstehenden) „Interesse". Denn es ist gerade ein Wesensmerkmal unseres prozessualen Instituts, daß trotz möglicherweise vorhandenen Interesses im weitesten Sinne staatlicherseits in bestimmten Fällen dennoch der Rechtsschutz versagt wird[111]. Dieser Sachlage kommt die Frage nach dem „Bedürfnis" wesentlicher näher, so daß der Begriff des RSchB vorzuziehen ist[112].

---

norm, S. 54); wirkliches, nicht eingebildetes Interesse (Wach, Handbuch I, § 2 V, S. 22 oben); berechtigtes Bedürfnis (Hellwig, System I, § 108 I, S. 283); rechtlich anerkanntes Rechtsschutzinteresse (Langheineken, Urteilsanspruch, § 4 IV 2 B, S. 22); Bedürfnis nach Rechtsschutz; rechtlich anerkanntes Interesse (R. Schmidt, Lehrbuch des Zivilprozeßrechts, § 110, S. 696).

[108] S. o. § 1, S. 10 Anm. 36.

[109] Z. B. §§ 43 Abs. 1, 113 Abs. 1 Satz 4 VwGO; 131 Abs. 1 Satz 2 SGG; 41 Abs. 1, 100 Abs. 1 Satz 4 FGO; früher ebenso auch § 75 Abs. 1 Satz 2 MRVO 165; vgl. auch BVerwG, DöV 1956, 728. Diese Ausdrucksweise ist auch sonst gebräuchlich; vgl. z. B. §§ 12 Abs. 1 Satz 1 GBO, 34 FGG. Gegen die Art, in der Sauer, Grundlagen des Prozeßrechts, § 28 I 2b—d, S. 528 ff., von der Berechtigung des Interesses spricht, bereits frühzeitig und zutreffend Bley, Klagrecht und rechtliches Interesse, S. 42 Anm. 7. Zur Abgrenzung von rechtlichem und berechtigtem Interesse vgl. BGHZ 4, 323/24 = NJW 1952, 579; 9, 111 ff. = NJW 1953, 699 (700).

[110] Vgl. statt vieler Stein, Voraussetzungen des Rechtsschutzes, § 2, S. 15.

[111] So liegt es insbesondere häufig bei den im Ersten Teil, II. Kapitel, § 4 B II 3 und 4, behandelten Fällen.

[112] Sauer, Allgemeine Prozeßrechtslehre, § 1 II 1, S. 4 Anm. 2 a. E. und § 1 II 2, S. 7 bei und in Anm. 5, hält es für bedenklich, überhaupt den Begriff des Bechtsschutzbedürfnisses zu verwenden, da es nicht Hauptaufgabe des Richters sei, den Parteien Rechtsschutz zu gewähren, sondern das (objektive) Recht zu verwirklichen, unter dessen Schutz alsdann die Parteien leben. Sowohl der These als auch der Begründung ist jedoch zu widersprechen. Vgl. dazu unten Erster Teil, II. Kapitel, § 4 D, S. 61 bei und in Anm. 258.

B. Typologie der allgemeinen Erscheinungsformen des Mangels des Rechtsschutzbedürfnisses

Die Lehre vom RSchB ist bei richtiger Sicht weitgehend die Lehre von *den* Fällen, bei denen sein *Fehlen*, und damit die Unzulässigkeit der betreffenden Verfahrenshandlung, anzunehmen ist. M. a. W.: Die Schwierigkeiten beginnen dort, wo der *Mangel* des RSchB, welches erfahrungsgemäß in der weit überwiegenden Mehrzahl aller Fälle vorliegen wird, in Frage steht. Die *Lehre vom RSchB* ist auf ihrer praktischen wie theoretischen Seite *eine Lehre der Ausnahmen*[113, 114]!

Als Teil des Verfahrensrechts, das in erster Linie an den Rechtswerten der Rechtssicherheit und der Berechenbarkeit der Rechtsdurchsetzung ausgerichtet sein muß, erscheint es gerade bei der Lehre vom RSchB als nützlich und notwendig[114a], die hier in Frage kommenden Ausnahmen zu sammeln und zu sichten und so zur Aufstellung einer allgemeinen Typologie[114b] der Erscheinungsformen fehlenden RSchB zu gelangen[115].

Dies wird gewissermaßen ein „vor die Klammer" gezogener „allgemeiner Teil" sein, auf den — da er die grundsätzlichen Konstella-

---

[113] Anders nur bei der Unterlassungsklage (Erfordernis der Besorgnis weiterer Beeinträchtigung)!

[114] So insbesondere bereits Pohle, Festschrift für Lent, S. 204 sub III 1 und 2, S. 209 g. E., S. 212 Mitte („Ausnahmecharakter"), S. 234 sub VIII 2; vgl. auch Blomeyer, Zivilprozeßrecht, § 35 II vor 1, S. 170; Rosenberg, Lehrbuch, § 85 II 2 b, S. 402; Goessl, Organstreitigkeiten, S. 172 Abs. I a. E.; jüngst Baumgärtel, Zivilprozeßrechtsfall, S. 95; ders., JuS 1965, 397 l. Sp.

[114a] Es gilt die erst neuerdings wieder von Pawlowsky, Gedanken zur Methode der Gesetzesauslegung, AcP 160 (1961), S. 235, geäußerte Befürchtung zu entkräften, „mit der Lehre vom Rechtsschutzinteresse, wie sie von Schönke, formuliert sei, könne jedes (vom Staat oder vom Gericht gewünschte) Ergebnis begründet werden". Oder Zuleeg, Verfahrensfragen und Interessenschutz, DVBl 1966, 238 a. E.: Der Begriff des RSchB sei zu allgemein, um noch einen festen Maßstab für eine Entscheidung zu liefern. Bei übermäßiger Anwendung stehe die Lösung der Verfahrensfragen mehr oder weniger im Belieben des Richters.

[114b] Zum hervorragenden Erkenntniswert des typologischen Denkens vgl. Larenz, Methodenlehre der Rechtswissenschaft (1960), S. 333 ff., 337., 348 ff.

[115] Hierbei stützen wir uns auf Ansätze, die sich erstmals bei Langheineken, Urteilanspruch, § 4 VII 2, S. 34 f., umfangreicher dann bei Stein, a. a. O., S. 17, 79 ff.; auch bei Bley, Klagrecht und rechtliches Interesse, § 1 III, S. 4 sub 3; und schließlich vor allem bei Eckelmann, Rechtsschutzbedürfnis im Erkenntnisverfahren, § 4, S. 8 ff., und Schönke, Rechtsschutzbedürfnis, S. 22 ff., finden. Pohle, Festschrift für Lent, S. 212 ff., hat sich hiermit als erster kritisch befaßt.

tionen und Fallgestaltungen allgemein herauszuarbeiten hat — im Laufe der Arbeit, insbes. im Dritten Teil, häufig Rückgriff genommen wird. Es sei allerdings bereits hier betont, daß es sich dabei nicht um ein starres Schema handeln kann, das keinerlei Abweichen zuläßt[116]. Denk- bzw. Entscheidungs*modelle* sind beabsichtigt. Schließlich sei auf die heuristische Bedeutung, insbesondere auch im Hinblick auf den Prozeßgesetzgeber, aufmerksam gemacht.

I. Fehlen eigenen Interesses. Fehlen des Interesses an der Geltendmachung fremder Rechte und der Prozeßführung darüber

Nach deutscher verfahrensrechtlicher Tradition sind die Subjekte des streitigen Rechtsverhältnisses grundsätzlich auch die richtigen Parteien eines Prozesses. Danach darf ein Rechtsschutzbegehren nur geltend machen, wer Anspruchsträger zu sein behauptet oder dem gegenüber eine solche Anspruchsträgerschaft unmittelbar geltend gemacht wird. Jede andere Auffassung würde Undurchsichtigkeit und Unsicherheit in die sachlichen und verfahrensrechtlichen Beziehungen der am Rechtsleben Beteiligten tragen[117]. Prozessual wird dieser Grundtatbestand in der Sachentscheidungsvoraussetzung der sog. *Prozeßführungsbefugnis*[118] eingefangen, die allerdings im Falle der Identität von Partei und — berechtigtem oder verpflichtetem — Subjekt des streitigen Rechtsverhältnisses in aller Regel[118a] gegeben ist.

---

[116] BLEY, a. a. O., S. 114, meint, ein „Schema" sei überhaupt unmöglich.

[117] So mit Recht RGZ 160, 204 (211); STJP, ZPO (19. Aufl.), Bem. II 4 vor § 50 II, S. 307 vor N 36.

[118] Der Ausdruck stammt von HELLWIG (vgl. Klagrecht und Klagmöglichkeit, § 9 III 2a δ, S. 69). Wenn auch nicht ohne Schwierigkeit, ist die Prozeßführungsbefugnis doch stets von der materiell-rechtlichen Frage nach der *Sachlegitimation* auf das Genaueste zu scheiden! — Der Versuch BARINGS, Prozeßvoraussetzungen, AöR 76, S. 435ff., 444f., für den Verwaltungsprozeß einen eigenen Begriff der Aktivlegitimation aufzustellen (zu den § 42 Abs. 2 VwGO entsprechenden alten landesgesetzlichen Vorschriften), hat keinen Anklang gefunden. Vgl. bereits MENGER, System des verwaltungsgerichtlichen Rechtsschutzes, S. 121 und das dort in Anm. 42 angeführte Schrifttum. — Auch GEIGER, BVerfGG, § 64 A. 3 (S. 212/13), und das BVerfG (hierzu hat bereits BACHOF, Rechtsweg, Parteifähigkeit, Prozeßführungsrecht und Sachlegitimation im Verfassungsstreit, AöR 79, 112ff. das Erforderliche entgegnet; leider ist seiner Richtigstellung nicht der wünschenswerte Erfolg beschieden gewesen!), arbeiten mit dieser verfehlten Terminologie. — Vgl. zur Prozeßführungsbefugnis insgesamt neuerdings LÜKE, ZZP 76 (1963), S. 1ff.; DIEDERICHSEN, ZZP 76 (1963), S. 400ff. (als allgemeine Prozeßvoraussetzung in Frage gestellt); STERN, Sachlegitimation, Prozeßführungsbefugnis und Beiladung, Festschrift BSG, S. 223ff.

[118a] Ausnahmen bei ROSENBERG, Lehrbuch, § 45 II 1, S. 194.

Bedeutung gewinnt das Erfordernis der Prozeßführungsbefugnis vor allem im Falle der sog. *Prozeßstandschaften*[118b], d. h. bei Prozeßführung auf mindestens einer Seite durch eine dritte Person über behauptete *fremde* Rechte oder Pflichten im *eigenen* Namen[119]: Daß hierfür in besonderen Fällen ein Bedürfnis bestehen kann, ist an einzelnen Stellen der *Gesetze*[120] seit langem anerkannt (sog. gesetzliche Prozeßstandschaft). Darüber hinaus hat das Reichsgericht schon frühzeitig — einem praktischen Bedürfnis folgend — die *Ermächtigung*, einen Prozeß um fremde Rechte oder Pflichten im eigenen Namen zu führen (sog. *gewillkürte Prozeßstandschaft*[121]), gegen den Widerspruch der Literatur[122] zunächst *ohne* Einschränkung zugelassen, wobei aus dem Vorhandensein der gesetzlichen Prozeßstandschaftsfälle auf die Zulässigkeit der gewillkürten Prozeßstandschaft im Analogiewege[123] geschlossen wurde. Erst seit *RGZ* 91, 390 ff. wurde die Zulässigkeit der gewillkürten Prozeßstandschaft — unter Berufung auf den „anormalen Charakter dieser Rechtsfigur"[124] — besonderen Voraussetzungen

---

[118b] Der Ausdruck stammt von KOHLER, Über die Grundlagen des Zivilprozesses, AcP 97, 8 ff.; vorher andeutungsweise schon in Iherings Jahrb. 24 (1886), 187 ff. (319 ff.). Sprachlich beruht er auf der (irreführenden) Übersetzung der die Prozeßfähigkeit bezeichnenden gemeinrechtlichen „legitima persona standi in judicio".

[119] Daß es sich hierbei der Sache nach um einen Fall *mittelbarer Stellvertretung* handelt, hat BETTERMANN, Rechtshängigkeit und Rechtsschutzform, S. 11 Anm. 7, wohl als erster klar erkannt. Andeutungen in dieser Richtung bereits bei GEIB, Rechtsschutzbegehren und Anspruchsbetätigung, § 2, S. 13 a. E.

[120] So z. B. in §§ 335, 432 Abs. 1, 1011, 1422 Satz 1/2, 2. Halbsatz, 1487 Abs. 1, 1433, 1428, 1429, 1431, 1454 Satz 2, 1368/1369 Abs. 3, 2039, 1380 a. F. BGB; §§ 435, 886 HGB; § 265 ZPO.

[121] Der Ausdruck ist im Anschluß an KOHLER (vgl. Anm. 118 b) von H. HELLWIG, Ermächtigung zur Prozeßführung über fremde Rechte im eigenen Namen, GruchBeitr. Bd. 55 (1911), S. 624, geprägt worden. — Gewillkürte Prozeßstandschaft kann aber ausnahmsweise auch bei einem Streit um *eigene* Rechte vorliegen, wenn nämlich einem anderen das Verwaltungsrecht übertragen ist und *dieser* seinerseits den Rechtsinhaber zur Prozeßführung ermächtigt. So BGHZ 35, 180 ff.; 38, 281 ff. Vgl. dazu BÖTTICHER, Erbe und Gemeinschuldner als gewillkürte Prozeßstandschafter des Nachlaß- und des Konkursverwalters, JZ 1963, 582 ff., und DIEDERICHSEN, Die Prozeßführung des Gemeinschuldners für den Konkursverwalter, KTSch 1963, 94 ff. Dagegen STJP, a. a. O., S. 309/310.

[122] Vgl. die Angaben in RGZ 91, 390 (395 Anm. 1).

[123] So schon RGZ 73, 306 f. = JW 1910, 657. — Über die Einwände gegen diese und über andere Konstruktionen vgl. ausführlich v. BRUNN, Gewillkürte Prozeßstandschaft, S. 10 ff., insbes. S. 50 ff.

[124] Die Identität der Subjekte des prozessualen und des materiellen Rechtsverhältnisses ist allerdings „kein Gebot der Logik, sondern nur ein solches gesunder Rechtspolitik" (SIBER, Die Prozeßführung des Vermögensverwal-

unterworfen, nämlich von der *Darlegung eines besonderen RSchB* abhängig gemacht[125]. Verneint wurde ein solches rechtliches Interesse, wenn „der Berechtigte nur von der Prozeßführung verschont bleiben wollte"[126] oder wenn damit „nur der Zweck verfolgt wurde, den eigentlich Berechtigten im Prozeß als Zeugen zu vernehmen"[127].

Wenn das RG zur Zulässigkeit der gewillkürten Prozeßstandschaft — zu Recht[128] — die Darlegung eines RSchB verlangt, so wird damit in der Sache ein *auf die Geltendmachung des fremden Rechts und auf die Befugnis zur Prozeßführung darüber bezogenes* rechtliches *Interesse* gefordert. Hieran muß ein persönliches, *eigenes* Interesse[128a] bestehen. Es auf die *Partei*stellung als solche zu beziehen, wäre zu formalistisch. Denn die Frage nach der richtigen Partei ist insoweit nichts anderes als die Frage nach der Zulässigkeit ihrer Prozeßführungsbefugnis.

Diese besondere Art des RSchB als eine *Voraussetzung* für die Zulässigkeit der gewillkürten Prozeßstandschaft und damit der Prozeßführungsbefugnis des Rechtsfremden — mithin als *Voraussetzung* einer Sachentscheidungs*voraussetzung* — unterscheidet sich vom ge-

---

ters, Festschrift für Wach, S. 4). — Der durch die Ungewöhnlichkeit der gewillkürten Prozeßstandschaft bewirkte „Eingriff in das Gefüge des Zivilprozesses" (RGZ 91, 398) hat noch KISCH, Parteiänderung im Zivilprozeß, Anm. 8 auf S. 130, veranlaßt, sie für gänzlich unmöglich zu erklären.

[125] Eine derartige Verschiedenheit der Parteirolle bedeute einen nicht unerheblichen Eingriff in das Gefüge des Zivilprozesses, das als Regel jedenfalls voraussetze, daß der Anspruch in der Person des Klägers entstanden sei. Deshalb müsse unbedingt die Darlegung eines Rechtsschutzbedürfnisses gefordert werden. Es sei namentlich zu beachten, daß, wenn man dem Bevollmächtigten die Parteistellung zubilligt, dieser und nicht der materielle Berechtigte die Parteieide schwöre und im Verlustfall die Kosten zu tragen habe, sowie, daß der materielle Berechtigte als Zeuge auftreten könne. Dies sei in hohem Maße unnatürlich . . . (RGZ 91, 390, durchgehend, bes. S. 393 a. E., 398).

[126] RGZ 91, 390 (397).

[127] RG, JW 1926, 252 (Nr. 8).

[128] Der BGH ist dieser Rechtsprechung gefolgt. Vgl. BGH, ZZP 69, 30 f. m. w. N.; NJW 1963, 297 (300); 1965, 29 (31 l. Sp.); 1965, 1484 (1485 r. Sp.). Vgl. auch OGHZ 1, 333 (335); BSGE 10, 131 (LS 2). Auch die Rechtslehre ist dieser Ansicht ganz überwiegend beigetreten. A. A. — soweit ersichtlich — allein v. BRUNN, Die gewillkürte Prozeßstandschaft, § 9 II, S. 81 ff. (bes. 85); LÖBL, Geltendmachung fremder Forderungsrechte im eigenen Namen, AcP 129, 315/316 und ROSENBERG, Zur Lehre von der gewillkürten Prozeßstandschaft, JZ 1952, 137. ALLORIO, Rechtsschutzbedürfnis?, ZZP 67, 326 a. E. vermengt dies irrig mit Fragen der Legitimation. Vgl. auch Anm. 124.

[128a] Zur Berechtigung der Verwendung des Interessebegriffs im Zusammenhang mit dem RSchB (trotz der grundsätzlichen Stellungnahme zur Terminologie oben § 4 A, S. 26 f.) vgl. unten § 4 D, S. 57 f. und 60 f.

wöhnlichen RSchB ferner dadurch, das dies einer der seltenen Fälle ist, bei denen das Vorliegen des aufgezeigten spezifischen RSchB zur *Beweislast* des *Klägers* steht[129], während sonst die Umstände, die ausnahmsweise den Mangel des RSchB ergeben sollen, vom Verfahrensgegner bewiesen werden müssen[129a].

Fehlt das für die Zulässigkeit der gewillkürten Prozeßstandschaft geforderte RSchB für die Geltendmachung des fremden Rechts und für die Prozeßführung darüber[130], so ergeht Prozeßabweisung, und zwar wegen mangelnder Prozeßführungsbefugnis[131].

II. Fehlen prozessualen Interesses

Es entspricht der umfassenden allgemeinen Funktion des Instituts des RSchB, die Durchführung des relevanten Prozeßzwecks im Einzel-

[129] ROSENBERG, Lehrbuch, § 45 III 6 b, S. 199. — Aus dieser bloßen Regelung der Darlegungslast kann aber nicht geschlossen werden, daß das hier geforderte spezifische RSchB „*mehr* als das gewöhnliche RSchB" sei (so ROSENBERG, a. a. O., § 45 II 2 c, S. 196 unten; ders., JZ 1952, 137 g. E.). Ebensowenig ist andererseits die Annahme richtig, daß es sich hier um keine Besonderheit, sondern um das im allgemeinen zu berücksichtigende RSchB handele (so SIEBERT, Rechtsgeschäftliches Treuhandverhältnis, S. 275 f.). Denn die Annahme einer solchen Identität verbietet sich bereits deshalb, weil das gewöhnliche RSchB trotz Bejahung des Interesses an der Prozeßführungsbefugnis daneben von Amts wegen geprüft und in allen seinen Merkmalen gegeben sein muß, mithin im Einzelfall auch verneint werden kann.

[129a] Vgl. POHLE, Festschrift für Lent, S. 209 sub e), der mit Recht das gesetzlich nicht normierte RSchB als *negative* Sachentscheidungsvoraussetzung kennzeichnet (vgl. oben S. 28). A. A. ROSENBERG, Beweislast, S. 391.

[130] Wenn auch ohne Grund von der Prozeßführungsbefugnis des Rechtsfremden kaum Gebrauch gemacht werden dürfte, wird — aufs Ganze gesehen — das erforderliche besondere RSchB doch nur selten gegeben sein. Vgl. STJP, a. a. O., Bem. II 7 vor § 50 II, S. 309; LENT, Zivilprozeßrecht, § 22 II 5, S. 48; SCHÖNKE, Rechtsschutzbedürfnis, S. 40; GOESSL, Organsteitigkeiten innerhalb des Bundes, S. 180 sub 3 a und S. 60; RGZ 166, 218 (238); BGH, NJW 1958, 338 (339).

[131] Die schwierige Frage des Verhältnisses von Prozeßführungsbefugnis und RSchB — der Grad gegenseitiger Abhängigkeit und die Art funktionaler Verwandtschaft — kann im Rahmen dieser Arbeit nicht abschließend erörtert werden; dazu ist die Lehre von der Prozeßführungsbefugnis, gerade auch jüngst, zu sehr im Fluß (vgl. DIEDERICHSEN, ZZP 76, S. 400 ff., der die Prozeßführungsbefugnis als *allgemeine* Sachentscheidungsvoraussetzung mit guten Gründen in Frage gestellt hat). Nur soviel kann an dieser Stelle gesagt werden: Verfehlt wäre es anzunehmen, daß Prozeßführungsrecht und RSchB *dasselbe* seien, wie BOCK, Gewillkürte Prozeßstandschaft, S. 41 f., gemeint hat. Denn auf jeden Fall verhindert die für die Prozeßführungsbefugnis erforderliche *Ermächtigung* die behauptete Kongruenz beider Begriffe. Gegen Identität auch HENCKEL, Parteilehre und Streitgegenstand, S. 39 vor b).

verfahren zu sichern[131a], daß es von der Prozeßrechtsordnung nur dann als gegeben anerkannt werden kann, wenn zur Erlangung des begehrten Rechtsschutzes die Inanspruchnahme der staatlichen Rechtspflegeeinrichtungen *überhaupt* oder gerade *dieser*, d. h. der in Anspruch genommenen Art von Gerichtsschutz erforderlich ist. M. a. W.: Es ist das Vorhandensein eines *prozessualen* Interesses, das als Bestandteil des RSchB die Zulässigkeit der betreffenden Verfahrenshandlung bedingt. Fehlt dieses spezifische verfahrensrechtliche Interesse, so fehlt dem Verfahrensführer das RSchB, weshalb die betreffende Verfahrenshandlung unzulässig ist. Folgende Fälle lassen sich denken:

1. Vorhandensein eines außergerichtlichen Weges zur Erlangung von Rechtsschutz

Kann sich der Verfahrensführer die begehrte Leistung oder Gestaltung durch eine lediglich von seinem Willen abhängige Handlung selbst verschaffen, d. h. kann er das mit dem Verfahren verfolgte Ziel auch *ohne* Inanspruchnahme der Gerichte, also *außergerichtlich* erreichen, so fehlt ihm das erforderliche prozessuale Interesse und damit das RSchB[132]. Dies ergibt sich daraus — und damit werden prozeßökonomische Gesichtspunkte erstmals sichtbar —, daß es als unnötig

---

[131a] S. o. § 3 B II, S. 24.

[132] Diese Erkenntnis ist, soweit ersichtlich, auf STEIN, Voraussetzungen des Rechtsschutzes, § 8, S. 79 f., zurückzuführen, dem die gesamte Lehre gefolgt ist. Unhaltbar allerdings NEUNER, Privatrecht und Prozeßrecht, § 8, S. 63, der dies als den „wohl einzigen (!) praktischen Fall" bezeichnet, „in dem das Fehlen des Rechtsschutzinteresses zur Begründung einer Entscheidung herangezogen" werden könne. Die Bedenken, die POHLE, Festschrift für Lent, S. 218 g. E., äußert, können im Grundsätzlichen nicht geteilt werden, da es hier nicht um das allgemeine Verhältnis zwischen Selbsthilfe (vgl. z. B. §§ 229, 859, 867, 962, 1005 BGB) und gerichtlichem Rechtsschutz geht. Zwar ist es sicher richtig, daß die Selbsthilfe seit alters her nur ausnahmsweise zulässig ist. Diese Selbsthilfe im eigentlichen Sinne läßt sich jedoch nicht auf die hier gemeinten Fälle übertragen. Denn während jene an sich rechtswidrige und verbotene Handlungen dadurch legalisiert, daß sie positiv-rechtlich für nicht widerrechtlich erklärt werden, ist z. B. der Ausspruch einer Kündigung durch den Berechtigten (und nicht erst durch die obrigkeitliche Gerichtshilfe) nach allgemeiner Rechtsüberzeugung nicht makelbehaftet, obwohl die Gesetze hierfür keine gesonderte Ermächtigung kennen. — Allerdings ist, gerade auch für den Fall der Kündigung, zwischen dem materiellen Recht und dem Prozeßrecht, dem allein das RSchB zugeordnet ist, scharf zu scheiden (näher hierzu bes. S. 52 f., 57). Es ist nämlich das materielle Recht, das darüber bestimmt, auf welche Weise die Rechtsgestaltung erfolgt. Wenn das Gesetz eine rechtsgestaltende Klage überhaupt nicht vorsieht (zum umgekehrten Fall s. u. S. 43), ist es daher eine — zu verneinende — Frage der Begründetheit, ob in diesen Fällen die Gestaltung *auch* im Prozeßwege erfolgen kann. Weder ist die dennoch erhobene Klage

empfundener Prozeß- und damit Zeit- und Kostenaufwand anzusehen ist, Ansprüche zum Gegenstand eines Gerichtsverfahrens zu machen, die auch außergerichtlich befriedigt oder gesichert werden können. Es fehlt hier also an einem ausreichenden rechtlichen Interesse, den jeweiligen Streitgegenstand zum Objekt eines Verfahrens zu machen[133].

2. Vorhandensein einfacherer Rechtsschutzformen

In der Regel verwirklicht die Gerichtsbarkeit den erstrebten Rechtsschutz durch das Zurverfügungstellen verschiedener Klagearten und sonstiger prozessualer Möglichkeiten, in denen richterlicher Rechtsschutz gewährt wird. M. a. W.: Wir haben ein *Rechtsschutzsystem*[134]. Die hierbei zwangsläufig auftauchenden Konkurrenzfragen im gegebenen Rechtsweg sind teils unter dem Gesichtspunkt der Rechtskraft, teils unter dem der Rechtshängigkeitslehre zu lösen. Aber auch die Figur des RSchB ist z. T. berufen, unter Berücksichtigung des Wesens und Zwecks der einzelnen Rechtsschutzformen und in Würdigung des

---

unstatthaft (was allenfalls zu erwägen wäre), noch gar wegen fehlenden RSchB unzulässig, sondern sie ist mangels gesetzlicher Anerkennung unbegründet (insoweit überzeugend POHLE, a. a. O., S. 218; vgl. für die Frage des Rechtsmißbrauchs auch BAUMGÄRTEL, ZZP 67, 432 f.; so auch neuerdings SIMSHÄUSER, a. a. O., S. 36 N 71, 133 mit Nachweisen). — Entwickelt worden ist diese RSchB-Type speziell am Fall des § 375 Abs. 2 Satz 1 HGB, wonach der Verkäufer beim Spezifikationskauf, wenn er nicht vom Vertrage zurücktreten oder Schadensersatz wegen Nichterfüllung verlangen will, *selbst* die Spezifikation an Stelle des Käufers vornehmen kann. Damit aber ist ein hierauf gerichtetes Urteil „überflüssig", und jedes RSchB nach einer Verurteilung entfällt (dagegen nimmt POHLE, a. a. O., S. 214, 218 — „vielleicht" — hier den seltenen, von der h. L. abgelehnten Fall eines gesetzlichen Ausschlusses der Klagbarkeit an; dazu mit Nachweisen SIMSHÄUSER, Entwicklung usw., S. 28 ff.). — Ferner wurde die Regelung der Wahlschuld in § 264 Abs. 1 BGB herangezogen, wonach der Gläubiger (soweit der Schuldner vertraglich eine Wahl*pflicht* hatte) unter bestimmten Voraussetzungen das Wahlrecht an Stelle des Schuldners ausübt. Weitere Beispiele bringt GOESSL, Organstreitigkeiten innerhalb des Bundes, S. 178 sub 1 a; vgl. auch die differenzierten Ausführungen von POHLE, a. a. O., S. 218. — Es handelt sich also bei den erwähnten Regelungen um rechtsgestaltende Befugnisse, die das materielle Recht zur Verfügung stellt und durch die es gleichzeitig verändert und damit bestimmt wird. Diese Begrenzung gilt es bei der praktischen Heranziehung des obigen Arbeitsmodells im Verfassungsprozeß im Auge zu behalten.

133 BLEY, Klagrecht und rechtliches Interesse, § 12 II 4, S. 92 f., bezeichnet dieses Interesse als dasjenige „in sachlicher Beziehung". Doch besteht in aller Regel an der Sache (subjektiv) höchstes Interesse, das aus den dargelegten Gründen nur nicht prozessual durchgesetzt werden darf.

134 So schon WACH, Feststellungsanspruch, S. 20.

Sinnes des jeweiligen gesetzlichen Normenkomplexes die Frage nach dem Verhältnis der vielfältigen Rechtsschutzeinrichtungen zu erklären. Auch hier ist dem RSchB in Gestalt des erforderlichen *prozessualen* Interesses die Kraft eines *regulierenden Faktors* zuzuerkennen!

a) Alternativität

Bei der Frage nach der Alternativität von zwei oder mehr Rechtsschutzformen und ihrem Einfluß auf das RSchB geht es nicht darum, ob die eine Verfahrensart die andere bereits nach dem Willen des Gesetzgebers oder aus sonstigen Gründen (z. B. Spezialität, Subsidiarität oder wegen abschließender Regelung) objektiv und allgemein *ausschließt*. Diese Frage bedarf zwar u. U. ebenfalls der Interessenbewertung, ist jedoch nicht nach dem spezifischen RSchB als einem *Einzelfall-Maßstab* zu entscheiden, für dessen Anwendung bei fehlendem Konkurrenzverhältnis dann gar kein Raum mehr ist. Vielmehr ist *diese* Frage durch *Auslegung* der gesetzlichen Ordnung zu klären[135]!

Somit handelt es sich in diesem Rahmen um die Frage, ob es unter dem Gesichtspunkt des RSchB zulässig ist, allgemein sich *nicht* gegenseitig ausschließende, somit *alternativ* gewährte, Rechtsschutzwege oder -formen im *konkreten* Rechtsstreit nebeneinander und/oder nacheinander in Anspruch zu nehmen.

Ist ein solches Konkurrenzverhältnis zwischen verschiedenen zulässigen Verfahren gegeben[136], so ist als *Grundsatz* davon auszugehen, daß der Berechtigte deshalb auch die *freie Wahl* hat, welcher von ihnen er sich bedienen will[137]. Denn die gesetzliche Ordnung hat es — sofern

---

[135] Diese notwendige Unterscheidung hat u. v. a. auch Stein, Voraussetzungen des Rechtsschutzes, S. 89 a. E., verkannt. Richtig dagegen Pohle, Festschrift für Lent, S. 222 sub V 1 a α; Goessl, Organstreitigkeiten innerhalb des Bundes, S. 179 sub IV 2; und Baumbach-Lauterbach, ZPO, Bem. 5 A vor § 253, S. 434/35.

[136] Es trifft nicht zu, daß die Rechtsordnung im allgemeinen eine Doppelgleisigkeit nur höchst selten gewährt (so aber OLG Hamm, JR 1949, 349; vgl. auch Schönke, Rechtsschutzbedürfnis, S. 30). So wohl auch Pohle, a. a. O., passim (bes. S. 222 ff.); Zuleeg, DVBl 1966, 238 l. Sp. Speziell für die Verfassungsgerichtsbarkeit sind Verfahrenskonkurrenzen ebenfalls keine Besonderheit (vgl. BVerfGE 4, 27, 29/30). In keinem Fall jedoch ist mit Feststellungen dieser Art etwas gewonnen.

[137] So richtig Pohle, Festschrift für Lent, S. 223 (gegen Schönke, a. a. O., S. 31 ff., der der Anwendbarkeit des RSchB hier — wie auch sonst häufig — zu weite Schranken zieht), dem sich Henckel, Parteilehre und Streitgegenstand im Zivilprozeß, S. 274 oben, und Goessl, a. a. O., Abschnitt V, IV 2, S. 179, angeschlossen haben. Wie hier auch, bereits 1893, RG Gruchot Bd. 38, 182 = Seufferts Archiv Bd. 48, Nr. 300. Es kann schließlich bereits hier darauf hingewiesen werden, daß auch das BVerfG diese Auffassung vertritt: vgl. E 7, 305, 310 f.; 4, 27 (29/30); 2, 79, 94 (Wahlfreiheit „bis zur Grenze des offenkundigen Mißbrauchs"!).

dies ihre Auslegung ergibt — so gewollt[138], der Gesetzgeber hat im Zweifel das Konkurrenzproblem schon geprüft und das Wahlrecht dabei bewußt bejaht.

Von diesem Grundsatz der freien Wahl zwischen den Rechtsschutzformen sind allerdings Ausnahmen auf Grund des Regulativs des RSchB in Form des *prozessualen* Interesses — wenn auch mit der gebotenen Zurückhaltung — anzuerkennen: Ist eine der konkurrierenden Verfahrensarten bei *gleichem*[138a] Ergebnis auf Grund ihrer verfahrensrechtlichen Ausgestaltung oder aus sonstigen, insbesondere faktischen Gründen *wesentlich*[139] kürzer, billiger und vor allem *einfacher,* so steht dem Verfahrensführer kein staatlicherseits anerkennenswertes prozessuales Interesse mehr zur Seite, das die Durchführung des wesentlich komplizierteren Verfahrens rechtfertigen könnte. Dies ist ein Gebot des richtig verstandenen Prinzips der Prozeßwirtschaftlichkeit, dem bei aller Vorsicht und strenger Zurückhaltung die Kraft, eindeutig und in erheblichem Maße überflüssige Behelligungen des Gerichts und Verfahrensgegners zu verbieten, nicht abgesprochen werden kann[140]. Wer hiergegen verstößt, dem ist ein berechtigtes *prozessuales* Interesse daran, seinen Rechtsschutz in *diesem* — dem gewählten umständlicheren, länger dauernden und teureren — Verfahren zu suchen, und damit das erforderliche RSchB, abzusprechen. Sein Verfahrensvorgehen ist unzulässig und durch Prozeßentscheidung zu verwerfen.

---

[138] RG, a. a. O., beruft sich hierzu unnötigerweise auf „allgemeine Rechtsgrundsätze“ (?).

[138a] Wann dies der Fall ist, ist quaestio facti.

[139] Hierauf kommt es an, wenn der dargestellte Ausnahmecharakter durchgeführt werden soll. Dies ist früher nicht erkannt worden: vgl. SCHÖNKE, Rechtsschutzbedürfnis, S. 31/32; ECKELMANN, Diss. Freiburg, S. 14; STEIN, Voraussetzungen des Rechtsschutzes, S. 107; undifferenziert noch heute auch ROSENBERG, Lehrbuch, § 85 II 2b (S. 402); STJSCHP, ZPO, Einl. D III 2b δ (S. 23/24); OLG Köln, NJW 1951, 849 (850); BGHZ 22, 54ff. Wie hier als erster POHLE, Festschrift für Lent, S. 223; ferner BAUMBACH-LAUTERBACH, a. a. O., S. 5 A vor § 253 (S. 434/35); GOESSL, a. a. O., Abschnitt V, IV 2, S. 179. Zu ähnlichen Fragen bei der Subsidiarität der Feststellungsklage gem. § 43 Abs. 2 VwGO, vgl. zuletzt LERCHE, Die verwaltungsgerichtliche Klage aus öffentlich-rechtlichen Verträgen, a. a. O., S. 79 f. m. w. N.

[140] Allgemeine Meinung. Vgl. auch W. HENRICHS, NJW 1965, 459/60 (Urteilsanmerkung), der ein entsprechendes Hinweisschreiben des BVerfG v. 3. 12. 1964 — 2 BvR 519/64 — erwähnt. Bereits in RGZ 16, 427 (433/4) findet sich der — allerdings erheblich zu weit formulierte — Grundsatz angesprochen, daß ein prozessuales Ziel stets (?) auf dem kürzesten Weg zu erreichen gesucht werden müsse; jeder (?) verfahrensmäßige Umweg bedeute eine unwirtschaftliche Mehrbelastung der Staatstätigkeit, für die es im Regelfalle an jedem Bedürfnis fehle. Zurückhaltend auch WIECZOREK, ZPO, § 253 A. E II a, S. 26.

b) Nebeneinander

Dagegen ist die Frage, ob und inwieweit die *gleichzeitige* Benutzung zweier grundsätzlich zur Beschreitung offenstehender Rechtsschutzformen in derselben Sache zulässig ist, in erster Linie ein Problem der *Rechtshängigkeits*lehre und nicht des RSchB[141]. Denn das RSchB ist kein genügender Ersatz für das Verbot der zusätzlichen anderweitigen Erörterung einer bereits anhängigen eadem res, durch das die Gefahr widersprechender Entscheidungen vermieden werden soll.

c) Nacheinander

Aus unseren Erörterungen auszuscheiden ist ferner die Frage, inwieweit es zulässig ist, *nacheinander* entweder in denselben oder aber verschiedenen Klageformen dieselbe Streitsache zu richterlicher Entscheidung zu stellen. Denn dies ist in erster Linie ein Problem der *Rechtskraft*lehre[142, 142a] und keinesfalls — wie es lange herrschende Meinung war[143] — eine Frage des RSchB.

---

[141] Dies ist lange nicht mit hinreichender Klarheit erkannt worden. Überzeugend gegen diese Verschiebung und Verquickung des Problems BETTERMANN, Rechtshängigkeit und Rechtsschutzform, S. 30f., 38f., 44 (SCHÖNKE, Rechtsschutzbedürfnis, S. 33, hat dem zu Unrecht aus Gründen der Prüfungsreihenfolge widersprochen). Dort auch eine umfassende Darstellung der speziellen Zulässigkeitsfragen bei einem Gegen(Neben-)einander von positiver und negativer Feststellungs(wider-)klage, Feststellungsklage und Leistungsklage. Diese Fragen können im Rahmen einer Typologie nicht berücksichtigt werden; soweit erforderlich, wird bei der Entscheidung von Einzelfragen im Verlaufe der Arbeit hierauf eingegangen werden. Vgl. auch HABSCHEID, Rechtsnatur der Erledigung der Hauptsache, Festschrift für Lent, S. 174 vor c), der das RSchB als „Ergänzung der Rechtshängigkeitstheorie" sieht.

[142] So mit Recht die heute herrschende „ne bis in idem"-Lehre, im Anschluß an BÖTTICHER, Kritische Beiträge zur Lehre von der materiellen Rechtskraft, § 12 II, S. 207ff., der das Verhältnis von Rechtskraft und RSchB eingehend und zutreffend erörtert hat. Vgl. auch ROSENBERG, Lehrbuch, § 85 II 2b (S. 403), § 148 II 4 (S. 739; dort in Anm. 1 auch erschöpfende Literaturangaben), § 148 II 4b (S. 741); auch HENCKEL, Parteilehre und Streitgegenstand, S. 279 bei und in Anm. 95. — Folgt man dagegen der „prozessualen Bindungstheorie", entsteht unter Umständen doch das Problem des RSchB: Kann der Kläger ein zweites gleichlautendes Sachurteil begehren? Würde dies aus Gründen mangelnden RSchB abgelehnt werden (so POHLE, Jur. Blätter 1957, 117 vor c); ders., Gedächtnisschrift für Calamandrei, S. 401/2; LENT-JAUERNIG, Zivilprozeßrecht, § 62 III 1; BAUMGÄRTEL, JuS 1966, 189 Anm. 17), so würde diese Theorie damit im Ergebnis die Richtigkeit der „ne bis in idem"-Lehre bestätigen und sich selbst dogmatisch entscheidend entwerten; denn die Rechtskrafteinrede wäre dann

3. Gegenwärtigkeit des Interesses

Wenn und soweit man zur Zulässigkeit einer in Frage stehenden Rechtsschutzhandlung das Vorhandensein eines RSchB fordert, muß es — das ergibt sich aus der Natur der Sache — *gegenwärtig* sein[144], d. h. es muß zu einem noch zu erläuternden Zeitpunkt auch tatsächlich gegeben sein. Das Institut des RSchB würde leerlaufen, wenn es ausreichte, daß es vor dem Rechtsstreit vorhanden war oder danach einmal gegeben sein wird.

Damit ist jedoch noch nicht geklärt, *wann* das RSchB als gegenwärtig anzusehen ist: Wie bei den anderen Sachentscheidungsvoraussetzungen[145] ist es erforderlich und auch genügend, daß das RSchB zum Schluß der letzten mündlichen (Tatsachen-)Verhandlung vorliegt[146], d. h. daß es

---

nichts anderes mehr als eine RSchB-Type. Ebenso ist m. E. der entsprechende Vorschlag bei der „Vermutungslehre" (s. o. S. 18 N 70 a) zu beurteilen.

[142a] Im Grundsatz übereinstimmend für die bayerische Vb (vgl. aber Art. 52 BayVerfGHG) BayVerfGH, in: BayBZ 1966, 46 = DVBl 1966, 546 (LS).

[143] So heißt es etwa bei STEIN, Voraussetzungen des Rechtsschutzes, S. 81: „Der praktisch wichtigste Fall (!) fehlenden Rechtsschutzbedürfnisses ist derjenige, daß der Rechtsschutzanspruch bereits befriedigt ist, d. h. daß der Kläger denjenigen Rechtsschutz durch Verurteilung, den er jetzt begehrt, bereits erlangt hat. Trotz fortbestehenden materiellen Anspruchs ist hier die Klage abzuweisen." Oder gar bei SAUER, Grundlagen des Prozeßrechts, § 25 I 4 b, S. 479: „... Mit der Rechtskraft hat unser Problem gar nichts zu schaffen." Dem ist die h. L. lange gefolgt (vgl. die Angaben bei ECKELMANN, Diss. Freiburg S. 26 Anm. 99 und 104, und bei STJSCHP, ZPO, Vorbem. IV 2 b vor § 253, S. 12/13, und § 322 A. VIII 5). Ähnlich jüngst auch wieder R. SCHNEIDER, ZZP 79, 57 sub E. Indes, diese Frage ist auf dem Gebiete des RSchB, auf das sie lange hinübergespielt worden ist, nicht zu lösen, wie BÖTTICHER, a. a. O., eindringlich gezeigt hat! Ein weiteres Eindringen ist in unserem Rahmen nicht möglich.

[144] So wohl als erster WACH, Feststellungsanspruch, S. 43; eine Literaturzusammenstellung bis 1945 gibt ECKELMANN, a. a. O., S. 88 Anm. 300; auch RGZ 160, 204 (209/10). Eindringlich neuerdings SCHÖNKE, Rechtsschutzbedürfnis, S. 36 f., GOESSL, Organstreitigkeiten, S. 181 f. Aus der allgemeinen Literatur: STJSCHP, ZPO, 18. Auflage, Einl. D III 4, S. 25; BAUMBACH-LAUTERBACH, ZPO, Bem. 5 B vor § 253; ROSENBERG, Zivilprozeßrecht, § 86 II 4, S. 410, und § 89 IV 4, S. 430/31; NIKISCH, Zivilprozeßrecht, § 37 II 3, S. 142 a. E. Für den Verwaltungsprozeß: EYERMANN-FRÖHLER, VwGO, § 43 Rdnr. 13; REDEKER-VON OERTZEN, VwGO, § 43 Rdnr. 9; KLINGER, § 43 A. F 4 (S. 198).

[145] Den herkömmlichen sog. Prozeßvoraussetzungen! Vgl. oben Erster Teil, I. Kapitel, § 2, S. 12 Anm. 53.

[146] Wenn nach Aktenlage oder im schriftlichen Verfahren entschieden wird, dürfte nicht die Datierung des letzten Schriftsatzes maßgebend sein (so NEUNER, Privatrecht und Prozeßrecht, § 8, S. 64 Anm. 11), auch nicht

dann entweder noch vorhanden sein oder sich bis dahin eingestellt haben muß, daß es hingegen nicht genügt, wenn es zwar zur Zeit der Verfahrenseinleitung vorhanden war, aber nachträglich weggefallen ist[147]. Soweit es zunächst nicht vorhanden war, ist der genannte entscheidende Zeitpunkt damit zu rechtfertigen, daß der abgewiesene Verfahrensführer, nachdem sich das RSchB doch noch eingestellt hat, das Verfahren sofort wieder — und nun gewiß zulässigerweise — erneuern würde, wodurch die Inanspruchnahme von Gericht und Gegner nur noch erhöht, da verdoppelt würde[148, 149]. Soweit es erst nachträglich weggefallen ist, folgt er daraus, daß Grundlage der Entscheidung der gesamte Prozeßstoff ist, der beim Schlusse der mündlichen Verhandlung, auf die die Entscheidung ergeht (vgl. §§ 278 Abs. 1, 300 Abs. 1 ZPO), vorliegt. Für den maßgeblichen Zeitpunkt des Vorliegens der Sachentscheidungsvoraussetzungen kann daher nichts Besonderes gelten[150].

---

sein Eingang bei Gericht (etwa weil die Datierung manipulierbar sei), sondern der Zeitpunkt auf den die Entscheidung abzustellen hat. Vgl. zu dieser umstrittenen Frage BAUMBACH-LAUTERBACH, ZPO, § 128 Bem. 6 B m. w. N., sowie jüngst BGH, NJW 1966, 52 ff. (ohne abschließende Stellungnahme).

[147] Die Interessen können aber im Laufe des Prozesses wechseln, es kann beim Wegfall eines Interesses ein anderes geltend gemacht werden, ohne daß hierin eine Klageänderung läge (so schon WEISMANN, Feststellungsklage, § 9, S. 162). Wie es auch keine objektive Klagehäufung bedeutet, wenn mit einem Rechtsschutzbegehren mehrere konkurrierende Interessen zugleich geltend gemacht werden.

[148] NEUNER, Privatrecht und Prozeßrecht, § 8, S. 65 und 79. — Wird allerdings das Fehlen des RSchB im Termin festgestellt, so ist dieser eben der letzte, und es erfolgt Abweisung durch Prozeßurteil (so mit Recht STEIN-JUNCKER, Grundriß des Zivilprozeßrechts, § 5 IV, S. 15).

[149] Insoweit schlagen also eindeutig prozeßökonomische Gesichtspunkte durch. Zum Verhältnis von Prozeßökonomie und RSchB näher vgl. oben § 3 B I, S. 19—21; sowie S. 23 Anm. 93.

[150] Freilich sind auch hier im einzelnen Ausnahmen anzuerkennen (zu den Sachentscheidungsvoraussetzungen in diesem Zusammenhang allgemein, vgl. ROSENBERG, Lehrbuch, § 89 IV 4, S. 431 oben): So steht die h. M. vor allem wegen des „praktischen Bedürfnisses", von „vornherein klare und feste Verhältnisse" zu schaffen (BGH, NJW 1951, 195 Nr. 11), auf dem Standpunkt, daß für die zur Zulässigkeit von *Rechtsmitteln* erforderliche *Beschwer* der Zeitpunkt der *Einlegung* und nicht derjenige der Entscheidung über das Rechtsmittel maßgeblich ist. Fällt die Beschwer während des Rechtsmittelverfahrens weg, so muß der Rechtsmittelkläger die Hauptsache für erledigt erklären, wenn er nicht abgewiesen werden will. Das Rechtsmittel selbst wird dadurch jedoch nicht unzulässig. So erstmals RGZ GS 168, 355 (358 ff.) gegen RGZ 160, 204 (210); ferner BGHZ 1, 29; BGH, NJW 1951, 274; BAGE 3, 265 f.; BAUMBACH-LAUTERBACH, ZPO, Bem. 3 B vor § 551; SCHÖNKE-SCHRÖDER-NIESE, Zivilprozeßrecht, § 84 II 1 c, S. 374; a. A. BETTERMANN, NJW 1948, 447 ff. (mit Rücksicht vor allem auf die Ent-

Was die Umstände betrifft, die zu einem nachträglichen Fortfall des RSchB führen können, kommt eine Vielzahl durchaus heterogener Sachverhalte in Betracht, die nicht sämtlich einer Typisierung zugänglich sind und daher im Einzelfall gesondert gewürdigt werden müssen. Immerhin sind „Gegenstandsloswerden", „Erledigtsein" oder „prozessuale Überholung"[151] recht anschauliche Begriffe, weil sie bereits nach ihrem allgemeinen Wortsinn aussagekräftig sind. Hierauf wird eingehender bei der Abgrenzung des RSchB zu verwandten Begriffen[152] und der Behandlung von Einzelfragen des Verfassungsprozeßrechts[153] einzugehen sein.

Das Erfordernis der Gegenwärtigkeit ist jedoch in anderer Hinsicht der Typisierung zugänglich, da es sich um gleichliegende Fälle handelt: Die im einzelnen vielfältigen prozessualen Formen der Rechtsschutzapparatur, in denen Rechtsschutz oder — allgemeiner — richterliche Entscheidung begehrt und gewährt oder versagt werden können (die sog. Rechtsschutzformen), lassen sich auf wenige Grundtypen, die in verschiedener Ausgestaltung immer wieder vorkommen, zurückführen. Es sind dies im wesentlichen: der Gegensatz von repressivem und präventivem Rechtsschutz, derjenige von endgültigem und vorläufigem Rechtsschutz sowie die Grundbegehrensformen[154] der Verurteilungs-(Leistungs)klage, Feststellungsklage und Gestaltungsklage. Je nach der gewählten Rechtsschutzform[155] ist die Frage nach dem Gegenwärtigkeitserfordernis des RSchB verschieden zu beantworten:

---

lastungsfunktion der Einführung von Rechtsmittelsummen); StJSchP, ZPO, § 99 A. II 2 b, Einl. II 2 vor § 511; dahingestellt gelassen neuerdings von BGH, NJW 1964, 298 Nr. 10 (299 oben). Anders nur im Falle des § 319 ZPO, RGZ 130, 100 a. E. Zum Verhältnis von RSchB und Beschwer überhaupt, s. u. Erster Teil, II. Kapitel, § 4 E I, S. 63—68.

[151] Der Ausdruck geht auf v. Kries, Lehrbuch des deutschen Strafprozeßrechts, S. 459, zurück. Er ist von Schönke, Rechtsschutzbedürfnis, S. 37, wieder aufgegriffen und im Anschluß an v. Kries (a. a. O.) dahin bestimmt worden, daß „das Verfahren sich bereits in einer Lage befindet, welche für die nunmehrige Vornahme der in Frage stehenden Prozeßhandlung keinen Raum mehr bietet". Auch das BVerfG arbeitet mit ihm (vgl. E 9, 89, 93; 9, 160, 161; 11, 336, 338), freilich mehr schlagwortartig und synonym mit verwandten Erscheinungen, folglich ohne die nötige Trennschärfe. Näheres s. u. Erster Teil, II. Kapitel, § 4 E II, S. 68—71, 73, 125.

[152] S. u. Erster Teil, II. Kapitel, § 4 E II und III, S. 68—74.

[153] S. u. Dritter Teil, I. Kapitel, § 15 B II 3 b bb, S. 125.

[154] Vgl. Lerche, Die verwaltungsgerichtliche Klage aus öffentlich-rechtlichen Verträgen, in: Staatsbürger und Staatsgewalt, Bd. II, S. 72.

[155] Eine reinliche Scheidung wird allerdings häufig nicht möglich sein, da Zwischenformen und Überschneidungen denkbar sind und auch praktisch (gerade auch im Verfassungsprozeß) häufig vorkommen. Es muß dann in eine genaue Einzelwürdigung eingetreten werden.

a) Repressive Rechtsschutzformen

Wird *repressiv* Rechtsschutz begehrt, so handelt es sich in erster Linie darum, bereits *eingetretene* (Rechts-)Beeinträchtigungen zu beseitigen. Damit ist die erforderliche Gegenwärtigkeit des RSchB von selbst gegeben. Es kann dann nur noch ausnahmsweise aus anderen Gründen[156] fehlen. Ob dies auch umgekehrt gilt — das RSchB somit grundsätzlich wegen mangelnder Gegenwärtigkeit zu verneinen ist, wenn die zunächst vorhandene Beeinträchtigung wieder in Fortfall gekommen ist, etwa weil die verletzende Maßnahme inzwischen rückgängig gemacht worden ist oder die Verletzungsfolgen bereits ausgeglichen worden sind oder unter Anerkennung des Rechtsstandpunktes des Verletzten auf sonstige Weise volle Genugtuung geleistet worden ist —, erscheint zweifelhaft, muß jedoch im Ergebnis verneint werden. Zwar kann die Anrufung des Gerichts dem Verletzten einerseits nichts mehr einbringen, was er nicht schon hätte, andererseits auch die Tatsache der historisch einmal vorgenommenen Verletzung oder Gefährdung auch nicht wieder aus der Welt schaffen. Doch liegen hier in Wahrheit *materielle* Mängel vor: Die aus Verletzung oder Gefährdung erwachsenen Ansprüche sind *erloschen*. „Neben dem materiellen Mangel einen prozessualen Mangel anzunehmen, besteht" in der Tat „kein Anlaß"[156a]. Die Klagabweisung hat daher durch Sachentscheidung zu erfolgen.

Selbst wenn man anderer Meinung wäre, müßte das RSchB jedenfalls dann als noch gegenwärtig erachtet werden, wenn von der verletzenden Handlung oder Unterlassung noch rechtlich relevante *Nachwirkungen* ausgehen oder wenn *Wiederholungsgefahr*[157] besteht[158].

b) Präventive Rechtsschutzformen

Wird dagegen der Rechtsschutz präventiv erbeten, so verlangt die prozeßökonomische[159] Komponente des RSchB[159a] Vorkehrungen gegen die Gefahr, daß die Inanspruchnahme der Gerichte sich nachträg-

---

[156] Weil entweder kein eigenes (s. o. Erster Teil, II. Kapitel, § 4 B I, S. 29—32) oder kein prozessuales Interesse (außergerichtlicher Weg, einfachere Rechtsschutzformen, kein schutzwürdiges Interesse; s. o. § 4 B II 1 und 2, S. 33—37 und unten § 4 B II 4, S. 43—51) gegeben ist.

[156a] So mit Recht POHLE, Festschrift für Lent, S. 213 nach N. 64. Vgl. auch unten § 4 B III 2 und 3, S. 52 f., sowie besonders § 4 E III 1, S. 71 f.

[157] Zustimmend HENCKEL, Parteilehre und Streitgegenstand, S. 79 Mitte.

[158] Diese Merkmale sind dieselben, die im Zivil- und Verwaltungsprozeßrecht die Zulässigkeit der Feststellung des Bestehens oder Nichtbestehens eines privat- oder öffentlichrechtlichen Rechtsverhältnisses oder der Rechtswidrigkeit eines erledigten Verwaltungsakts begründen können. Literaturzusammenstellung bei GOESSL, Organstreitigkeiten, Anm. 734—738 auf S. 182.

lich als überflüssig erweisen könnte, weil es zu der vom Verfahrensführer befürchteten Rechtsverletzung oder -gefährdung tatsächlich nicht kommt. Hierzu ist das RSchB mit seinem Erfordernis der Gegenwärtigkeit des rechtlichen Interesses das geeignete Regulativ. Wie bei den dem bürgerlichen Recht sowie dem Zivil- und Verwaltungsprozeßrecht — wenn auch in engen Grenzen — bekannten Feststellungs- und vorbeugenden Unterlassungsklagen[160] ist es nur dann als gegeben anzusehen, wenn 1. nicht zugemutet werden kann, den Eintritt der Rechtsverletzung abzuwarten, *und* 2. eine Rechts- oder Pflichtverletzung ernstlich und *unmittelbar* bevorsteht. M. a. W.: Es muß eine Rechts- oder Pflichtverletzung unmittelbar drohen (= Gefährdung)[161]; oder, wie § 64 Abs. 1 BVerfGG[162] formuliert: Der Verfahrensführer muß in seinen Rechten oder Pflichten (verletzt oder) „*unmittelbar gefährdet*" sein!

c) Die einzelnen Begehrensformen

Bei der *Leistungs*klage wirft das Erfordernis der Gegenwärtigkeit des RSchB kaum Probleme auf, da es regelmäßig[162a] in der Nichtbefriedigung[163] des geltend gemachten Leistungsanspruches gefunden werden dürfte; der Kläger bedarf des Urteils als Vollstreckungstitel. Bei der Unterlassungsklage liegt es in der Wiederholungsgefahr[164]. — Bei der *Feststellungs*klage haben die Gesetze ausdrücklich das RSchB als Zulässigkeitserfordernis aufgestellt und dabei die Frage der Ge-

---

[159] So wohl auch GOESSL, a. a. O., Abschnitt V, IV 4 a, S. 181, auf den wir uns im unmittelbar folgenden stützen.

[159a] Vgl. oben S. 23 Anm. 93.

[160] Das Schrifttum findet sich neuestens zusammengestellt bei BLOMEYER, Zivilprozeßrecht, § 35 I 2, S. 169, sowie wiederum bei GOESSL, a. a. O., Anm. 838 und 839 auf S. 209, auch Anm. 222 auf S. 52. — Die hierzu entwickelten Grundsätze und die vorhandene Kasuistik werden mit Gewinn vor allem im Dritten Teil bei der Entscheidung von Einzelfragen herangezogen werden können.

[161] Hierzu näher unten Erster Teil, II. Kapitel, § 4 D, bei und in Anm. 250, 257, 258.

[162] Vgl. BVerfGE 2, 347 (365/66). Dazu s. u. Dritter Teil, I. Kapitel, § 16 A II 2c aa, S. 137—138.

[162a] Es sei denn, es ist kein eigenes (s. o. § 4 B I, S. 29—32) oder kein prozessuales Interesse (außergerichtlicher Weg, einfachere Rechtsschutzformen, kein schutzwürdiges Interesse; s. o. § 4 B II 1 und 2, S. 33—37, und unten § 4 B II 4, S. 43—51) gegeben. — Zum Sonderfall der Klage auf *künftige* Leistung vgl. BLOMEYER, a. a. O., § 35 II 2, S. 171 f.

[163] Allgemeine Meinung. Bei STEIN, Voraussetzungen des Rechtsschutzes, § 2, S. 16, findet sich der Ausspruch, daß es sich hierbei um einen „durch die Jahrhunderte selbstverständlich gewordenen Satz" handele.

[164] Vgl. oben Erster Teil, II. Kapitel, § 4 B II 3 a, S. 41 bei und in Anm. 158.

genwärtigkeit mitgeregelt[164a]. — Schließlich ist das RSchB an der Erhebung einer (gesetzlich zugelassenen) *Gestaltungs*klage immer gegenwärtig, weil entweder nur[164b] oder — wenn in den zahlreichen Fällen, in denen es der Privatautonomie des Berechtigten im Einverständnis[164c] des Verpflichteten freisteht, die Umgestaltung der Rechtslage selbst herbeizuführen, die Rechtsänderung jedoch vom Gegner verweigert wird — nur noch das richterliche Urteil die begehrte Gestaltung aussprechen kann[165].

4. Schutzwürdigkeit des Interesses

Schließlich entspricht und fordert es die allgemeine Funktion des Instituts des RSchB, die Durchführung des jeweiligen Prozeßzwecks im Einzelverfahren zu sichern[166], daß die Inanspruchnahme der Rechtspflegeorgane nur dann und insoweit zulässig sein darf, als *schutzwürdige* Interessen[166a] damit wahrgenommen werden sollen. Dieses Erfordernis der Schutzwürdigkeit[166b] ergibt sich zwanglos aus der Aufgabe der Rechtspflegeeinrichtungen, Hüter der Rechtsordnung zu sein, als der sich der Staat nach einem drastischen Ausspruch[167] „nicht auf

---

[164a] Das festzustellende Rechtsverhältnis muß bereits bestehen. Im einzelnen vgl. BAUMBACH-LAUTERBACH, ZPO, § 256 Bem. 2 D.

[164b] So liegt es vornehmlich in Ehe- und Familienstandssachen, bei den Anfechtungs- und vollstreckungsrechtlichen Klagen (hierzu zutreffend POHLE, Festschrift für Lent, S. 213 a. E.), auf Gebieten somit, die der Privatautonomie verschlossen sind. Zusammenstellung bei BLOMEYER, a. a. O., § 38 I 2, S. 189; ROSENBERG, Lehrbuch, § 87 II 1 und 2, S. 412/13.

[164c] Die Fälle, in denen der Berechtigte einseitig (z. B. durch Verzicht auf dingliche Rechte oder durch Ausübung von Gestaltungsrechten wie Kündigung, Rücktritt oder Anfechtung) die Rechtslage umgestalten kann, gehören nicht in diesen Zusammenhang, sondern oben § 4 II 1, S. 33 f.

[165] Wie im Text BLOMEYER, a. a. O., § 38 I 3, S. 190; ROSENBERG, a. a. O., § 87 III, S. 414; BAUMBACH-LAUTERBACH, a. a. O., Bem. 5 A vor § 253, S. 434; SCHÖNKE-SCHRÖDER-NIESE, Zivilprozeßrecht, § 43 IV, S. 196; vgl. auch GOLDSCHMIDT, Zivilprozeßrecht, § 15 Nr. 2 c, S. 35; LENT, Zivilprozeßrecht (10. Auflage), § 35 IV, S. 98, lehnt ein RSchB hier überhaupt ab (wie im Text jedoch LENT-JAUERNIG, a. a. O., 11. Auflage, § 35 IV, S. 101). Es handelt sich letztlich wohl nur um eine terminologische Frage.

[166] S. o. § 3 B II, S. 21—26.

[166a] Zur Berechtigung der Verwendung des Interessebegriffs im Zusammenhang mit dem RSchB (trotz der grundsätzlichen Stellungnahme zur Terminologie oben § 4 A, S. 26 f.) vgl. unten § 4 D, S. 57 und 60 f.

[166b] In RGZ 160, 204 (216) werden „die Voraussetzung der (Rechts-) Schutzwürdigkeit und des Rechtsschutzbedürfnisses" nebeneinander genannt, als sei das erstere nicht ein Bestandteil des letzteren, sondern vielmehr ein selbständiges Erfordernis. Es dürfte sich jedoch um einen lapsus linguae handeln.

[167] STEIN, Voraussetzungen des Rechtsschutzes, § 8, S. 87 oben.

den kaufmännischen Standpunkt begeben kann, den er als Eisenbahnunternehmer einnimmt, wo er gegen Bezahlung seine Leistungen darbietet, ohne zu fragen, ob der Abnehmer ihrer bedarf oder ob sie bei ihm unwirtschaftlich vergeudet sind". Wenn die Gerichte nicht zum Spielball der Parteilaunen werden sollen, muß Vorsorge hiergegen getroffen werden. Dafür ist das Institut des RSchB die prozessual richtige Schranke, indem das Element der besonderen *Schutzwürdigkeit*[167a] des Interesses dogmatisch[167b] ausgestaltet wird. Gerade weil das RSchB in Gestalt der Schutzwürdigkeit besonders unscharfe Konturen aufweist und ohne nähere Konkretisierung offensichtlich vage und damit als solches wenig aussagekräftig ist, ist hier die angestrebte Typisierung der grundlegenden Fälle fehlenden RSchB besonders vonnöten:

a) Verfolgung verfahrensfremder Zwecke

Die allgemeine Funktion des Instituts des RSchB, die Durchführung des jeweiligen Prozeßzwecks im Einzelverfahren zu gewährleisten[166], könnte dazu verführen, sein Vorliegen allgemein zu verneinen, wenn mit dem/den jeweiligen Einzelverfahrenszweck(en) sich nicht deckende oder gar entgegenstehende Parteizwecke verfolgt werden. Die solchenfalls verfolgten Zwecke wären mithin verfahrensfremd oder sogar verfahrenswidrig, und es wäre konsequent, sie generell als prozessual nicht schutzwürdig zu qualifizieren, mithin für die Vornahme der betreffenden Verfahrenshandlung das Fehlen des erforderlichen RSchB anzunehmen.

Gegen eine derartig weitreichende und undifferenzierte Berücksichtigung der vielfältigen und häufig undurchsichtigen Interessen, Zwecke und sogar Motive des Klägers sind jedoch mit Recht starke Bedenken erhoben worden[168]. *Pohle* hat zutreffend dargelegt, daß allenfalls „bei bestimmten (!) Fällen einer Differenz zwischen objektivem

---

[167a] In einem allgemeinen Sinn fehlt es zwar in allen oben (§ 4 B I/II 1—3, S. 29 ff.; vielleicht mit Ausnahme von 3 a—b, S. 41 f.) erörterten Fällen an der Schutzwürdigkeit der betreffenden Rechtsschutzhandlung. Es bedeutet jedoch einen erheblichen *darstellerischen* Gewinn, die im folgenden behandelten typisierungsfähigen Fälle in einem besonderen Element des RSchB, der Schutzwürdigkeit, zusammenzufassen, um so die gegebene Kasuistik zugunsten anzustrebender Systematik wenigstens teilweise zu überwinden und damit „festere Grundsätze zur Ermittlung des RSchB" zu gewinnen (POHLE, Festschrift für Lent, S. 199 vor 3).

[167b] Zunächst kommt es freilich auf die Ausgestaltung durch den Gesetzgeber an, der das Problem natürlich erkannt und teilweise geregelt hat. So z. B. in § 114 Abs. 1 ZPO, auf den POHLE, a. a. O., S. 219 sub 6, mit Recht hinweist. Vgl. auch BLOMEYER, Zivilprozeßrecht, § 30 X vor 1, S. 149.

[168] Vgl. BAUMGÄRTEL, Verwirkung prozessualer Befugnisse, ZZP 67, 430; POHLE, a. a. O., S. 201 f., 220; BLOMEYER, a. a. O., § 30 X 2, S. 150 Anm. 4.

und subjektivem Zweck die Klage als unzulässig" bezeichnet werden kann[169]. Diese heben sich durch den „Grad des Vorherrschens anderer Zwecke und nach dem Grad ihrer Mißbilligung durch unsere Rechtsordnung" heraus; eine „Abwägung ist (somit) unvermeidlich"[169a].

Diese engen Voraussetzungen werden allerdings regelmäßig gegeben sein, wen das betreffende Verfahren zur Verhöhnung des Gerichts oder sonstwie zu anderen Zwecken als zur Erlangung von Rechtsschutz angestrengt wird[170]. Von den hierzu denkbaren Konstellationen[171] tritt ein — allerdings seltener — Sonderfall besonders auffällig hervor: der simulierte oder sog. einverständliche *Scheinprozeß*[172, 173]. Er ist gegeben, wenn beide[174] Parteien nur den Schein der (Sach-)Urteilswirkungen wünschen, während diese im Verhältnis zueinander vereinbarungsgemäß nicht gelten sollen. Gewinnt das Gericht die Überzeugung[175], daß der Verfahrensführer nur zum Scheine prozessiert, also etwa einen fingierten Fall vorträgt (z. B. mit dem Motiv,

---

169 A. a. O., S. 201 vor Anm. 27.

169a A. a. O., S. 202 vor c).

170 Übereinstimmend HELLWIG, System I, § 101 III 1, S. 258.

171 SCHÖNKE, Rechtsschutzbedürfnis, S. 34 f. sub b), rechnet ferner hierher: pfennigweises Einklagen einer Schuld, Prozeßhandlungen zur Umgehung zwingender prozessualer Bestimmungen (z. B. Umgehung der sachlichen Zuständigkeiten durch Erhebung von Teilklagen; dagegen mit Recht POHLE, a. a. O., S. 205/6), Klagen lediglich zur Vereitelung des Rechts eines anderen.

172 Beide Bezeichnungen sind allerdings nicht besonders glücklich gewählt. Von Simulation kann deshalb nicht gesprochen werden, weil die von der oder den Parteien verfolgten Ziele durchaus und gerade ernstlich gewollt sind (nur sind sie nicht erlaubt, weil sie einem prozessualen Unwerturteil unterliegen!), während hierunter im allgemeinen die äußere Vorspiegelung eines tatsächlich nicht vorhandenen Willens verstanden wird (vgl. BGHZ 35, 75, 80/81 zu § 117 BGB). Dasselbe gilt auch für die Bezeichnung als Schein-Prozeß, wobei noch hinzukommt, daß ein Prozeßrechtsverhältnis tatsächlich, und nicht nur dem Schein nach, besteht.

173 Vgl. hierzu DEGENKOLB, Einlassungszwang und Urteilsnorm, S. 233 ff.; HELLWIG, a. a. O.; SAUER, Grundlagen des Prozeßrechts, § 24 I 1, S. 462 ff.; SCHÖNKE, Lehrbuch des Zivilprozeßrechts, § 53 III 5, S. 182; SINTENIS, Der simulirte Prozeß, ZZP 30, 358 ff.; auch RGZ 36, 249 ff.; POHLE, Festschrift für Lent, S. 201 und 217; SCHÖNKE, Rechtsschutzbedürfnis, S. 34 = STJSCHP, Einl. D III 3 b, S. 24.

174 Einseitige Scheinprozesse (= bloße Nichternstlichkeit des Verfahrensführers) werden kaum je nachgewiesen werden können. Vgl. hierzu POHLE, a. a. O., S. 217 oben.

175 Anders natürlich, wenn die unlautere Inanspruchnahme der Rechtspflege nicht erkannt und nachgewiesen wird; dann muß (leider) zur Sache entschieden werden. Vgl. SAUER, a. a. O., § 24 I 1, S. 264 Anm. 1, mit Nachweisen, auch auf gegenteilige Auffassungen.

eine abstrakte juristische Streitfrage klären zu lassen[176] oder die Ansicht eines bestimmten Spruchkörpers kennenzulernen oder um Dritte[177] zu benachteiligen), so ist die begehrte Sachentscheidung wegen Verfolgens in erheblichem Maße unzulässiger verfahrensfremder oder -widriger Zwecke mangels des Elements der Schutzwürdigkeit[178] des RSchB zu versagen[179]. In einem solchen Fall ein abweisendes Sachurteil zu erlassen, erscheint im Hinblick auf den Grad der gegebenen Mißbilligung dieses Prozeßverhaltens als zu zaghaft. Auch ist seine Einordnung in die Typologie des RSchB deshalb empfehlenswert[179a], weil nur so im Verfahren mit Verhandlungsmaxime[179b] die angebrachte Amtsprüfung[179c] erreicht werden kann.

b) Schikane und Rechtsmißbrauch

Mangels *schutzwürdigen* Interesses und damit des RSchB insgesamt ist ferner jede Erwirkungshandlung als unzulässig zu behandeln, die eine *schikanöse* oder *rechtsmißbräuchliche* Inanspruchnahme von Gericht und/oder Gegner darstellt[179d]. Denn „das Recht dient nicht bloßen Launen, und die Gerichte dürfen nicht zu frivolem Spiele der Parteien mißbraucht werden“[180]. Dabei sind die materiellrechtlichen von den

---

[176] Das ist auch im herkömmlichen Feststellungsprozeß unzulässig, wenn nur „gedachte rechtliche Beziehungen“ (im Gegensatz zu „bereits gegebenen konkreten Rechtsbeziehungen“) festgestellt werden sollen; vgl. RGZ 144, 54 (56) sowie ROSENBERG, Lehrbuch, § 86 II 1 a, S. 406, mit Nachweisen.

[177] Insbesondere ist an die Gläubiger des Verfahrensgegners zu denken, gegen den eine erdichtete Forderung eingeklagt wird.

[178] Wenn GOESSL, a. a. O., Abschnitt V, IV 5, S. 182, diesen Fall in den Bereich der Fragen der Gegenwärtigkeit des RSchB einreiht, so mag dies formell richtig sein, da in der Tat jegliche Verletzung oder Gefährdung fehlt. Doch steht hier das Materielle, das prozessuale Unwerturteil (Mißbilligung eines erheblichen und gefährlichen Mißbrauchs der Rechtspflege) im Vordergrund der Betrachtung, so daß der Gesichtspunkt fehlender Schutzwürdigkeit des RSchB dem Fall besser gerecht werden dürfte.

[179] Es sei hier jedoch bereits bemerkt, daß Scheinprozesse im erwähnten Sinne im Verfassungsprozeß kaum vorkommen werden, da die inter-omnes-Verbindlichkeit des § 31 BVerfGG verhindert, daß die Parteien die Entscheidungswirkungen im Verhältnis zueinander vereinbarungsgemäß ignorieren können. So richtig GOESSL, a. a. O.

[179a] A. A. POHLE, a. a. O., S. 217/8.

[179b] Zum Begriff vgl. unten § 10, S. 91/93.

[179c] Vgl. oben § 2, S. 14 bei und in Anm. 57.

[179d] Daß dies klar und offensichtlich oder „eindeutig“ (so POHLE, Festschrift für Lent, S. 228 vor c) der Fall sein müsse, ist keine Rechts-, sondern Beweisfrage.

[180] So POHLE, Verfassungsbeschwerde und Zivilprozeß in Bayern, Festgabe für Rosenberg, S. 180 Mitte. Ders., Verfassungsbeschwerde und Normenkontrolle, S. 37 g. E., sieht das RSchB als solches jedoch erheblich zu

prozessualen Gesichtspunkten zu scheiden, da die ersteren zur sachlichen Entscheidung zwingen[181] und nur[182] die letzteren zur Verneinung des RSchB und damit zur Prozeßabweisung führen können.

Es ist nicht nur eine terminologische Frage[183], ob man der Schikane und dem Rechtsmißbrauch[183a] mit dem Institut des RSchB[184] oder mit einem selbständigen[185] Prozeßabweisungsgrund „Treu und Glauben" begegnen will. Vielmehr gehören diese Fälle sachlich geradezu zum

---

eng, wenn er meint, es sei „vorwiegend auf den Gedanken zurückzuführen, die staatlichen Rechtsschutzeinrichtungen vor einer rechtsmißbräuchlichen Inanspruchnahme zu bewahren".

[181] Etwa gemäß §§ 138, 162, 226, 242, 826 BGB. Darauf ist mit Recht (gegen SCHÖNKE, Rechtsschutzbedürfnis, S. 34) von POHLE, Festschrift für Lent, S. 213 sub 1 und, sehr klar, von BAUMGÄRTEL, Treu und Glauben usw., ZZP 69, 100 a. E., 116, 129, hingewiesen worden.

[182] Übereinstimmend BAUMGÄRTEL, Verwirkung prozessualer Befugnisse, ZZP 67, 429/30. Vgl. ferner oben in Anm. 56.

[183] Wie BAUMGÄRTEL, a. a. O., ZZP 69, 103 oben, meint.

[183a] Daß für die unmittelbare oder entsprechende Anwendung des § 226 BGB selbst im Prozeß kein Raum ist, entspricht mit Recht überwiegender Auffassung, da Prozeßhandlungen nicht als „Ausübung eines Rechtes" angesehen werden können und da sie ausschließlich nach Prozeßrecht zu beurteilen sind, das kein ausdrückliches allgemeines Schikaneverbot kennt. Vgl. für viele ENNECCERUS-NIPPERDEY, Allgemeiner Teil des bürgerlichen Rechts, § 239 III 3 a, mit Nachweisen.

[184] Wie hier schon NEUNER, Privatrecht und Prozeßrecht, § 8, S. 62 f.; STAUDINGER-RIEZLER, BGB (10. Aufl., 1936), § 226 Rdnr. 5; STJSCHP, ZPO, Bem. V 7 c vor § 128 (S. 20); SCHÖNKE, Rechtsschutzbedürfnis, S. 34 und 35; neuerdings auch BLOMEYER, Zivilprozeßrecht, § 30 IX 1, S. 148; wohl auch PAWLOWSKY, Gedanken zur Methode der Gesetzesauslegung, AcP 160 (1961), S. 234 sub 4.

[185] So POHLE, Festschrift für Lent, S. 221 oben, 227 (a. E.) f.; ders., ZZP 64, 95 a. E., dem sich HENCKEL, Parteilehre und Streitgegenstand, S. 274 Anm. 71, für die sog. Pfennigklage anschließt (Abweisung mangels RSchB sei „zu zaghaft"); v. POELLNITZ, Arglisteinrede im Erkenntnisverfahren, S. 38 vor 2. Nur für den Fall, daß das „mißbilligte Verhalten als solches so stark hervortritt, daß es . . . einen Angriff auf die Rechtsschutzeinrichtung darstellt", ebenso BAUMGÄRTEL, a. a. O., ZZP 69, S. 100 oben, 103 oben; für alle übrigen Fälle entscheidet er wie hier. Diese Differenzierung erscheint weder gerechtfertigt noch zweckmäßig, da das angeführte Unterscheidungskriterium viel zu unbestimmt ist. Überdies ist „Treu und Glauben" selbst ein ebenfalls zu unbestimmter Begriff, um einen *selbständigen* Unzulässigkeitsgrund abgeben zu können. Dazu bedürfte es in der Tat erst seiner „Auflösung in Unterbegriffe, der Bildung einzelner, näher umrissener Tatbestände" (POHLE, a. a. O., S. 227 a. E.). Schließlich vermerkt BAUMGÄRTEL an anderer Stelle (a. a. O., S. 99 sub 5) selbst zutreffend, daß „die Zurückweisung eines prozessualen Begehrens aus dem Gesichtspunkt rechtsmißbräuchlicher Ausnutzung der prozessualen Befugnis nur zu leicht den Eindruck der Rechtsschutzverweigerung (erweckt)". Vor allem aber ist der Vorwurf mangelnder Rechtssicherheit (a. a. O., S. 103) zurückzuweisen.

Hausgut des RSchB, da bei dem gekennzeichneten Umfang unredlichen prozessualen Vorgehens von einem (prozeß-)rechtlich anerkennenswerten Interesse oder Bedürfnis nach Rechtsschutzgewährung keine Rede mehr sein kann. Das Institut des RSchB ist mithin der dogmatisch bestgeeignete Ort, um die Pflicht des Staates zur Rechtsschutzgewährung[186] vor schikanöser oder rechtsmißbräuchlicher Inanspruchnahme zu bewahren.

In Anlehnung an *Baumgärtel*[187] und *Riezler*[187a] wird eine Rechtsschutzhandlung dann als schikanös und rechtsmißbräuchlich zu bewerten sein, wenn nach der aus der Betrachtung der gesamten Umstände des Sachverhalts geschöpften Überzeugung des Richters feststeht, daß ein anderer Zweck des Handelns als der, den Gegner oder das Gericht zu schädigen oder unnötig zu belästigen, objektiv nicht gegeben sein kann. Ob diese Voraussetzungen vorliegen, kann wegen der genannten umfassenden Merkmale in jedem Einzelfall nur nach den konkreten Umständen beurteilt werden, da sämtliche vorstellbaren Tatumstände schwerlich von vornherein typisierungsfähig sein dürften[188]. Immerhin kann auf die Fälle des pfennigweisen Einklagens einer Forderung[189], des Querulantentums[190], Klagen lediglich zur Vereitelung des Rechts eines anderen sowie — auch hier — des einverständlichen Scheinprozesses hingewiesen werden, bei denen der Mißbrauch der Rechtspflege regelmäßig zu bejahen sein wird. Nicht einbezogen werden dürfen dagegen die Fälle der sog. Mutwilligkeit[190a].

c) Geringfügigkeit des Streitgegenstandes

Minima non curat praetor! Von diesem Leitgedanken her ist es zu verstehen, daß es seit jeher Bemühen der Gesetzgebung sowie — da die gesetzlichen Einzelbestimmungen auf Grund der Erfahrung als nicht ausreichend empfunden wurden — von Wissenschaft und Rechtsprechung war, die Gerichte von der Sachentscheidung als geringwertig

---

[186] Vgl. hierzu oben in Anm. 32.

[187] ZZP 69, S. 117/8, dem sich Pohle, a. a. O., S. 228 vor Anm. 105, angeschlossen hat.

[187a] Staudinger-Riezler, a. a. O., § 226 Rdnr. 5.

[188] Ebenso Staudinger-Riezler, a. a. O., § 226 Rdnr. 11.

[189] Vgl. Sauer, Grundlagen des Prozeßrechts, § 31 I 3, S. 607; ders., Allgemeine Prozeßrechtslehre, § 15 VIII, S. 231; Rosenberg, Lehrbuch, § 85 II 2b, S. 403 („Schulbeispiel"); Pohle, a. a. O., S. 225 vor Anm. 98.

[190] Hierauf weist bereits Eckelmann, Diss. Freiburg, S. 9, hin; vgl. auch Baumbach-Lauterbach, ZPO, Einl. III 6 B.

[190a] Diese Fallgruppe ist von Schönke, Rechtsschutzbedürfnis, S. 34 vor b) gebildet worden. In StJSchP, Einl. D III 3a, ist sie allerdings nicht übernommen, von Schönke also anscheinend aufgegeben. Ablehnend auch Pohle, Festschrift für Lent, S. 219 sub 6.

erachteter Rechtsschutzbegehren (sog. Bagatellsachen) zu befreien[191]. Schon bei *Degenkolb*[192] findet sich demgemäß die Forderung an das rechtliche Interesse der Partei, es müsse ein *„erhebliches“* sein, um Beachtung zu finden. Es war daher im Grunde ein bekannter Gedanke, wenn *Schönke*[193] forderte, auch ein solches Interesse nicht als schutzwürdig anzuerkennen, das „nach allgemeiner Anschauung als so gering anzusehen ist, daß es nicht die Inanspruchnahme der staatlichen Rechtsschutzeinrichtungen rechtfertigt“. Diese Auffassung ist jedoch zu Recht teilweise auf Ablehnung gestoßen[194]. Es scheint mir aus grundsätzlichen Erwägungen in der Tat — jedenfalls für den Bereich der Zivil- und Verwaltungsgerichtsbarkeit — „nicht angängig“[195], einem Recht, das als solches materiellrechtlich anerkannt ist, die Rechtsschutzfähigkeit nur deshalb gänzlich[195a] abzuerkennen, weil es geringfügig ist.

---

[191] Unproblematisch — wenn auch vor allem im Verwaltungs- und Verfassungsprozeß eine Rolle spielend — ist selbstverständlich der Fall, daß der Verfahrensführer *überhaupt nicht* geltend macht, in Rechten oder Interessen *betroffen* zu sein. Daß ihm in diesem Fall kein Rechtsschutz zuteil werden darf, sein Verfahrensgesuch also unzulässig ist, dürfte nicht ernsthaft bestreitbar sein. Abweisungsgrund ist jedoch nicht das Fehlen der — formell oder materiell verstandenen — Beschwer (hierüber näher unten Erster Teil, II. Kapitel, § 4 E I, S. 66ff.), sondern der Mangel jeglichen RSchB! Richtig OLG Bremen, NJW 1964, 259 Nr. 15, das insoweit von HABSCHEID, Beschwer des verurteilten Beklagten bei nicht vollstreckungsfähigem Leistungstitel?, NJW 1964, 235 r. Sp. sub 3, zu Unrecht angegriffen wird (das Gericht entschied eben *nicht* „aus Gründen der Beschwer“!).

[192] Einlassungszwang und Urteilsnorm (1877), S. 175, wo auch darauf hingewiesen wird, daß diese Begrenzung „so oft gefordert“ werde (S. 53 bei und in Anm. 2 wird z. B. ein Erkenntnis des BayObLG vom 26. 10. 1874 angeführt). Ebenso WEISMANN, Feststellungsklage (1879), S. 159; LANGHEINEKEN, Der Urteilsanspruch, § 4 IV 1, S. 21 bei Anm. 4; STEIN, Voraussetzungen des Rechtsschutzes, § 8, S. 79 („schlechthin überflüssige Rechtsschutzhandlungen haben die Gerichte abzulehnen“); u. v. a.

[193] Rechtsschutzbedürfnis, S. 35f. = STJSCHP, Einl. D III 3c, S. 24/25 unter Berufung auf französische Rechtsprechung. Ebenso SYDOW-BUSCH, ZPO, Vorbem. 1 vor § 253, S. 375: „Bedeutungslosigkeit“; sowie BETTERMANN, Die Einwirkung der Währungsreform auf die Zulässigkeit von Rechtsmitteln, NJW 1948, 448 r. Sp. sub 3.

[194] Vgl. POHLE, Festschrift für Lent, S. 198f. und 219; LENT-JAUERNIG, Zivilprozeßrecht, § 36 I, S. 102; BLOMEYER, Zivilprozeßrecht, § 30 X 2, Anm. 4; ALLORIO, Rechtsschutzbedürfnis?, ZZP 67, 343 oben; OVG Münster, NJW 1961, 1643, Nr. 33.

[195] POHLE, a. a. O., S. 219 a. E.

[195a] Eine andere Frage ist es natürlich, ob man für Bagatellsachen das Rechtsschutzsystem in seiner Gesamtheit zur Verfügung stellen will. Vgl. z. B. § 510c Abs. 4 ZPO.

Für die in diesem Zusammenhang besonders wichtige Frage nach dem RSchB bei der Anfechtung von Verwaltungsakten, die den Betroffenen durch Erhebung von Gebühren nur in geringfügiger Weise belasten, ist allerdings zu bemerken, daß die Streitfrage nicht über Art. 19 Abs. 4 Satz 1 GG zugunsten der Zulässigkeit gelöst werden kann[196, 197]. Denn die Rechtsweggarantie des Art. 19 Abs. 4 GG ist nicht schrankenlos und läßt die meisten herkömmlichen Grundsätze des Prozeßrechts, die rechtlich oder tatsächlich eine Erschwerung des Zugangs zu den Gerichten bewirken, bestehen[198]; und dazu gehört auch das Institut des RSchB[198a].

Letztlich geht es bei der Lösung dieses Problems um die grundlegende Frage, ob man der Prozeßwirtschaftlichkeit (Mißverhältnis zwischen dem Wert des Streitgegenstandes gegenüber dem Aufwand an Mühe, Aufregung, Zeit und Kosten für Verfahrensführer, -gegner und Gericht) oder ob man auch bei geringfügigem Streitgegenstand dem Sichbehauptenwollen des Verfahrensführers als einer sittlichen Persönlichkeit[199] sowie seinem verletzten Rechtsgefühl das entscheidende Gewicht beilegen will. Grundsätzlich[200] sollte letzterem der Vorzug gegeben werden, weil der Gegensatz von privatem und öffentlichem Interesse weitgehend nur ein scheinbarer ist[200a]. Denn der Widerstand gegen ein noch so geringes — vielleicht sogar nur vermeintliches — Unrecht liegt einerseits im Interesse des rechtsbewußten Bürgers, andererseits aber sehr wohl auch im richtig verstandenen Interesse des Gemeinwesens[200b], da ohne ihn keine Verwirklichung der Rechtsordnung möglich wäre. Dies wird besonders deutlich, wenn man an die sowohl dem öffentlichen als auch dem privaten Recht bekannten Massengeschäfte denkt, bei denen bereits eine geringfügige Belastung des einzelnen zu stattlichen Beträgen führen kann. Ohne gerichtlich sanktionierten Widerspruch hiergegen ist im Streitfall jedoch kein

---

[196] So irrig OVG Münster, a. a. O., das einen Fall zu entscheiden hatte, in dem es um eine Postgebühr von 0,20 DM ging.

[197] Zum Erfordernis des RSchB bei Art. 19 Abs. 4 GG vgl. BETTERMANN, Schutz der Grundrechte in der ordentlichen Gerichtsbarkeit, GR III/2, S. 806 sub 7.

[198] BVerfGE 10, 264 (267/68). Hierzu vgl. RENCK, JuS 1966, 276 l. Sp. sub b).

[198a] Vgl. BETTERMANN, a. a. O.; sowie unten § 5, S. 74 ff.

[199] Hierzu vgl. v. IHERING, Kampf ums Recht, S. 12 ff.

[200] Ob für die Verfahren der Verfassungsgerichtsbarkeit anders zu entscheiden ist, wird sich vor allem nach den speziellen Zwecken derselben als Institution bestimmen; s. u. § 14, S. 96—99 einerseits und § 15 B II 4, S. 128 f. andererseits.

[200a] Vgl. DÜRIG, in: Maunz-Dürig, GG, Art. 2 I Rdnr. 74 sub 6 a („häufig Interessenharmonie").

[200b] Zum Prüfungsmaßstab beim RSchB vgl. unten § 4 C, S. 53—56.

überzeugendes Motiv für eine freiwillige Änderung durch den Begünstigten ersichtlich.

Die bloße Geringfügigkeit eines Rechtsschutzbegehrens kann daher hier nicht als ausreichender Grund für die Verneinung der Schutzwürdigkeit und damit des RSchB insgesamt anerkannt werden.

Der Gegenauffassung ist jedoch zuzugeben, daß das RSchB dann verneint werden sollte, wenn die gegebene Rechtsschutzmöglichkeit schikanös oder rechtsmißbräuchlich ausgenutzt wird und so Gericht und /oder Verfahrensgegner unnötig belastet werden[201, 201a].

III. Unbrauchbare Typisierungen

Schließlich gilt es in diesem Zusammenhang zu weiteren Erscheinungen Stellung zu nehmen, denen von anderer Seite ebenfalls ausreichende Konturiertheit zugesprochen worden ist, um bei ihrem Vorliegen grundsätzlich das RSchB zu verneinen. Zu denken ist dabei einmal an Fälle, die irrigerweise und unter Verdeckung des wahren Unzulässigkeitsgrundes in das „Sammelbecken“[202] des RSchB eingebaut worden sind (1), zum anderen sind es solche, die in Wahrheit Fragen der Begründetheit betreffen (2) und schließlich handelt es sich um Fälle, die bei richtiger Sicht überhaupt für jedwede Typisierung ungeeignet sind (3).

1. Neben- und Nacheinander verschiedener zulässiger Rechtsschutzformen

Zu der ersten Gruppe gehören vor allem die beiden Fälle, daß die selbe Sache gleichzeitig (*Nebeneinander* von zulässigen Rechtsschutzformen) oder *nacheinander* zu richterlicher Entscheidung gestellt wird. Daß es sich hier nicht um Probleme des RSchB handelt, sondern vielmehr um solche der Rechtshängigkeits- bzw. Rechtskraftlehre, ist bei aller gebotenen Knappheit bereits zu zeigen versucht worden[203]. Zu achten ist auch darauf, daß dort, wo in Wahrheit eine Unzulässigkeit des Rechtsweges[204], eine Unzuständigkeit des angegangenen Gerichts, eine Unzulässigkeit der besonderen Prozeßart oder der besonderen Klage[205] gegeben ist, nicht mit dem RSchB operiert werden kann[206].

---

[201] So hat JAEGER, KO, § 103 A. 2b, völlig zu Recht gesagt, daß ein Konkursantrag wegen einer Mark ein Unding ist.

[201a] Dazu näher oben § 4 B II 4b, S. 46ff.

[202] Ausdruck von POHLE, a. a. O., S. 216 oben.

[203] S. o. sub § 4 B II 2b—c, S. 37.

[204] So richtig BGHZ 19, 185 (194) und POHLE, Festschrift für Lent, S. 221/22.

[205] Vgl. das bereits oben S. 35 sub a) Gesagte.

[206] Hierzu tendieren jedoch die Ausführungen SCHÖNKES, Rechtsschutzbedürfnis, S. 25ff.

2. Unmöglichkeit der Leistung

Keine Zulässigkeitsfrage[207], sondern ein Kriterium sachlicher Entscheidung ist der Fall, daß die begehrte Leistung unmöglich ist; denn die *Unmöglichkeit der Leistung* ist offensichtlich ein materiellrechtlicher Mangel[208]. Wenn die Grenze zwischen Zulässigkeit und Begründetheit nicht vollends zerfließen soll, kann aber ein materiellrechtlicher Mangel als solcher nicht zur Verneinung des RSchB führen dürfen. Sonst „müßte man folgerichtig Klagen überhaupt nicht mehr als unbegründet, sondern nur noch wegen fehlenden RSchB abweisen"[209].

3. Unmöglichkeit der Vollstreckung, Aussichtslosigkeit, Zwecklosigkeit, Mutwilligkeit, Geringfügigkeit

Zur Typisierung als Erscheinungsformen mangelnden RSchB überhaupt ungeeignet erweisen sich schließlich Kategorien wie tatsächliche oder rechtliche Unmöglichkeit der *Vollstreckung*[210] oder *Aussichtslosigkeit*[211], *Zwecklosigkeit*[212], *Mutwilligkeit*[213] des prozessualen Be-

---

[207] So aber SCHÖNKE, Rechtsschutzbedürfnis, S. 33 sub 3a = STJSCHP, ZPO, Einl. D III 3a (anders aber wohl Bem. IV 1a vor § 253), unter Berufung auf französische Rechtsprechung.

[208] Vgl. § 306 BGB.

[209] So eindringlich POHLE, a. a. O., S. 213; ebenso ders., ZZP 64, 95; für früher insbes. STEIN, Voraussetzungen des Rechtsschutzes, § 8, S. 108 ff. m. w. N.

[210] So wohl aber aus der älteren Rechtsprechung RGZ 29, 73 (76); BayObLG, Seufferts Archiv Bd. 54, Nr. 203 a. E., sowie neuerdings OLG Gera, HEZ 1, 119; auch SCHÖNKE-SCHRÖDER-NIESE, Zivilprozeßrecht, § 43 IV, S. 197 oben. Hiergegen bereits ausführlich STEIN, a. a. O., § 8, S. 112 ff.; auch SCHÖNKE, a. a. O., S. 38 vor 5; STJSCHP, a. a. O., Einl. D III 4d und Bem. IV 1a vor § 253; HABSCHEID, Beschwer des verurteilten Beklagten bei nicht vollstreckungsfähigem Leistungstitel?, NJW 1964, 234 ff.

[211] Ablehnend auch BÖTTICHER, Kritische Beiträge zur Lehre von der materiellen Rechtskraft, § 12 II 2, S. 211. Aussichtslosigkeit ist der Sache nach ein *höherer Grad von Grundlosigkeit* (vgl. schon RGZ 4, 416, 417 a. E.; RG, JW 1892, 55, Nr. 1 r. Sp., und die Kommentarliteratur zu § 114 ZPO), nicht aber das Gegenteil von Wahrscheinlichkeit! STEIN, a. a. O., S. 112 a. E. gebraucht den Ausdruck gleichbedeutend für die Unmöglichkeit der Urteilsrealisierung.

[212] Vgl. GOECKEL, Einfluß des Bestehens einer Streitgenossenschaft auf die Prozeßkosten, ThürBl. Bd. 49 (1902), S. 2 g. E.; SAUER, Grundlagen des Prozeßrechts, § 24 II, S. 464 ff.; neuerdings auch THOMAS-PUTZO, ZPO, § 574 A. g), S. 614 a. E. Von „offenbarer Unzweckmäßigkeit" spricht R. SCHMIDT, Lehrbuch des Zivilprozeßrechts, § 4 III, S. 20 a. E. — Vgl. auch die vorherige Anmerkung a. E.

gehrens. Durchweg handelt es sich hierbei um viel zu allgemeine und unbestimmte Begriffe, zu deren Feststellung es überdies zunächst erst der sachlichen Feststellung bedarf, daß die Klage unbegründet ist. Nur so kann doch die Aussichtslosigkeit oder Zwecklosigkeit oder Mutwilligkeit erwiesen werden. Abgesehen von Gesichtspunkten der Prozeßwirtschaftlichkeit wäre damit „die Entscheidung in der Sache selbst gewissermaßen zur Vorfrage der Zulässigkeitsprüfung gemacht"[214]. Eine derartige grundsätzliche Vorwegnahme der Sachentscheidung widerspräche in der Tat der „Struktur"[215] unserer Verfahren und damit sinnvoller deutscher verfahrensrechtlicher Tradition. — Daß schließlich der Gesichtspunkt der *Geringfügigkeit* des Streitgegenstandes (jedenfalls für die herkömmliche Gerichtsbarkeit) nicht tragfähig ist, ist bereits dargelegt worden[216].

C. Prüfungsmaßstab

Es gilt nun zu entscheiden, an welchem Maßstab das Vorhandensein des RSchB oder — richtiger — das Vorliegen eines der herausgearbeiteten Ausnahmetatbestände vom Gericht gemessen werden soll.

Es entspricht der primär auf die Durchführung des jeweiligen Prozeßzwecks ausgerichteten Funktion[217] und der Heterogenität der Erscheinungsformen des Fehlens[218] des RSchB, daß zur Beantwortung dieser Frage nicht einfach zwischen einem nur subjektiven oder nur objektiven Maßstab gewählt werden kann, wobei man sich dann vorzugsweise für letzteren entscheidet[219]. So ist es z. B. bei der gewillkürten Prozeßstandschaft offensichtlich nicht angängig, die Frage, ob

---

[213] So SCHÖNKE, a. a. O., S. 34 oben (vgl. jedoch oben in Anm. 191). Zu Recht ablehnend POHLE, a. a. O., S. 219 sub 6; besonders eindringlich auch BAUMGÄRTEL, ZZP 67, 430 f.; ferner BLOMEYER, Zivilprozeßrecht, § 30 X 2, S. 50 Anm. 4.

[214] So treffend BAUMGÄRTEL, a. a. O., S. 431.

[215] BAUMGÄRTEL, a. a. O., S. 430 oben.

[216] Erster Teil, II. Kapitel, § 4 B II 4 c, S. 48—51.

[217] S. o. Erster Teil, II. Kapitel, § 3 B II, S. 21—26.

[218] S. o. Erster Teil, II. Kapitel, § 4 B I und II, S. 29—51.

[219] Damit — objektiver Maßstab — lassen es z. B. bewenden: WACH, Handbuch I, § 2 V, S. 22 oben („wirkliches, nicht eingebildetes Interesse"); LANGHEINEKEN, Der Urteilsanspruch, § 4 IV 1, S. 21 bei und in Anm. 4; STEIN, Voraussetzungen des Rechtsschutzes, § 7, S. 67; HELLWIG, Klagerecht und Klagmöglichkeit, § 8 II 2 b, S. 58 Anm. 15 („Umstände, die nicht vom Willen des Klägers abhängen"); SAUER, Grundlagen des Prozeßrechts, § 28 I 2 a, S. 527 und 528; ders., Allgemeine Prozeßrechtslehre, § 9 II 2, S. 133 („nach objektiver Prognose", wenn auch in anderem Zusammenhang); GOLDSCHMIDT, Zivilprozeßrecht, § 12 Nr. 4 c, S. 30; wohl auch WEISMANN, Feststellungsklage, § 9, S. 159 („objektive Umstände"). Auch SCHÖNKE, Rechtsschutzbedürfnis, S. 22 sub IV = STJSCHP, ZPO, Einl. D III

ein (eigenes) Interesse an der Geltendmachung fremder Rechte und der Prozeßführung darüber zu bejahen ist, allein nach objektiven Gesichtspunkten und damit vom Standpunkt des Staates her zu beantworten. Auf der anderen Seite ist es klar, daß das RSchB, das ja im Interesse des Staates eingeführt worden ist und primär in seinem Interesse geprüft[220] wird, nicht und nicht einmal überwiegend entsprechend dem Standpunkt der Partei gemessen werden kann. Damit wäre die Idee des RSchB in ihr Gegenteil verkehrt und völlig entwertet. Ihr angemessen kann daher nur ein Maßstab sein, der zwar beide Gesichtspunkte miteinander verbindet, aber die Notwendigkeit eines in erster Linie objektiven Maßstabs im Grundsatz aufrecht erhält. Es kann daher nur zugestimmt werden, wenn *Schönke*[221] auf Grund der im Prozeß allgegenwärtigen „Verknüpfung öffentlicher und privater Belange" erklärt, daß „*Ausgangspunkt*" des zur Prüfung des RSchB erforderlichen prozessualen Werturteils „die *Interessenlage des Antragstellers*" sei. Dies vorausgeschickt bestehen keine weiteren Bedenken, eine *objektive* Prüfung anhand der erarbeiteten Typisierungen fehlenden RSchB[222] zu verlangen. Das Vorliegen eines Bedürfnisses nach Rechtsschutz bestimmt sich also nach einem *objektiven Maßstab*[222a], so daß es im Konfliktsfalle nicht entscheidend darauf ankommt, daß der Verfahrensführer im konkreten Fall an der Erlangung staatlichen Rechtsschutzes in bestimmter Richtung subjektiv ist[223].

---

vor 1, S. 20, und MÜLLER-TOCHTERMANN, Erledigung des Rechtsstreits nach Erledigung der Hauptsache, NJW 1958, 1762 l. Sp. dritter Abs., treten hierfür ein. — A. M. RG, SeuffArchiv 1909, Nr. 361 und OLG Köln, JW 1929, 3258 („ein subjektiver Maßstab entscheidet"); wohl auch BAUMBACH-LAUTERBACH, ZPO, § 256 Anm. 3 B, S. 452 („ein persönlicher, nicht allgemeingültiger Maßstab entscheidet").

[220] So treffend bereits STEIN, a. a. O., § 8, S. 86 a. E., dem sich BÖTTICHER, Kritische Beiträge zur Lehre von der materiellen Rechtskraft, § 12, 3, S. 213 Mitte, angeschlossen hat. Anders wohl BETTERMANN, Rechtshängigkeit und Rechtsschutzform, S. 30 a. E. und 31.

[221] Rechtsschutzbedürfnis S. 13 sub II = STJSCHP, a. a. O., Einl. D I vor 1, S. 18; wie Schönke auch BETTERMANN, a. a. O., S. 31, wo jedoch wohl das Erfordernis objektiver Prüfung (vgl. sogleich im Text) nicht voll berücksichtigt wird (a. a. O., S. 30/31; vgl. auch die vorhergehende Anmerkung). Abzulehnen LANGHEINEKEN, a. a. O., § 4 IV 1, S. 21 Anm. 4, der „nach der durchschnittlichen (!) Erfahrung des Lebens", sowie SAUER, Allgemeine Prozeßrechtslehre, § 9 II 2, S. 133, der „nach allgemeinem (!) Wahrscheinlichkeitsurteil" entscheiden will.

[222] Vgl. Anm. 218.

[222a] Ebenso BGHZ 1, 65 (77 f.) = NJW 1951, 311 (312 r. Sp.) hinsichtlich der vergleichbaren Frage nach dem Prüfungsmaßstab für die „Sachdienlichkeit" einer Klageänderung.

[223] Insofern ist es durchaus sachlich zu rechtfertigen, wenn die Gesetze bisweilen ein „berechtigtes" Interesse verlangen (vgl. Anm. 109); denn an einem Interesse wird es schlechthin niemals fehlen, soweit menschliche

Angesichts des bloßen Modellcharakters[224] der genannten Typisierungen ist es unvermeidlich, daß im Einzelfall sehr wohl zweifelhaft sein kann, wie die konkreten Umstände letztlich bewertet werden sollen[225]. Insofern wird jede Untersuchung des RSchB ihrem Gegenstand entsprechend bei aller Systematik notwendig offen bleiben. Es ist daher hinzunehmen[226], daß dem entscheidenden Gericht auf dem Gebiet der Prüfung des RSchB ein weitgehender *Beurteilungsspielraum* oder, wie viele[227] unscharf[228] sagen, Ermessen eingeräumt ist, deren Ausübung natürlich pflichtgemäß[228a] zu erfolgen hat.

Schließlich ist in diesem Zusammenhang darauf hinzuweisen, daß es bei der objektiven Prüfung der Ausnahmetatbestände des RSchB auf

---

Handlungen — also Interessenverfolgungen — in Betracht kommen (so zu Recht SAUER, Grundlagen des Prozeßrechts, § 28 I 2c *β*, S. 529 a. E.).

[224] S. o. Erster Teil, II. Kapitel, § 4 B, S. 29 oben.

[225] STEIN, Voraussetzungen des Rechtsschutzes, § 4, S. 43 a. E. meint, in solchen „unlöslichen" Zweifelsfällen möge die „publizistische" Natur des RSchB den Ausschlag geben. Dem ist zu widersprechen: in dubio *pro* libertate!

[226] A. A. POHLE, Festschrift für Lent, S. 198 f. (S. 199 Mitte: „geradezu gefährlich"; „das ganze mühevoll und kunstvoll geregelte System unseres Rechtsschutzes" sei durch eine „Blankovollmacht an die Gerichte" ersetzt); LENT-JAUERNIG, Zivilprozeßrecht, § 36 I, S. 102 zweiter Abs.: Rechtsschutzgewährung „keine Sache des freien Ermessens"); NATHAN, Zivilprozeßrecht der DDR (1957), S. 201, der die Auflösung der „demokratischen Gesetzlichkeit" befürchtet. — Der temperamentvolle Widerspruch insbesondere POHLES (gegen SCHÖNKE, vgl. die folgende Anmerkung), beruht auf einem Mißverständnis des sog. „freien" Ermessens (vgl. sogleich in Anm. 227 und 228). In Wahrheit steht den Gerichten nur ein *Beurteilungsspielraum* zu, dessen Grenzen durch die typisierten Ausnahmetatbestände fehlenden RSchB (vgl. Anm. 218) gekennzeichnet sind.

[227] So schon WEISMANN, Feststellungsklage, § 9, S. 159 und 160 („nach richterlichem Ermessen notwendig erscheinend" bzw. „bei deren Beurtheilung dem richterlichen Ermessen ein nothwendiger Spielraum gelassen ist", der übrigens „die damit verbundene Gefahr" bereits damals für gebannt hält); WACH, Feststellungsanspruch, S. 51 sub V („Das Ermessen des Richters hat hier einen weiten Spielraum"); HELLWIG, System I, § 108 I, S. 283 („nach vernünftigem Ermessen"); ders., Anspruch und Klagerecht, § 56 I 2, S. 429 („nach vernünftigem Ermessen") und § 56 I 2a, S. 430 Anm. 12 („Das richterliche Ermessen hat hier einen weiten Spielraum"); SCHÖNKE, Rechtsschutzbedürfnis, S. 13 sub II = STJSCHP, ZPO, Einl. D I vor 1, S. 18 („nach pflichtmäßigem Ermessen"); ROSENBERG, Zivilprozeßrecht, § 86 II 2, S. 407 („nach weiter und freier Auslegung" des Gerichts).

[228] Vgl. zunächst in Anm. 226. — Dies hat jüngst STERN, Ermessen und unzulässige Ermessensausübung (1964), S. 12 bei und in Anm. 19, 15 sub 2, 20 vor 2, neuerlich nachgewiesen. S. 20 Anm. 53 auch umfassende Nachweise über den Streitstand.

[228a] Und zwar im sog. „Strengbeweisverfahren" (kein sog. „Freibeweis"). Vgl. hierzu E. PETERS, Freibeweis, S. 86 f.

irgendein Verschulden des Verfahrensführers grundsätzlich nicht ankommen kann. Denn der Eintritt verfahrensrechtlicher Nachteile im anhängigen Prozeß hängt in der Regel nicht von einem Verschulden der Partei ab[229].

D. Zusammenfassung und Begriffsbestimmung

Nach der Herausarbeitung des inneren Geltungsgrundes des Instituts des RSchB[230] sowie der damit abgestimmten Grundlegung der Erscheinungsformen seines Fehlens[231] sowie der Klarstellung abzulehnender Typisierungen[232] erscheint es nunmehr gerechtfertigt, die gefundenen Ergebnisse zusammenzufassen und begrifflich zu verfestigen zu suchen. Angesichts der wiederholt hervorgehobenen Tatsache, daß unter der Flagge des RSchB Gedanken durchaus verschiedener Herkunft und Zielrichtung segeln[233], ist dabei von vornherein darauf hinzuweisen, daß sich unser Untersuchungsgegenstand einer formelartigen Definition entziehen dürfte. Dieses Eingeständnis darf jedoch keineswegs Veranlassung dazu geben, die dogmatische Erfassung des Instituts des RSchB mit den erarbeiteten Ausnahmetatbeständen und den Zufälligkeiten mannigfaltiger Rechtsprechungskasuistik bewenden zu lassen[234]. Der steten Arbeit am Begriff, wie die Auslegungsproble-

---

[229] Vgl. ROSENBERG, a. a. O., § 76 IV 3, S. 348/49; GOLDSCHMIDT, Prozeß als Rechtslage, S. 356; BAUMGÄRTEL, Verwirkung prozessualer Befugnisse, ZZP 67, S. 449 a. E. — Teilweise anders liegt es vor allem bei der Regelung der Versäumungsfolgen von prozessualen Lasten (vgl. ROSENBERG, a. a. O.). Ebenso bei der Rechtswidrigkeit ganz allgemein, die ebenfalls ohne mala fides eintritt; vgl. STERN, a. a. O., S. 28 bei und in Anm. 96 m. w. N.

[230] S. o. Erster Teil, II. Kapitel, § 3 B II, S.21—26.

[231] S. o. Erster Teil, II. Kapitel, § 4 B II, S. 32—48.

[232] S. o. Erster Teil, II. Kapitel, § 4 B III, S. 51—53.

[233] So die treffende Formulierung NEUNERS, Privatrecht und Prozeßrecht, § 11, S. 85. — Dabei ist noch darauf hinzuweisen, daß das RSchB leider in zunehmendem Maße vielerorts willkürlich auch in anderem als dem ihm zukommenden spezifisch verfahrensrechtlichen Zusammenhang verwendet wird. Hiergegen mit Recht BACHOF, JZ 1966, 302 Anm. 63; ZULEEG, DVBl 1966, 234 Anm. 22.

[234] So jedoch selbst jene Autoren, die sich mit unserem Untersuchungsgegenstand monographisch befaßt haben. Das Versprechen ECKELMANNS, Begriff und Funktion des RSchB zu definieren, kann nicht als eingelöst betrachtet werden. BLEY, Klagrecht und rechtliches Interesse, S. 114, bekennt in seiner Schlußbemerkung sogar ausdrücklich, eine besondere Begriffsbestimmung vermieden zu haben, dies jedoch „absichtlich", da es doch nur auf den vergeblichen Versuch hinauslaufen würde, ein Schema zu finden, mit dessen Hilfe man ablesen könnte, wann im einzelnen Falle das (von ihm sog.) rechtliche Interesse gegeben sei. Selbst wenn man diese Begründung als ausreichend akzeptieren wollte, so ist ihr doch inzwischen weitgehend der Boden entzogen, da das RSchB — von der Abhängigkeit und den Fesseln

matik[235] eine ewige Aufgabe jeglicher Jurisprudenz, mit der allein die erstrebte größtmögliche Vereinfachung und Abkürzung unseres Wissens bewirkt werden kann, dürfen und wollen wir uns nicht entziehen.

Das Institut des RSchB bedeutet eine *Schranke des Rechtsschutzes*[236]; es ist allgemeine Voraussetzung aller Rechtsschutzhandlungen[237]. Prozessual bedeutet dies, daß es Zulässigkeits- und damit *Sachentscheidungsvoraussetzung*[238] ist.

Es ist somit immer von dem zu verwirklichenden, festzustellenden oder zu gestaltenden materiell-rechtlichen Rechtsverhältnis, zu dem es — um die Rechtsschutzhandlung unter dem Gesichtspunkt des RSchB zulässig zu machen — hinzutreten muß oder dem nicht Umstände hinzutreten dürfen, die es ausschließen, scharf zu unterscheiden[239]. Das RSchB beruht auf dem zur Durchführung des Prozeßzwecks erforderlichen Gedanken, daß, wer die Gerichte um Rechtsschutz angeht, ein anzuerkennendes (!) *Interesse*[240] daran haben muß, den begehrten Rechtsschutz zu erlangen[241]; sonst besteht kein Bedürfnis nach Rechtsschutz. Das RSchB erfordert also auf den *Streitgegenstand*[242] bezogenes Interesse.

---

der Lehre vom Rechtsschutzanspruch endgültig befreit — in seinem Umfang und auch seinen Erscheinungsformen heute erheblich mehr abgeklärt und prozeßdogmatisch konturiert ist. In diesem Stadium ist aber eine Begriffsbestimmung zu fordern, aus der zwar nicht unbedingt der Einzelfall unmittelbar entschieden werden kann, die jedoch die verschiedenen Typisierungen zu einer Bewußtseinseinheit zusammenfaßt! — Auch TIETGEN, Verwaltungsprozessuales Rechtsschutzbedürfnis, DVBl. 1960, 264 l. Sp. oben, hat vorgeschlagen, „die *Begriffsbestimmung* des Rechtsschutzbedürfnisses erneut zur Diskussion zu stellen".

235 Vgl. hierzu STERN, Gesetzesauslegung und Auslegungsgrundsätze des Bundesverfassungsgerichts (1956), S. 1 f.

236 So frühzeitig DEGENKOLB, Einlassungszwang und Urteilsnorm, S. 52 Anm. 2 a. E.

237 STEIN, Voraussetzungen des Rechtsschutzes, § 7, S. 67, lange vor SCHÖNKES „allgemeiner Rechtsschutzgewährungsvoraussetzung" (vgl. oben Anm. 53 a. E., 54).

238 S. o. Erster Teil, II. Kapitel, § 2, S. 12.

239 Vgl. oben Erster Teil, II. Kapitel, § 4 B III, S. 51—53.

240 „Interesse" ist ein relativer Begriff. Er bedeutet den „Wert und die Bedeutung, die wir einer Sache beilegen" (H. SCHMIDT-SCHISCHKOFF, Philosophisches Wörterbuch, Stichwort „Interesse", S. 270 l. Sp.). Er ist die „Wertbeziehung eines X (eines Verhältnisses, Vorganges) auf eine bestimmte Person. Der Vorgang kann als ein vergangener oder als ein zukünftiger gedacht werden" (WACH, Handbuch I, § 55 II, S. 617 Anm. 11). Vgl. auch die Definition, die COHNFELDT, Lehre vom Interesse nach römischem Recht (1865), § 6, S. 57, gegeben hat. — Der Begriff enthält somit auch objektive Momente!

241 Vgl. LENT, Zivilprozeßrecht, (9. Aufl.), § 36 I, S. 98 a. E.

242 So schon BLEY, Klagrecht und rechtliches Interesse, S. 89/90.

Das Vorliegen des hiernach erforderlichen Interesses kann nur an der begehrten Rechtsschutzhandlung[243], d. h. an ihren *Wirkungen,* wie Rechtskraft, Gestaltungswirkung, Vollstreckbarkeit oder sonstigen (sog. Neben-)Wirkungen *gemessen*[244] werden[245]. Denn nur diese geben Auskunft auf die Frage, ob sie dem Verfahrensführer etwas verschaffen können, was ihm bisher fehlt[246]. Das RSchB ist somit im Interesse des *Staates*[247] gefordert und zu prüfen. Es ist Objekt für das *prozeßrechtliche Werturteil* über die Zulässigkeit[248] jeglicher Rechtsschutzhandlung. Bei der Fällung dieses prozessualen Werturteils ist von der Interessenlage des Verfahrensführers auszugehen, wenn auch die endgültige Beurteilung nach *objektivem Urteil* erfolgt[249]. Das geforderte Interesse an der Sachentscheidung mit ihren Wirkungen muß sowohl individuell als auch prozessual, gegenwärtig und schutzwürdig in der bezeichneten Weise sein. Ist einer der hierzu erarbeiteten Ausnahmetatbestände gegeben, so ist das RSchB regelmäßig zu verneinen. Dabei ist stets darauf zu achten, daß die Anwendung des RSchB nicht zur Verdeckung anderer, der „wahren" Unzulässigkeitsgründe führt. Der materielle Hintergrund, nicht jedoch begriffliche Voraussetzung, jedes unter dem Gesichtspunkt des RSchB zulässigen Begehrens nach staatlichem Rechtsschutz ist — für die einzelnen Begehrensformen grundsätzlich nicht verschieden —, in der Regel allein folgender: Der weit gefaßte Gesichtspunkt der *Verletzung* oder *Gefährdung*[249a] mit dem

---

[243] = Entscheidung (Urteil, Beschluß, Verfügung) oder Zwangsanwendung.

[244] Mehr als ein *Maßstab* kann hieraus jedoch nicht gewonnen werden; vgl. sogleich sub Erster Teil, II. Kapitel, § 4 D, S. 62 f.

[245] So richtig schon WACH, Feststellungsanspruch, S. 54 a. E.; HELLWIG, Anspruch und Klagrecht, § 56, S. 428 Anm. 2; auch BÖTTICHER, Kritische Beiträge zur Lehre von der materiellen Rechtskraft, § 12 II 2, S. 211 oben.

[246] Treffend charakterisiert von HELLWIG, System I, § 108 I, S. 283; auch LÖBL, Geltendmachung fremder Forderungsrechte im eigenen Namen, AcP 129, 316.

[247] Vgl. oben Erster Teil, II. Kapitel, § 4 C, S. 54 bei und in Anm. 220, m. w. N.

[248] A. A. SAUER, Grundlagen des Prozeßrechts, § 28 I 2c α, S. 529: Begründetheit! Als Beurteilungsobjekt könne es nicht zeitlich vorausgehende Prozeßvoraussetzung sein. Aber: Es muß doch auch das Vorliegen der (Prozeß-), besser: Sachentscheidungsvoraussetzungen beurteilt und bewertet werden. Diese sind also gleichfalls Beurteilungsobjekt! So schon BLEY, Klagrecht und rechtliches Interesse, S. 39 Anm. 6. Vgl. ferner oben Erster Teil, I. Kapitel, § 2, S. 12 Anm. 51.

[249] Vgl. oben Erster Teil, II. Kapitel, § 4 C, S. 53—56.

[249a] Gefährdung ist auch gegeben, wenn der Beklagte ein Recht des Klägers ernstlich *bestreitet* oder wenn er sich eines gegen diesen gerichteten Rechtes *berühmt* (vgl. ROSENBERG, Lehrbuch des ZPR, § 86 II 2 a α, S. 407; BLOMEYER, Zivilprozeßrecht, § 37 III 2 a und b, S. 181/2; BAUMBACH-LAUTERBACH, ZPO, § 256 Anm. 3 C). Die bloße Zweifelhaftigkeit der objektiven

daraus resultierenden Interesse an ihrer Beseitigung. Dies sind die im Grundsatze einzigen Formen, in denen Rechtsgüter oder Interessen angegriffen werden können und durch die die Inanspruchnahme von Rechtsschutz, in welcher Gestalt auch immer, begründet und gerechtfertigt werden kann[250].

Rechtslage allein stellt dagegen in aller Regel noch keinen prozeßrechtlich relevanten Angriff auf Rechtsgüter dar. Dies ist erst dann der Fall, wenn hierdurch ein Streit oder zumindest eine Meinungsverschiedenheit entsteht, z. B. durch Bestreiten oder Berühmung (vgl. BLOMEYER, a. a. O., § 37 III 2b, S. 181: „durch den Streit"). Nur ausnahmsweise läßt das Gesetz auch bloße „Zweifel" genügen, die auch in der Person nur *einer* Partei bestehen können (vgl. GOESSL, Organstreitigkeiten innerhalb des Bundes, S. 51 sub b), so z. B. in Art. 93 Abs. 1 Nr. 2 GG.

[250] Dies ist von WACH, Feststellungsanspruch, S. 52/53, klar erkannt und ausgesprochen worden; vgl. auch ders., Rechtsschutzanspruch, ZZP 32, 30; sowie neuerdings BRUNS, Zur Struktur des Prozesses, Festschrift für Schmidt-Rimpler, S. 238 ff. — Dabei wird unter „Gefährdung" das ernstliche Drohen einer Rechts- oder Pflichtverletzung verstanden (s. o. § 4 B II 3b, S. 42). — Nicht liegt es in unserer Absicht, hiermit die mit der Lehre vom Rechtsschutzanspruch zusammenhängende Auffassung wieder aufzuwerfen, daß ein Klagrecht erst durch Verletzung des Anspruchs entstehe, oder an die verfehlten Versuche anzuknüpfen, die Unterscheidung zwischen Leistungs- und Feststellungsklage nach dem sog. Rechtsschutzgrund (Rechtsverletzung — Rechtsgefährdung = sog. antezipierte Verletzung) zu treffen, oder gar dagegen anzugehen, daß die Erhebung einer Verurteilungsklage auf eine fällige Leistung keiner Veranlassung durch den Verfahrensgegner bedarf (arg. §§ 93, 257—259 ZPO). Über und z. T. gegen derartige Auffassungen, vgl. DEGENKOLB, Einlassungszwang und Urteilsnorm, §§ 6 und 7, S. 44 ff.; WACH, a. a. O., S. 6, 40, 52 f.; LANGHEINEKEN, Urteilsanspruch, § 2 I, S. 2 a. E.; § 2 III 6, S. 7 a. E.; § 9 III 2b, S. 94 a. E.; § 11 II 1, S. 196; § 11 IV 3, S. 208 vor und in Anm. 4; § 11 V 5, S. 219 oben; HELLWIG, Anspruch und Klagrecht, § 50 I 4, S. 352 f. mit Anm. 15—17; § 54 II 2c, S. 390 f. mit Anm. 23a und 24; auch § 56 I 2a, S. 429; ders., Lehrbuch I, § 57 II 2, S. 370; ders., System I, § 103 II 1, S. 264/65; ders., Klagrecht und Klagmöglichkeit, § 9 III 2b, S. 71; STEIN, Voraussetzungen des Rechtsschutzes, § 7, S. 68 f., 71, 72, 124; SCHMIDT, Lehrbuch d. Zivilprozeßrechts, § 49 VI, S. 308 ff. und § 110, S. 696; SAUER, Grundlagen des Prozeßrechts, § 28 I 2a, S. 527/28; NEUNER, Privatrecht und Prozeßrecht, § 9, S. 73 (mit Anm. 24) ff.; SCHÖNKE, Rechtsschutzbedürfnis, S. 22 sub IV = STJSCHP, ZPO, Einl. D III vor 1, S. 20; auch STJSCHP, a. a. O., § 93 A. III vor 1; Bem. IV 2a vor § 253, S. 11 Anm. 85 und § 256 A. III; WIECZOREK, ZPO, § 256 A. D II, S. 96; LENT-JAUERNIG, Zivilprozeßrecht, § 35 III, S. 100 oben; ROSENBERG, Lehrbuch, § 86 II 2a α, S. 407; BLOMEYER, Zivilprozeßrecht, § 37 III 2, S. 181; z. T. mit weiteren Nachweisen. — Die Verknüpfung mit derartigen Auffassungen darf uns jedoch nicht daran hindern, in der Verletzung und Gefährdung ein wichtiges Erkenntnismittel prozessualer Erscheinungen zu begreifen. Vgl. auch Erster Teil, II. Kapitel, § 4 B II 3b, S. 42 und unten S. 61 Anm. 257 und 258.

Als *Rechtsschutz* wird hierbei verstanden, das Zurverfügungstellen der von den Gerichten ausgeübten staatlichen Entscheidungs- und Zwangsgewalt zur Verwirklichung von Ansprüchen oder Rechtspositionen des Einzelnen[251, 252].

Unbehagen löst ohne Frage die Verwendung des *Interessebegriffs* aus, dessen „Farblosigkeit und damit fast völlige Inhaltslosigkeit",

---

[251] MENGER, System des verwaltungsgerichtlichen Rechtsschutzes, § 17, S. 55.

[252] Aber auch von Behörden! So MENGER, a. a. O., § 28, S. 92, selbst; dort auch Nachweise.

[253] ISAY, Methode der Interessenjurisprudenz, AcP 137, 37 a. E.; auch OERTMANN, Interesse und Begriff in der Rechtswissenschaft, S. 35 („allumfassende und daher unbrauchbare Weite"); NEUNER, Privatrecht und Prozeßrecht, § 11, S. 70 („unbestimmt und flüssig", „höchste Unsicherheit"); DEGENKOLB, Einlassungszwang und Urteilsnorm, S. 50 („als Terminus unzureichend"); WACH, Handbuch I, § 55 II, S. 617 oben („völlig vage"); ablehnend auch ALLORIO, Rechtsschutzbedürfnis?, ZZP 67, 324 („rein teleologischer Begriff"); vgl. auch MENGER, a. a. O., § 36, S. 117 a. E. — Das Wort Interesse wird in den mannigfaltigsten Bedeutungen benutzt: Das öffentliche Interesse wird seit jeher als eines der Abgrenzungskriterien von öffentlichem und privatem Recht angesehen; außerdem wird es vielfach als normatives Tatbestandsmerkmal benutzt (vgl. z. B. Art. 14 Abs. 3 Satz 1 GG). — In der vom Privatrecht ausgehenden Lehre der Interessenjurisprudenz feierte es als „jede kulturelle Begehrenssituation" Triumphe (STOLL, Begriff und Konstruktion in der Lehre der Interessenjurisprudenz, Festgabe für Heck, Rümelin, A. B. Schmidt, S. 67 Anm. 1 mit umfangreichen Nachweisen; ergänzend HECK, Begriffsbildung und Interessenjurisprudenz, S. 37; dagegen vgl. ISAY und OERTMANN, jeweils a. a. O.). — Im Zivilprozeß wurde die neu eingeführte Feststellungsklage vom Vorliegen eines „rechtlichen Interesses" abhängig gemacht (§ 231 a. F. CPO, § 256 ZPO). Man tat sich damals recht schwer mit diesem noch ungewohnten Kriterium. So meinte z. B. das Stuttgarter Obertribunal in einer Entscheidung vom 21. 11. 1873 (zitiert nach DEGENKOLB, a. a. O., S. 50 Anm. 1), das (in Art. 319 der Württembergischen CPO für die „Anerkennungsklagen" geforderte) rechtliche Interesse greife Platz, „sobald eben ein Interesse an der Feststellung für den Kläger vorliegt"(!). DEGENKOLB selbst, a. a. O., S. 50, glaubte feststellen zu können, daß „das ‚Rechtliche' am sog. rechtlichen Interesse inhaltsleer" sei. WEISMANN, Feststellungsklage, § 9, S. 157 ff. sowie in Hauptintervention und Streitgenossenschaft, § 21, S. 84 ff. (S. 85 Anm. 6 ist von den „inhaltslosen Phrasen Kohlers" die Rede!) ist der erste gewesen, der die eindeutige Bestimmung des rechtlichen Interesses versucht hat. Ansätze zu dessen Fixierung auch schon bei PLÓSZ, Beiträge zur Theorie des Klagerechts, S. 5 f., 11, 13. BLEY, Klagrecht und rechtliches Interesse, hat ihm einen großen Teil seiner Ausführungen gewidmet (vgl. bes. S. 36, 39, 42, 59, 60, 77, 79). — Für die Anhänger des Rechtsschutzanspruches schließlich war das Interesse nicht Rechtsfolge von Tatsachen, sondern Rechtsfolge des hypothetischen Klagegrundes (vgl. bei BLEY, a. a. O., S. 42; WEISMANN, Feststellungsklage, S. 159 Anm. 6). Man sieht, das im Text angesprochene Unbehagen ist vollauf berechtigt. Noli me tangere!

teils in anderem Zusammenhang, von vielen[253] nicht zu Unrecht beklagt worden ist[254]. Die trotz aller Systematik wohl unvermeidliche Allgemeinheit des Kriteriums des Interesses (in persönlicher, prozessualer etc. Hinsicht) braucht indes nicht notwendig dazu zu führen, daß sich der Interessebegriff zu allumfassender und damit rechtlich unbrauchbarer Weite — m. a. W. zu begrifflicher Verschwommenheit und Unbestimmtheit mit der gerade zu vermeidenden Folge höchster Rechtsunsicherheit — verflüchtigt. Dies zu verhindern, ist Aufgabe der Typisierung bestimmter prozessualer Verhaltensweisen zu allgemeinen Erscheinungsformen mangelnden RSchB! Ist das jedoch zu einem wesentlichen Teil gelungen, so sollte der Interessebegriff ohne weitere rechtliche Bedenken verwendet werden. Denn dann ist dies Kriterium von generalklauselartiger Weite mit allgemein anerkannten Strukturelementen durchzogen, die feste Gedankeninhalte bei Verwendung des Interessebegriffs vermitteln und sein zweifellos unerwünschtes Ausufern verhindern. Schließlich ist darauf hinzuweisen, daß es kein rechtliches Einzelinteresse gibt, das nicht in Beziehung zum Gemeininteresse stünde[255]. Nicht erforderlich ist dagegen ein Interesse, das nach objektivem Urteil „als auf die Erfüllung des Prozeßzwecks gerichtet erscheint"[256] oder „den Schluß auf die Bewährung des objektiven Rechts zuläßt"[257]. Denn eine derartige Interpretation kann nur unter der jedenfalls für den Zivil- und Verwaltungsprozeß abzulehnenden[258] Voraussetzung aufrecht erhalten werden, daß der Prozeßzweck unter völliger Außerachtlassung jeglicher Rechtsschutzfunktion allein objektiv gefaßt wird.

---

[254] Henckel, Parteilehre und Streitgegenstand, S. 38 sub 3 a, hält die Verbindung des Gesichtspunkts des Interesses mit dem RSchB sogar für „gefährlich", ohne allerdings eine nähere Begründung dafür zu geben. — Die allgemein bei Henckel festzustellende Zurückhaltung gegenüber unserem Untersuchungsgegenstand beruht darauf, daß nach ihm (a. a. O., S. 38/39) im RSchB „der letzte sachliche Gehalt des Rechtsschutzanspruches . . . fortlebt".

[255] G. Jellinek, System der subjektiven öffentlichen Rechte, S. 53 oben. Vgl. auch oben § 4 B II 4 c, S. 50.

[256] So jedoch Sauer, Grundlagen des Prozeßrechts, § 28 I 2 a, S. 527 a. E.

[257] Sauer, a. a. O., § 28 I 2 a, S. 528 Mitte, dem Schönke, Rechtsschutzbedürfnis, S. 22 a. E. = StJSchP, ZPO, Einl. D III vor 1, S. 20, wörtlich gefolgt ist. Vgl. auch die folgende Anmerkung.

[258] Vgl. oben Erster Teil, II. Kapitel, § 3 B II, S. 25 Anm. 103. — Noch krasser Sauer, Allgemeine Prozeßrechtslehre, § 1 II 2, S. 7 bei Anm. 5, wonach es überhaupt nicht (Haupt-)Aufgabe des Richters sei, den Parteien Schutz zu gewähren, sondern das Recht zu verwirklichen, unter dessen Schutz alsdann die Parteien leben. Dieser Grundauffassung kann nicht gefolgt werden. Der Gedanke des Rechtsschutzes ist ein wesentliches Element für die Bestimmung des Prozeßzweckes! — Vgl. auch die Nachweise in Anm. 256 und 257.

Abzulehnen ist auch die häufig anzutreffende Formulierung, das RSchB liege vor, wenn der Verfahrensführer ein Interesse an dem von ihm erstrebten Urteil hat[259]. Damit ist nämlich in der Sache nichts ausgesagt, da völlig offen bleibt, worauf sich das Interesse materiell richten muß[260]. Vielmehr schließt das Interesse am gerichtlichen Rechtsschutz das angebliche Interesse an der Klageerhebung ein, so daß nur nach dem Grunde des ersteren zu fragen ist.

Nach alledem kann nunmehr der Begriff des RSchB folgendermaßen präzisiert werden:

> Das für jedes Rechtsschutzbegehren geforderte RSchB ist gegeben, wenn die in einer bestimmten Verfahrensart verlangte gerichtliche Rechtsschutzhandlung bei objektiver Würdigung aller die Sach- und Prozeßrechtslage kennzeichnenden konkreten Umstände geeignet ist, dem Verfahrensführer über eine bestehende oder zu besorgende Beeinträchtigung seiner Rechts- oder zumindest Interessenlage[261] gerade in dieser Verfahrensart hinwegzuhelfen[262],
>
> oder, mehr formal:
>
> wenn die mit der betreffenden Rechtsschutzhandlung verfolgten Parteiinteressen nach objektivem prozeßrechtlichen Werturteil des begehrten Rechtsschutzes fähig, bedürftig und würdig erscheinen[263],

---

[259] So noch heute StJSchP, ZPO, Bem. IV 2 vor § 253, S. 11; Schönke-Schröder-Niese, Zivilprozeßrecht, § 44 III 5b, S. 203 („Interesse gerade an der Feststellung"); auch Eckelmann, Rechtsschutzbedürfnis im Erkenntnisverfahren, § 5, S. 50 und § 7, S. 57 Mitte (vgl. aber dagegen § 8, S. 69); Neuner, Privatrecht und Prozeßrecht, § 8, S. 64 g. E. (RSchI = „Interesse an der Klagerhebung im Gegensatz zu anderen Möglichkeiten der Rechtsausübung"; diese Begriffsbestimmung ist außerdem auf jeden Fall erheblich zu eng!); sowie Hellwig, System I, § 101 I, S. 256; Lehrbuch I, § 23 III 5, S. 160; Lehrbuch II, § 66, 22a ε, S. 17 („Interesse an der Erlangung des bestimmten Urteils" und „genügender Grund für die Gewährung der Verurteilung, Feststellung oder Rechtsgestaltung"); auch Wach, Feststellungsanspruch, S. 54: „An ihnen (sc. den Rechtskraftwirkungen) ist das ‚rechtliche Interesse' zu messen. Nicht . . . etwa . . . an . . . dem rechtlichen Nutzen des Urteils, welcher nicht im Bereiche . . . der Rechtskraft liegt." Treffend dagegen Kuttner, Nebenwirkungen der Zivilurteile, § 13, S. 152f.

[260] Klar erkannt bei Sauer, Grundlagen des Prozeßrechts, § 28 I 2a, S. 528 a. E. („geradezu nichtssagend"); vgl. auch Eckelmann, a. a. O., § 8, S. 69 a. E., sowie Kuttner, a. a. O., § 13, S. 145, 147, 148 und bes. 149f. (auch die erstrebte bloße Nebenwirkung eines Urteils bilde i. d. R. ein genügendes RSchI).

[261] Gedacht wird hierbei z. B. an die Möglichkeit der *negativen* Feststellungsklage, wo es gerade um die Feststellung des *Nicht*bestehens eines materiell-rechtlichen Rechtsverhältnisses geht.

[262] In Anlehnung an Stein, Voraussetzungen des Rechtsschutzes, § 7, S. 67, und Wach, Rechtsschutzanspruch, ZZP 32, 30.

[263] In Anlehnung an eine in bezug auf das Feststellungsinteresse nach § 256 ZPO gewählte treffende Formulierung in RGZ 71, 73. Vgl. auch

oder, negativ gewendet:
wenn keiner der erarbeiteten Ausnahmetatbestände[264], die allein das RSchB ausschließen könnten, nach objektivem Urteil vorliegt.

Der allgemeine Begriff des RSchB[265] mußte bei aller Bemühung um verstärkte Systematisierung — dem Gegenstand entsprechend — nach manchen Seiten notwendig offen bleiben. Doch dürften die typisierten Erscheinungsformen seines Fehlens bereits bei dem jetzigen Entwicklungsstand gewährleisten, daß das Erfordernis des RSchB nicht mehr grundlegend in Widerstreit zu den Rechtswerten der Rechtssicherheit und der Berechenbarkeit der Rechtsdurchsetzung, auf die jedes Verfahrensrecht ausgerichtet sein muß, treten kann. Offen mußten die bisherigen allgemeinen Darlegungen auch in dem Sinne bleiben, daß das RSchB als ein letztes Regulativ des Prozeßrechts[266] auch für zukünftige Entwicklungen verwendbar bleiben muß. So ist insbesondere auf seine heuristische Bedeutung für den Prozeßgesetzgeber hinzuweisen[267].

E. Abgrenzung zu verwandten Begriffen

Es ist im Rahmen dieses Paragraphen sowie im Anschluß an bereits früher[268] abgelehnte Typisierungen fehlenden RSchB schließlich aus Gründen der dogmatischen Sauberkeit geboten, kurz auf verwandte prozessuale Erscheinungen einzugehen, die — tatsächlich oder irrtümlich — mit dem Institut des RSchB in Zusammenhang stehen oder gebracht werden. Als solche kommen vor allem in Betracht: Beschwer, prozessuale Überholung, Erledigtsein, Gegenstandsloswerden, Verwirkung von Prozeßbefugnissen, Treu und Glauben.

I. Rechtsschutzbedürfnis und Beschwer

Das Erfordernis der sog. *Beschwer* ist — neben der Statthaftigkeit, der Wahrung von Frist und Form und den allgemeinen Sachentscheidungsvoraussetzungen — Zulässigkeitsvoraussetzung eines jeden

---

RGZ 160, 204 (214); SYDOW-BUSCH, ZPO, Vorbem. 1 vor § 253; WACH, Feststellungsanspruch, S. 52.

[264] S. o. Erster Teil, II. Kapitel, § 4 B II, S. 32—51.

[265] Da es wohl richtig ist, daß „eine Definition nur dann Wert hat, wenn der in ihr zum Ausdruck kommende prinzipielle Gesichtspunkt die einzelnen Rechtssätze einheitlich so zusammenfaßt, daß letztere dann als Ableitungen aus der Definition erscheinen" (HELLWIG, Klagrecht und Klagmöglichkeit, § 10 III, S. 84), ist hier von dem Versuch einer „Definition" zugunsten bloßer „Begriffsbestimmung" Abstand genommen worden.

[266] S. o. Erster Teil, II. Kapitel, § 3 B II, S. 24.

[267] So für den Rechtsschutzanspruch SCHMIDT, Prozeß und staatsbürgerliche Rechte, S. 28 vor IV, 38 f., 40.

[268] S. o. Erster Teil, II. Kapitel, § 4 B III, S. 51—53.

Rechtsmittels[269, 270]. Es handelt sich um einen allgemein anerkannten Prozeßrechtsgrundsatz[271], bei dem jedoch u. a. streitig ist, ob das Vorliegen der Beschwer durch Vergleich zwischen Antrag und Entscheidung (sog. formelle Beschwer) oder durch Vergleich der Rechtslage des Rechtsmittelführers vor und nach der Entscheidung (sog. materielle Beschwer) zu ermitteln ist[272].

Auf die Frage nach der die Notwendigkeit der Beschwer tragenden inneren Begründung wird in der Literatur entweder keine oder nur unzulängliche Antwort gegeben[273]. So ist z. B. gesagt worden, das

---

[269] Einen kurzen Überblick über die geschichtliche Entwicklung des Begriffs der Beschwer im Zusammenhang mit der Zulässigkeit von Rechtsmitteln gibt BAUR, Zur „Beschwer" im Rechtsmittelverfahren des Zivilprozesses, Festschrift für Lent, S. 2/3 sub II 1, mit Nachweisen. — Gegen die Beschwer in jüngerer Zeit — soweit ersichtlich — allein BLEY, Klagrecht und rechtliches Interesse, § 6 IV, S. 45 ff., bes. S. 47 (bei und in Anm. 2), der die Zulässigkeit der Rechtsmittel zu einseitig unter dem Gesichtspunkt seines rechtlichen Interesses behandelt, das „nicht zu den generellen Zulässigkeitserfordernissen der Beschwer verallgemeinert" werden dürfe. Daraus wird dann z. B. die allgemein abgelehnte Folgerung gezogen, es müsse „als genügendes Interesse angesehen werden", wenn der Kläger nur zur Erweiterung seines Klagantrages Berufung einlege. — Gegen die selbständige Zulässigkeitsbegrenzung der Rechtsmittel durch das rechtliche Interesse bereits DEGENKOLB, Einlassungszwang und Urteilsnorm, § 8, S. 51 a. E.; vgl. auch WEISMANN, Feststellungsklage, § 9, S. 160 dritter Absatz.

[270] BETTERMANN, Klagebefugnis und Aktivlegitimation im Anfechtungsprozeß, in: Staatsbürger und Staatsgewalt, Bd. II, S. 458 a. E., hat sich in eingehender Analyse jüngst mit Nachdruck dafür eingesetzt, das Vorhandensein einer Beschwer „für alle Arten und Formen von Rechtsmitteln und Rechtsbehelfen gegen alle Arten von *Entscheidungen*" zu fordern, da die Beschwer „keine spezifische Rechtsmittel-Voraussetzung" sei, sondern „allen Formen von Rechtsschutz gegen Entscheidungen" eigne (S. 460 sub 3 a; Hervorhebung vom Verf.).

[271] BVerfGE 8, 222 (224 a. E.); BAUR, a. a. O., S. 15.

[272] Nachweise über die uneinheitliche Rechtsprechung und die Literatur bei BAUR, a. a. O., S. 1 ff.; BETTERMANN, a. a. O., S. 460 Anm. 22; BLOMEYER, Zivilprozeßrecht, § 97 II 1, S. 514 f.; vgl. ferner neuerdings BGH, in NJW 1963, 1353 (1354 l. Sp. Mitte); 1965, 441 (r. Sp.); BVerwG, in: DÖV 1965, 64; BGH, in: JZ 1965, 185 m. abl. Anm. von Baur. — Die Frage kann im Rahmen dieser Arbeit nicht behandelt werden. Um die mit der Beschwer zusammenhängenden Probleme einer Lösung näher zu bringen, bedarf es einer selbständigen gründlichen Untersuchung.

[273] BAUR, a. a. O., S. 6 ff., 15, ist einer der wenigen, der sich hier um eine fundierte Untersuchung verdient gemacht hat. Er sieht (S. 15) die innere Rechtfertigung für das Erfordernis der Beschwer „in dem ‚Allgemeininteresse' an der raschen Wiederherstellung des Rechtsfriedens, in der ‚Selbsthilfe' der Rechtspflege gegenüber uferloser Ausweitung der Rechtsmittel und in der vom Gegner durch den Spruch des (Instanz-)Gerichts erlangten Rechtsposition".

Erfordernis der Beschwer ergebe sich bereits aus dem Begriff des Rechtsmittels[274] oder sei in den Prozeßordnungen, die es nicht ausdrücklich kennen, selbstverständlich vorausgesetzt[275]. Mehr auf das Materielle zielende Deutungsversuche erklären die Beschwer — und damit wird der Begriff in unserem Zusammenhang interessant — zu einem „eigentümlichen Rechtsschutzbedürfnis"[276], zu einem „besonders qualifizierten Rechtsschutzbedürfnis"[277], zu einem Teil oder Ausschnitt des RSchB „für die höhere Instanz"[278], als ein Erfordernis, in dem das RSchB des Rechtsmittelführers „seinen Ausdruck" finde[279], als „dem Wesen nach dem RSchB entsprechend"[280], als „eine Erscheinungsform des Rechtsschutzbedürfnisses"[281], als im Rechtsmittelbereich mit dem RSchB „identisch"[282]. Die uneinheitliche Rechtsprechung ist in jüngerer Zeit häufig davon ausgegangen, daß das RSchB als allgemeine Sach-

---

[274] Vgl. DE BOOR, Rechtsstreit, § 31 II 6, S. 180; STEIN-JUNCKER, Grundriß des Zivilprozeßrechts, S. 304 f.; WALSMANN, Anschlußberufung, S. 46 f.; RGZ 13, 390 (392).

[275] So etwa WACH, Vorträge über die Reichs-Civilprozeßordnung, S. 262 Anm. *).

[276] So GOLDSCHMIDT, Zivilprozeßrecht, S. 212; BERNHARDT, Grundriß des Zivilprozeßrechts, § 45 III 1, S. 149.

[277] So BAUR, Freiwillige Gerichtsbarkeit, 1. Buch, § 29 III 3, S. 325 Mitte.

[278] So THOMAS-PUTZO, ZPO, Vorbem. IV 2a vor § 511 und § 576 Anm. g).

[279] So ROSENBERG, Zivilprozeßrecht, § 134 II 1 a, S. 659 a. E.; wohl auch BGH — Urt. v. 20. 3. 1963, IV ZR 147/62 —, in: NJW 1963, 1353 (1354 l. Sp.).

[280] So BAUMGÄRTEL, Verwirkung prozessualer Befugnisse, ZZP 67, 429.

[281] So BETTERMANN, a. a. O., S. 458 a. E., S. 460 vorletzter Absatz; wohl auch GRUNSKY, Rechtskraft von Entscheidungsgründen und Beschwer, ZZP 76, 182 sub 6, der die Beschwer als „Sonderfall" des RSchB bezeichnet.

[282] So SCHÖNKE, Rechtsschutzbedürfnis, S. 52/53; STJSCHP, ZPO, Einl. II 1 a vor § 511, dem sich BAGE 3, 265 angeschlossen hat; auch STJSCHP, a. a. O., § 511 A. II, S. 1 a. E. (RSchB „in Gestalt einer Beschwer"); ECKELMANN, Rechtsschutzbedürfnis im Erkenntnisverfahren, S. 72/73 („rechtliches Interesse in Gestalt der Beschwer"); BVerfGE 10, 148, 149 (Beschwer = „das besondere Rechtsschutzinteresse für das Rechtsmittel"), dem BACHOF, Verfassungsrecht usw., S. 181 sub II, gefolgt ist; BARING, Prozeßvoraussetzungen im Verwaltungsstreit, AöR 76, 459 a. E. („. . . hier wird es [sc. das RSchB] regelmäßig mit dem Stichwort ‚Beschwer' bezeichnet: Wer nicht beschwert ist, kann kein Interesse an der Aufhebung der von ihm angefochtenen Entscheidung, mithin kein Rechtsschutzbedürfnis geltend machen."); LÜKE, AöR 84, 188 Anm. 10. Neuerdings auch BVerwG, in: DÖV 1965, 64 („RSchI in der besonderen, dem Rechtsmittel angepaßten Form"), das die Nichtzulassungsbeschwerde wegen fehlenden RSchB (?) verwarf, weil der Beschwerdeführer nicht beschwert (!) war. Vgl. zu letzterem jüngst auch kritisch BACHOF, JZ 1966, 303 vor Nr. 171.

entscheidungsvoraussetzung „natürlich auch für jedes Rechtsmittel“[283] vorhanden sein müsse, wo es dann neben[284] dem Erfordernis der Beschwer zu prüfen sei. Dabei ist das Verhältnis beider Begriffe zueinander wohl so gesehen worden, daß an der Beseitigung einer als gegeben erkannten Beschwer ein RSchB bestehen müsse; fehle das RSchB für die Beseitigung einer solchen Beschwer, so fehle es für dieses Rechtsmittel überhaupt[285].

Das Verhältnis von Beschwer und RSchB — der Grad gegenseitiger Abhängigkeit und die Art etwaiger funktionaler Verwandtschaft[286] — kann im Rahmen dieser Arbeit indes nicht abschließend erörtert werden; hierzu fehlt eine klärende und umfassende Einzeluntersuchung der Lehre von der Beschwer[286a].

Immerhin wird gesagt werden können, daß es nicht richtig ist, daß das Vorhandensein einer Beschwer — sei diese nun nach der formellen oder materiellen Theorie zu bestimmen — immer auch zur Bejahung des RSchB (= Rechtsmittelinteresses = Rechtsmittelschutzbedürfnisses) führen müsse; Beschwer und RSchB sind jedenfalls nicht identisch[286b]. Es kann nämlich ein Rechtsmittel das Erfordernis der Beschwer zwar erfüllen und dennoch das Vorliegen von besonderen, allerdings seltenen Umständen dazu zwingen, das RSchB an der Durchsetzung eines das Erfordernis der Beschwer erfüllenden Rechtsmittels auf Grund einer der typisierten Erscheinungsformen seines Mangels zu verneinen[287]! Es ist hierbei ganz ähnlich wie bei der Klage auf fällige Leistung, wo das Erkennen der Notwendigkeit des Erfordernisses des RSchB dadurch ebenfalls erschwert wird, daß es auf

---

[283] Vgl. RGZ 160, 204 (109/10); BAG, AP § 322 ZPO Nr. 1; BGH, LM § 511 ZPO Nr. 6; BGH, NJW 1958, 995 (996); OLG Hamm, JMBlNRW 1963, 156 Nr. 2; dahingestellt gelassen von BGH, LM § 21 VAG Nr. 2.

[284] So wohl auch Baumbach-Lauterbach, ZPO, § 511 A. 2 C c); Baur, a. a. O., S. 6 oben; a. A. wohl BVerwG, a. a. O.

[285] So wohl RGZ 160, 204 (213). Im Gegensatz hierzu heißt es allerdings auf S. 214 oben, in dem Umfange, wie das Vorliegen des RSchB verneint werde, fehle es eben an der Beschwer. Noch anders BGHZ 24, 369 (370), wo es heißt, es fehle „für die Verfolgung eines Rechtsmittels an einem Rechtsschutzbedürfnis, wenn der Rechtsmittelkläger durch die Entscheidung, die er anfechten will, nicht beschwert ist“; so auch BVerwG, in: DÖV 1965, 64.

[286] Vgl. die Deutung der Beschwer durch Baur in Anm. 273 sowie oben Erster Teil, II. Kapitel, § 3 B II, S. 21—26, und § 4 D, S. 56—63.

[286a] Einen Anfang hiermit hat jüngst G. Stich, Die Beschwer im Verwaltungsprozeß, Diss. München 1963, gemacht (vgl. insbes. S. 18, 50 a. E.).

[286b] Zu diesem Ergebnis ist auch G. Stich, a. a. O., S. 52, gelangt.

[287] Das ist — soweit ersichtlich — bisher nur von Blomeyer, Zivilprozeßrecht, § 97 II 4, S. 517, erörtert worden, der ein von Bettermann stammendes (vgl. Blomeyer, a. a. O., Anm. 2) Beispiel anführt. Vgl. jüngst auch Bachof, JZ 1966, 303 vor Nr. 171.

Grund der Nichtbefriedigung des Anspruches in der Regel von selbst gegeben sein wird. Entsprechend verhält es sich bei der Beschwer und dem Rechtsmittelinteresse, das ohne Beschwerung immer fehlt[288], bei gegebener Beschwer jedoch nur in der Regel vorliegen wird.

Als Beispiel kann auf den jüngst mehrfach erörterten Fall hingewiesen werden, daß sich die Hauptsache *nach* Verkündung der abweisenden erstinstanzlichen Entscheidung, aber *vor* Einlegung eines Rechtsmittels insbes. durch Klaglosstellung erledigt. Hier ist der unterlegene Kläger ohne Zweifel (materiell und formell) beschwert, für sein Rechtsmittel fehlt ihm jedoch in aller Regel das RSchB, da er nur noch eine Besserstellung in der Kostenfrage erreichen könnte[289], und *deshalb* ist es als unzulässig zu verwerfen[290]. — Ein weiteres Beispiel[291] ist ein Fall, den der *Bundesgerichtshof*[292] zu entscheiden hatte. Der Rechtsmittelkläger, der Verurteilung des Beklagten beantragt hatte, war von den Vorinstanzen wegen Fehlens des allgemeinen RSchB abgewiesen worden. Auch hier war — wenn man mit dem BGH[292a] für den Kläger eine bloß formelle Beschwer für erforderlich, aber auch ausreichend hält[292b] — damit seine Beschwer gegeben[292c], und es war die Revision nicht wegen mangelnder Beschwer, sondern wegen Fehlens des RSchB zu verwerfen, da der Rechtsmittelführer lediglich eine Abweisung wegen Unzulässigkeit des Rechtswegs anstrebte und hieran in der Tat kein schutzwürdiges Interesse besteht, da die Rechtskraft der erstrebten Entscheidung hier im wesentlichen ebenso wirkt wie bei der angegriffenen.

---

[288] Ebenso BLOMEYER, a. a. O., wenn er die Beschwer als Voraussetzung des RSchB bezeichnet; vgl. auch OLG Bremen, in: NJW 1964, 259 (widersprüchlich).

[289] Vgl. § 99 ZPO.

[290] Ähnlich DONAU, Die Erledigung der Hauptsache vor Einlegung eines Rechtsmittels, ZZP 67, 19, m. w. N. auf die gegenteilige herrschende Lehre.

[291] Dies ist von BAUR, a. a. O., S. 6 Anm. 19, 14 vor IV, 16 sub IV, zutreffend herausgestellt worden. Vgl. auch HABSCHEID, Die Rechtsnatur der Erledigung der Hauptsache, Festschrift für Lent, S. 162 vor c).

[292] BGH, LM § 511 ZPO Nr. 6.

[292a] Vgl. die Angaben oben S. 64 Anm. 272.

[292b] Anders allerdings, wenn man das Erfordernis einer materiellen Beschwer zugrunde legt. Denn daß die Klage mangels RSchB statt wegen Unzulässigkeit des ordentlichen Rechtsweges abgewiesen wurde, beschwerte den Rechtsmittelkläger dann nicht.

[292c] Dieser Fall ist streng von denen zu scheiden, bei denen sich der Rechtsmittelführer allein durch die Ausführungen in den Gründen einer Entscheidung (faktisch) belastet fühlt. In diesen — fraglos häufigeren — Fällen fehlt es an der Beschwer, da ihm der rechtskraftfähige Teil der Entscheidung alles gewährt, was er verlangt hat (so die h. M.; vgl. BVerfGE 8, 222, 224/5 m. w. N.; kritisch hierzu mit beachtlichen Ausführungen GRUNSKY, Rechtskraft von Entscheidungsgründen und Beschwer, ZZP 76, 165 ff.). Vgl. auch BVerwG, NJW 1959, 1985 Nr. 27.

Sind Beschwer und RSchB (= Rechtsmittelinteresse) mithin nicht identisch, so kann folgende Abgrenzung beider Institute versucht werden: Zwar ist der Begriff der Beschwer dem RSchB funktional[292d] verwandt, weshalb man die erstere als *Ausfluß*[292e] der Erforderlichkeit des letzteren bezeichnen mag, doch ist er weder ein Teil desselben noch gar mit diesem identisch. Vielmehr sind Beschwer und RSchB (= Rechtsmittelinteresse) zwei *voneinander unabhängige*[292f] und in der aufgeführten Reihenfolge[292g] zu prüfende Zulässigkeitsvoraussetzungen der Rechtsmittel, deren Fehlen zur Rechtsmittelverwerfung *entweder* wegen mangelnder Beschwer *oder* mangelnden RSchB führt[292h].

II. Rechtsschutzbedürfnis und prozessuale Überholung

Nach Auffassung *Schönkes*[293] fehlt es an dem Erfordernis der *Gegenwärtigkeit des RSchB*, wenn eine sog. „prozessuale Überholung" eingetreten ist, d. h. wenn das Verfahren sich bereits in einer Lage befindet, welche für die nunmehrige Vornahme der in Frage stehenden Prozeßhandlung keinen Raum mehr bietet. Nach *Baumgärtel*[294] soll es sogar der *„selbständige"* Gesichtspunkt der prozessualen Überholung sein, der in derartigen Fällen die Unzulässigkeit der betreffenden Prozeßhandlung herbeiführt.

[292d] Vgl. die Deutung der Beschwer durch BAUR in Anm. 272 sowie oben Erster Teil, II. Kapitel, § 3 B II, S. 21—26, und § 4 D, S. 56—63.

[292e] BGH, NJW 1958, 995 (996 r. Sp. oben).

[292f] So wohl auch BAUMBACH-LAUTERBACH, ZPO, § 511 A. 2 C c); BGH, a. a. O.; OLG Hamm, a. a. O. (Anm. 283); BAUR, Festschrift für Lent, S. 6.

[292g] BGH, a. a. O., läßt allerdings die Entscheidung über das Vorliegen der Beschwer dahingestellt und verwirft das Rechtsmittel wegen jedenfalls fehlenden RSchB.

[292h] Es ist daher unrichtig, wenn es in BGHZ 24, 369 (370) heißt, es fehle „für die Verfolgung eines Rechtsmittels an einem Rechtsschutzbedürfnis, wenn der Rechtsmittelkläger durch die Entscheidung, die er anfechten will, nicht beschwert ist". Wenn der Rechtsmittelführer nicht beschwert ist, ist vielmehr Rechtsmittelverwerfung wegen mangelnder *Beschwer, nicht* dagegen wegen fehlenden *RSchB* geboten! Der BGH kann sich für seine Auffassung auch nicht auf die „feststehende Rechtsprechung des Reichsgerichts" berufen.

[293] Rechtsschutzbedürfnis, A IV 4 c, S. 37; B VII 6, S. 63 ff. = STJSCHP, ZPO, Einl. D III 4 c vor § 1; vgl. auch § 511 A. II, S. 2 oben („die Beschwer kann durch ‚prozessuale Überholung' entfallen") und § 575 A. I 2 (Gegenstandsloswerden = prozessuale Überholung).

[294] Treu und Glauben usw. im Erkenntnisverfahren, ZZP 69, 121 oben; auch schon in: Verwirkung prozessualer Befugnisse, ZZP 67, 435 sub 4. Ebenso im Grunde auch GOLDSCHMIDT, Prozeß als Rechtslage, S. 310 bei und in Anm. 1604 a, S. 321 bei Anm. 1657, S. 337 bei Anm. 1714 a, S. 345 bei und in Anm. 1756—1758, S. 467 bei Anm. 2473 b, S. 520; ders., Zivil-

Die Figur der „prozessualen Überholung“ geht auf *v. Kries*[295] zurück, der damit jene im Prozeßrecht häufig anzutreffende Erscheinung bezeichnen wollte, daß die Zulässigkeit von Prozeßhandlungen von einem bestimmten, durch einen Verfahrensvorgang gekennzeichneten Zeitpunkt an nicht mehr anerkannt wird oder anerkannt werden darf. Der konkrete Bezug — die strafprozessuale Wiedereinsetzung in den vorigen Stand — wies von vornherein darauf hin, daß es hier in erster Linie um die durch die fortschreitende Entwicklung und die dabei eintretende Endgültigkeit (Unverrückbarkeit[296]) der jeweiligen Prozeßlage bedingte *Verpassung* von Möglichkeiten oder *Versäumung* von prozessualen Lasten[297] geht. Damit wird zunächst einmal klar, daß der Schwerpunkt[297a] der Bedeutung der sog. prozessualen Überholung eigentlich im Strafprozeß[297b] liegen müßte, der „sich in fest voneinander geschiedenen Lagen fortentwickelt und wo jeder Eintritt in eine neue Lage präklusivische Wirkungen äußert“[298], zum anderen wird verständlich, warum der Begriff der prozessualen Überholung bisher als anerkanntes und in seiner Funktion gesichertes Institut in die (Zivil-)

---

prozeßrecht (1. Aufl., 1929), § 36 Nr. 1, S. 75; § 51 Nr. 6, S. 115; § 64 Nr. 4 a, S. 160; § 66 Nr. 3, S. 165; § 67 Nr. 3, S. 167 a. E. (hier jedoch irrigerweise mit der Folge der „Unbegründetheit“!); sowie SIEGERT, Prozeßhandlungen — ihr Widerruf und ihre Nachholung, S. 101/2, 168 f., 177 a. E., und NIESE, Doppelfunktionelle Prozeßhandlungen, S. 67 a. E.

[295] Lehrbuch des Deutschen Strafprozeßrechts (1892), § 57 I, S. 459 und § 77 III, S. 698/99. GOLDSCHMIDT, a. a. O., S. 520 oben, bemerkt allerdings, daß die „prozessuale Überholung“ auch dem gemeinen Zivilprozeß, wenn auch mit anderer Bedeutung, bekannt gewesen sei. — Vgl. bereits oben Erster Teil, II. Kapitel, § 4 B II 3, S. 40 bei und in Anm. 151.

[296] KOHLER, Prozeß als Rechtsverhältnis, S. 63 ff. (insbes. S. 64).

[297] Wie z. B. Einlassungs-, Erklärungs-, Substantiierungs-, Beweis-, Eides-, Kostenvorschuß-, Informations-, Prozeßführungslast.

[297a] Zwar eignet auch dem Zivilprozeß ein gewisser Entwicklungscharakter (hierzu die Nachweise in Anm. 296, 298 und jüngst ausführlich NAKANO, Das Prozeßrechtsverhältnis, ZZP 79, 101 ff.), auch kennt er durchaus ebenfalls „unverrückbare Situationen“ (vgl. ROSENBERG, Zivilprozeßrecht, § 76 III 3, S. 345/6). Dagegen sind hier Zeitpunkt des Eintritts und vor allem Folgen der Versäumung regelmäßig *ausdrücklich geregelt* (z. B.: §§ 39, 43, 85 Satz 2, 90 Abs. 2, 274 Abs. 1 und 3, 269 ZPO; 101 Abs. 2 GVG), so daß es beim Begriff der Versäumung sein Bewenden haben kann und m. E. auch sollte. — Interessanterweise betreffen auch zwei der drei Entscheidungen des BVerfG, die die „prozessuale Überholung“ erwähnen (E 9, 89, 93; 9, 160, 161), Fälle aus dem Strafprozeß.

[297b] Vgl. STEPHAN, Rechtsschutzbedürfnis auch im Strafprozeß?, in: NJW 1966, 2394 f.

[298] GOLDSCHMIDT, a. a. O., S. 520, unter (näher begründetem) Hinweis auf §§ 16, 18, 25, 156, 217 Abs. 2, 246 Abs. 2 und 3 StPO; ebenso SIEGERT, Prozeßhandlungen, S. 168 sub 2.

Prozeßrechtsdogmatik keinen Eingang gefunden hat[299]: Die Fälle der Versäumung sind mit ihren Folgen in einer Vielzahl von Vorschriften[300] ausdrücklich geregelt, so daß es zwar sicherlich „anschaulich"[301] ist, sie unter dem Gesichtspunkt sog. prozessualer Überholung zusammenzufassen, dies jedoch letztlich auf die Erreichung eines bloßen *darstellerischen*[302] Gewinns beschränkt bleibt.

Damit ist unsere Stellungnahme zur Frage des Verhältnisses von RSchB und sog. prozessualer Überholung bereits entscheidend vorbereitet: Daß die sog. prozessuale Überholung ein selbständiger Unzulässigkeitsgrund sei, sollte nicht angenommen werden, da hierfür neben den gesetzlichen Versäumungsvorschriften und den Sachentscheidungsvoraussetzungen[302a] ein Bedürfnis nicht anzuerkennen ist[303]. In ihr kann daher kein technisch-prozessualer Begriff, sondern nur ein deskriptives Wort gesehen werden[304]. Dennoch besteht kein Zwang, jegliche Beziehung (insbesondere zum Gegenwärtigkeits-) Erfordernis des RSchB zu leugnen. Es läßt sich keineswegs die Denkbarkeit von — allerdings sicher seltenen — Fällen ausschließen, bei denen z. B.

---

[299] GOLDSCHMIDT, a. a. O., S. 345 Anm. 1758, hat dies bereits 1925 ausdrücklich bedauert. — Außer bei SCHÖNKE (Anm. 293) und BAUMGÄRTEL (Anm. 294) wird der Ausdruck — soweit ersichtlich — in der Literatur heute fast nur beiläufig benutzt; vgl. ROSENBERG, a. a. O., § 76 III 3 a. E., S. 346 und § 57 II, S. 264; BLOMEYER, Zivilprozeßrecht, § 26 I 1, S. 111, § 30 IX 2, S. 149, § 125 III, S. 713; THOMAS-PUTZO, ZPO, § 574 A. g); POHLE, Festschrift für Lent, S. 231 f. sub e) (Stellungnahme gegen SCHÖNKE, a. a. O.) und BRUNS, Zur Struktur des Prozesses, Festschrift für Schmidt-Rimpler, S. 244 (allerdings in anderem Sinne). In der Rechtsprechung wird er jedoch vom BVerfG verwendet (vgl. S. 40 Anm. 151, 73).

[300] Vgl. bei ROSENBERG, a. a. O., § 76 III 3, S. 346.

[301] ROSENBERG, a. a. O., § 76 III 3 a. E., S. 346.

[302] POHLE, a. a. O., S. 232 a. E., der „eine noch klarere Abgrenzung" fordert.

[302a] Allerdings ist zu beachten, daß es bei der „prozessualen Überholung" um die Zulässigkeit (bei Erwirkungshandlungen) bzw. die Beachtlichkeit (bei Bewirkungshandlungen) der *einzelnen* Prozeßhandlung geht, während das RSchB Sachentscheidungsvoraussetzung für das gesamte Rechtsschutzgesuch ist. Es besteht also nur eine teilweise Deckung.

[303] POHLE, a. a. O., S. 231 sub e), meint „der Grundsatz der prozessualen Überholung dürfte selten als neuer Unzulässigkeitsgrund in Betracht kommen". — Zur besonderen Situation im Strafprozeß vgl. jedoch STEPHAN, a. a. O.

[304] SCHÖNKE selbst scheint „prozessuale Überholung" und „Gegenstandsloswerden" gleichsetzen zu wollen (STJSCHP, ZPO, § 575 A. I 2; dem folgen THOMAS-PUTZO, ZPO, § 574 A. g); auch § 91 a A. 2 b; vgl. hierzu auch bereits v. KRIES, Strafprozeßrecht, § 77 III, S. 699 oben), obwohl letzteres bereits nach dem Wortsinn eine Frage der Begründetheit bedeutet. Zum „Gegenstandsloswerden" näher unten Erster Teil, II. Kapitel, § 4 E III 2, S. 73—74.

die Versäumung der Vornahme einer Prozeßhandlung bis zu einem bestimmten Entwicklungsstadium eines Verfahrens dazu führt, den Mangel gegenwärtigen Interesses an ihrer Vornahme und damit des RSchB insgesamt anzunehmen. Hierzu zählen jedoch nicht die Fälle, bei denen die zeitgerechte Vornahme der Prozeßhandlung bereits besonders geregelte Zulässigkeitsvoraussetzung derselben ist[305] und erst recht nicht jene, bei denen in Wahrheit ein zunächst begründeter Antrag nachträglich unbegründet geworden ist.

III. Rechtsschutzbedürfnis und Erledigung der Hauptsache sowie Gegenstandsloswerden

1. Erledigung der Hauptsache

Das RSchB ist auch mit der Figur der Erledigung[306] insbesondere der *Erledigung der Hauptsache* in Zusammenhang gebracht worden[307]. Neuestens ist es insbesondere *Müller-Tochtermann*[308] gewesen, der gemeint hat, „man könnte geradezu davon sprechen, daß, wenn der Kläger die Erledigung der Hauptsache zu Recht geltend macht, das Rechtsschutzbedürfnis für seinen ursprünglichen Klageantrag weggefallen ist". Zwar wird dieser Gedanke schließlich von ihm abgelehnt, aber nur deshalb, weil der Kläger es andernfalls in der Hand hätte, „einen ihm unbequem gewordenen Prozeß jederzeit auch gegen den Willen des Beklagten durch eine Erledigungserklärung zu beenden".

Solchen Vermengungstendenzen ist entgegenzutreten: Die Frage nach der Erledigung der Hauptsache (= Erledigung des Streitgegenstandes[309]) ist eine Frage aus dem Kreis der Begründetheit, die ge-

---

[305] Ebenso wohl POHLE, a. a. O., S. 231 sub e).

[306] Die ZPO verwendet den Ausdruck „Erledigung" mit uneinheitlicher Bedeutung an folgenden Stellen: §§ 91 Abs. 1 Satz 1, 98 Satz 2, 99 Abs. 2 Satz 1, 360 Satz 1, 400, 538 Abs. 2, 628, 640 Abs. 1, 927 Abs. 1.

[307] So heißt es etwa bei LANGHEINEKEN, Urteilsspruch, § 10 V C, S. 165 oben, das RSchI (!) werde durch Zahlung der geschuldeten Geldsumme beseitigt, ... gegenstandslos gemacht, erledigt; ähnlich auch in § 4 VII 2b, S. 35. Vgl. auch TIETGEN, Das verwaltungsprozessuale Rechtsschutzbedürfnis, DVBl. 1960, 261 a. E., wo es heißt: „Findet der angefochtene Verwaltungsakt . . . seine Erledigung, so fällt damit das ursprüngliche RSchB des Klägers weg."

[308] Die Erledigung des Rechtsstreits nach Erledigung der Hauptsache, NJW 1958, 1762 l. Sp.

[309] HABSCHEID, Rechtsnatur der Erledigung der Hauptsache, Festschrift für Lent, S. 159f., dem GÖPPINGER, Erledigung des Rechtsstreits in der Hauptsache, S. 16/17, und SCHWAB, Die einseitige Erledigungserklärung, ZZP 72, 128, gefolgt sind.

richtliche Entscheidung über die Erledigung ist *Sachentscheidung*[310]! Das wird deutlich, wenn man bedenkt, daß eine (tatsächlich eingetretene) Erledigung der Hauptsache *allein* eine Beendigung[311] des Verfahrens nicht herbeiführen kann[312, 313]; vielmehr bedarf es bei Aufrechterhaltung des klägerischen Antrags dann noch der Entscheidung zur Sache, d. h. der Klagabweisung wegen nach der Rechtshängigkeit eingetretener Unbegründetheit. Damit und *deswegen* ist jedoch jede Verbindung zum Institut des *RSchB*, das doch gerade Sachentscheidungs-*Voraussetzung* ist, abgeschnitten. Es erübrigt sich daher auch jedes weitere Eingehen auf die vielfältigen und stark diskutierten[314] Zweifelsfragen, die mit der sog. Hauptsacheerledigung zusammenhängen[315]. Soweit bei der Figur des RSchB — insbesondere bei der Prüfung der Gegenwärtigkeit des Interesses — von „Erledigung" oder „Erledigtsein" gesprochen wird, geschieht dies daher untechnisch und nicht als Begriff.

---

[310] StJSchP, ZPO, § 91 a A. I 1, S. 2 oben; Baumbach-Lauterbach, ZPO, § 91 a A. 2, S. 170 g. E.; neuerdings auch BGH, LM Nr. 16 zu § 91 a ZPO. In der Geltendmachung der Hauptsacheerledigung seitens des Klägers kann auch nicht etwa ein Verzicht auf Sachentscheidung gesehen werden; so mit Recht Müller-Tochtermann, a. a. O., S. 1762 r. Sp. dritter Abs. mit näherer Begründung und Literaturangaben. Jüngst Schumann, JuS 1966, 26 (27 sub 3 b) mit Angaben über den Streitstand.

[311] Rosenberg, Zivilprozeßrecht, § 126 I 1 c α, S. 615, führt die „Erledigung des Rechtsstreits oder der Hauptsache" ausdrücklich als einen der Fälle der Verfahrensbeendigung auf. Ebenso Müller-Tochtermann, a. a. O., S. 1761 l. Sp. a. E. und S. 1763 l. Sp. a. E.; Pohle, Festschrift für Maridakis, S. 451 f.; dagegen Göppinger, Erledigung des Rechtsstreits, S. 81; Zuck, DöV 1965, 839 Anm. 41.

[312] § 91 a ZPO: „Haben die *Parteien* ... für erledigt erklärt, ...".

[313] Anders, wenn besondere Vorschriften die richterliche Erklärung der Erledigung des Rechtsstreits anordnen (auch gegen den Willen beider Parteien). Vgl. §§ 628, 640 Abs. 1 ZPO, die als Ausnahmevorschriften die Regel beweisen.

[314] Vgl. zuletzt Deubner/Blomeyer, Grundprobleme der Erledigung der Hauptsache, JuS 1962, 205 ff., m. w. N.

[315] Auch kann es hier nicht unsere Aufgabe sein, die Klärung der — bisher nicht hinreichend durchleuchteten — Frage voranzutreiben, ob es im Verfassungsprozeß — wenn überhaupt, in welchem Verfahren — eine „Erledigung der Hauptsache" gibt. Vgl. hierzu Friesenhahn, Verfassungsgerichtsbarkeit, S. 102 sub 10. Müller-Tochtermann, a. a. O., NJW 1958, 1762 Anm. 6 meint ganz allgemein, der Grundgedanke des § 91 a ZPO gelte „in allen vom Streit abhängigen gerichtlichen Verfahren". Hierzu jüngst Zuck, Die Erledigung des Rechtsstreits im Vb-Verfahren, ZZP 78, 323 ff., der die Vermengung der Hauptsacheerledigung mit dem von ihm sog. „objektiven" (?) RSchI ablehnt (343 a. E.).

2. Gegenstandsloswerden

Nach *Schönke* soll es am RSchB z. B. für die Ergreifung eines Rechtsmittels fehlen, „wenn eine Entscheidung inzwischen (sc. nach Rechtshängigkeit) *gegenstandslos* geworden ist"[316]. Auch das BVerfG[317] verwendet den Begriff „Gegenstandsloswerden" im Zusammenhang mit dem RSchB. So heißt es in E 11, 336 (338 sub II), die Beschwerdeführerin der Verfassungsbeschwerde (Vb) sei „nicht mehr beschwert", da der angegriffene Verwaltungsakt „prozessual überholt und damit gegenstandslos"[318] sei; an einer bloßen Feststellung der Grundrechtswidrigkeit bestehe daher kein RSchB[319]. Oder in E 9, 160 (161/62 sub II), die gegen einen Haftbefehl gerichtete Vb sei zwar zur Zeit ihrer Einlegung „zulässig" gewesen, doch sei sie „gegenstandslos geworden, weil der Haftbefehl durch das rechtskräftige (Straf-)Urteil . . . prozessual und sachlich überholt" sei; der Haftbefehl sei damit „erledigt"; . . . „*Auch* an einer bloßen Feststellung einer Grundrechtswidrigkeit bestehe kein Rechtsschutzinteresse."

Hierin liegt jedoch eine Begriffsvermengung und damit -verwirrung, die auf dem unzureichenden Durchdenken der prozessualen Zusammenhänge beruht. Wie bei der sog. prozessualen Überholung, mit dem das Gegenstandsloswerden häufig gleichgesetzt wird[320], und der sog. Erledigung der Hauptsache ist auch hier jede Beziehung mit dem Zulässigkeitsproblem des RSchB grundsätzlich zu leugnen. Wird ein Verfahren durch den nachträglichen Eintritt von Ereignissen gegenstandslos gemacht, so handelt es sich um eine auf die Hauptsache, den Streitgegenstand, bezogene außergerichtliche Erledigung. Jenes ist daher wie letzteres ein Ausschnitt aus dem Fragenkreis der *Begründetheit,* so daß nur Sachabweisung und nicht Prozeßabweisung wegen fehlender Gegenwärtigkeit des RSchB ergehen darf. Bei anderer Auffassung würde

---

[316] SCHÖNKE, Rechtsschutzbedürfnis, B V 1, S. 53 (Hervorhebung vom Verf.).

[317] Vgl. E 9, 89 (92/93 sub B 1); 9, 160 (161/62 sub II); 10, 302 (308 sub 3); 11, 336 (338 sub II); 12, 10 (32 Mitte; hier erfolgte allerdings interessanterweise *Sach*abweisung); vgl. auch 14, 140 (142 a. E.: „Die zunächst zulässige Vorlage [nach Art. 100 Abs. 1 GG] ist damit gegenstandslos geworden". Die Heranziehung des „Gegenstandsloswerdens" war hier überflüssig, da Grund der Unzulässigkeit der Vorlage der nachträglich eingetretene Fortfall der sog. Entscheidungserheblichkeit war).

[318] Auf diese Gleichsetzung ist bereits oben Anm. 304 hingewiesen worden.

[319] Die Vb war jedoch bereits deshalb unzulässig, weil von der Beschwerdeführerin nicht mehr i. S. von § 90 Abs. 1 BVerfGG behauptet werden konnte, durch den Verwaltungsakt in ihren Grundrechten „verletzt zu *sein*".

[320] Vgl. Anm. 318 und die dortige Verweisung.

die Figur des RSchB über Gebühr auf Fälle ausgedehnt werden, bei denen dieser Gesichtspunkt zur Verdeckung der wahren prozessualen Zusammenhänge führen würde.

IV. Rechtsschutzbedürfnis und Verwirkung

Auch die *Verwirkung von Prozeßbefugnissen*, die im allgemeinen als ein Unterfall des Grundsatzes von Treu und Glauben angesehen wird, ist in der Sache von *Schönke*[321] angesprochen worden, wenn er meint, „ein nicht an eine Frist gebundenes Rechtsmittel kann unzulässig sein, wenn seit dem Erlaß der Entscheidung so viel Zeit verstrichen ist, daß die von der Entscheidung Betroffenen sich auf deren Endgültigkeit haben einstellen dürfen".

Das hierzu Erforderliche hat *Baumgärtel*[322] bereits gesagt: „Die im bürgerlichen Recht entwickelten Grundsätze der Verwirkung können nicht einfach unter Außerachtlassung der vom Staat garantierten Rechtsschutzgewährung übernommen werden. Für eine derartige Abwägung" bietet in der Tat das Institut des RSchB (insbesondere mit seinem Element der Schutzwürdigkeit[323]) „die geeignete Handhabe". Dieses und das Institut der Beschwer[324] reichen aus, um den bei der Verwirkung von Prozeßbefugnissen in Frage kommenden Fällen[325] gerecht zu werden. Demgegenüber kommt der Verwirkung die Bedeutung eines selbständigen Unzulässigkeitsgrundes somit nicht zu.

V. Rechtsschutzbedürfnis und Treu und Glauben

Es ist bereits an anderer Stelle[326] dargelegt worden, wie die Abgrenzung des Treu- und Glaubenprinzips von dem Institut des RSchB zu erfolgen hat. Auf die dortigen Ausführungen kann daher hier verwiesen werden.

§ 5 Rechtsschutzbedürfnis und Allgemeine Prozeßrechtslehre

Nach der in den beiden vorhergehenden Paragraphen erfolgten theoretischen und praktischen Grundlegung unseres Untersuchungs-

---

[321] Rechtsschutzbedürfnis, B V 1, S. 53 g. E.

[322] Die Verwirkung prozessualer Befugnisse im Bereich der ZPO und des FGG, ZZP 67, 429 oben, 448 sub VIII, 451 a. E. Vgl. auch ders., Die Unverwirkbarkeit der Klagebefugnis, in: ZZP 78, 385 ff., sowie in JZ 1963, 449 f. Ebenso DIEDERICHSEN, ZZP 76 (1963), 421 Anm. 114 m. w. N.

[323] Hierzu s. o. Erster Teil, II. Kapitel, § 4 B II 4, S. 43—51.

[324] Hierzu s. o. Erster Teil, II. Kapitel, § 4 E I, S. 63—68.

[325] Vgl. BAUMGÄRTEL, a. a. O., S. 425 ff.

[326] S. o. Erster Teil, II. Kapitel, § 4 B II 4b, S. 47 bei und in Anm. 184/185.

gegenstandes ist es nun ein besonderes Anliegen, seinen Zusammenhang mit einer sich immer stärker ins Blickfeld drängenden, in der Tat „unabweisbaren"[327] Entwicklung, dem Bemühen um eine *Allgemeine Prozeßrechtslehre*, aufzuhellen.

Hierzu ist zunächst ein kurzes Eingehen auf Entwicklung und Stand dieser Bemühungen erforderlich:

Die allgemeine Prozeßrechtslehre bemüht sich, ganz allgemein gesprochen, darum, in systematischer Weise das Gemeinsame sowie das Unterschiedliche, die Parallelen und die Zusammenhänge zwischen und innerhalb der einzelnen Verfahrensarten zu erkennen und auf diesem Wege zu allgemein gültigen prozeßdogmatischen Erkenntnissen zu gelangen. Sie ist somit vergleichende Prozeßwissenschaft. Obwohl sie sich allgemeiner Anerkennung bisher nicht erfreuen kann, ist ihr Anspruch doch legitim, „für die Lösung der prozessualen Grundsatz- und Einzelprobleme allein eine theoretisch-wissenschaftlich gesicherte einheitliche Grundauffassung zu gewährleisten"[328]. — Der Weg hierzu konnte erst frei werden, nachdem die Überwindung einer bloß „beschreibenden Prozeßkunde"[329] zugunsten einer eigenständigen prozessualen theoretisch-wissenschaftlichen Arbeitsweise gelungen war. Es ist daher zutreffend, wenn in dieser Sicht O. *Bülow* mit seiner epochalen Monographie über „Proceßeinreden und Proceßvoraussetzungen" (1868) als Bahnbrecher einer Allgemeinen Prozeßrechtslehre angesehen worden ist[330]. Richtungweisend sind dabei noch heute die folgenden Sätze: „Die (Zivil-)Prozeßwissenschaft hat noch einen weiten Weg zurückzulegen, um den Fortschritten, die man auf den meisten anderen Rechtsgebieten gemacht hat, nachzukommen. Vor allem bedarf es hierzu des Mutes einer freieren dogmatischen Forschung. Noch liegen die wichtigsten prozessualischen Grundbegriffe im unklaren, verdunkelt durch ungehörige Begriffskonstruktionen und irreführende Terminologien, welche als eine von der Jurisprudenz des Mittelalters überkommene Erbschaft mit zu großer Beharrlichkeit bewahrt worden sind"[331]. Einen ersten bewußt unternommenen Ansatz zur Allgemeinen Prozeßrechtslehre findet man jedoch erstmalig in *W. Sauers* noch ganz

---

[327] Schönke-Schröder-Niese, Zivilprozeßrecht, § 1 VII, S. 22. Engisch, Rezension von Sauer: Allgemeine Prozeßrechtslehre, ZZP 66, 64 r. Sp., hat sie — den Gegebenheiten weit vorauseilend — sogar als besondere Vorlesung im akademischen Unterricht gefordert.

[328] Sax, Das unrichtige Sachurteil als Zentralproblem der allgemeinen Prozeßrechtslehre, ZZP 67, S. 24 sub 2.

[329] Vgl. hierzu bereits oben Erster Teil, I. Kapitel, § 1, S. 5 bei und in Anm. 12 und 14.

[330] So sieht es wohl Niese, Doppelfunktionelle Prozeßhandlungen — ein Beitrag zur allgemeinen Prozeßrechtslehre, S. 21 sub III; vgl. auch Sauer, Allgemeine Prozeßrechtslehre, § 5 II 1 c, S. 60 oben.

[331] A. a. O., S. V (Vorrede).

monographisch gehaltenen „Grundlagen des Prozeßrechts" von 1919 (1. Auflage), wobei Gegenstand der Zusammenschau und vergleichenden Untersuchung naturgemäß allein der Zivil- und Strafprozeß war[332]. Danach war es insbesondere[333] *J. Goldschmidt,* der *Sauer* gefolgt ist und mit seinem „Prozeß als Rechtslage" (1925) eine eigene Allgemeine Prozeßrechtslehre vorgelegt hat[334]. Dieser Abschnitt der Entwicklung fand seinen Abschluß mit einer selbständigen systematischen Darstellung in *Sauers* „Allgemeine Prozeßrechtslehre" (1951), die sich jedoch ebenfalls noch auf die Behandlung des Zivil- und Strafprozesses beschränkte[335]. Die bis dahin nur „tastenden Versuche"[336] wurden durch Vorstöße auf eine auch die Verwaltungsgerichtsbarkeit umfassende Allgemeine Prozeßrechtslehre vorangetrieben[337], wobei die Herausarbeitung der „grundsätzlichen Unterschiede der beiden Verfahrensarten", wodurch die partikularen Verwaltungsgerichtsgesetze wie heute § 173 VwGO die entsprechende Anwendbarkeit von Vorschriften der Zivilprozeßordnung begrenzten[338], entscheidender Motor der Entwicklung war. Schließlich war es die durch die Schlagworte „Große Justizreform" und „Justizeinheit" gekennzeichnete breite

---

[332] Vgl. SAUER, Grundlagen des Prozeßrechts, 2. Auflage (1929), S. 645.

[333] Vgl. aber auch DOERR, Allgemeine Lehren der Gerichtsverfassung, AöR 41 (1921), S. 53 und 54: „Die verschiedenen Verfahrensarten sind aber alle einem Stamme entwachsen; es gab eine Zeit, der die heutige Spaltung des Rechtsgangs in Zivil-, Straf-, Verwaltungsprozeß und Verfahren der freiwilligen Gerichtsbarkeit fremd war . . . Dieser gemeinsamen Abstammung und inneren Wesensverwandtschaft entspricht es, daß alle Erscheinungsformen der Rechtspflege . . . sich in den Grundlagen und Grundgedanken berühren . . . Nur eine allgemeine Verfahrenswissenschaft oder Prozeßlehre gibt den Zweiglehren der verschiedenen Arten von Rechtspflege eine fruchtbringende Entwicklung." Dort auch Hinweis auf die gerade auch diesem Thema gewidmete Zeitschrift „Der Rechtsgang" (seit 1913), die wohl nicht nur wegen der Kriegsereignisse ihr Erscheinen einstellte, sondern weil die Zeit für die hier geforderte Zusammenschau noch nicht reif genug war. — Vgl. schließlich SCHIMA, Das Verfahren vor dem Bundesgerichtshof im Lichte einer allgemeinen Prozeßrechtslehre, in: 60 Jahre Österreichische Verwaltungsgerichtsbarkeit (1936), S. 45 l. Sp.

[334] Es ist demgemäß jedoch unzutreffend, wenn bei SAX, Das unrichtige Sachurteil als Zentralproblem der allgemeinen Prozeßrechtslehre, ZZP 67, 21, von der „auf J. Goldschmidt (!) aufbauenden modernen ‚allgemeinen Prozeßrechtslehre'" die Rede ist. Zutreffend dagegen NIESE, Die allgemeine Prozeßrechtslehre und der Rechtskrafteintritt bei Rechtsmitteln, JZ 1957, 75 sub II.

[335] Vgl. SAUER selbst, Allgemeine Prozeßrechtslehre, S. VII oben.

[336] MENGER, Allgemeine Prozeßrechtssätze in der Verwaltungsgerichtsordnung, in: Staatsbürger und Staatsgewalt, Bd. II, S. 428 oben.

[337] Vgl. BETTERMANN, Über die Beiladung im Verwaltungsstreitverfahren oder vom Nutzen der Prozeßvergleichung und einer allgemeinen Prozeßrechtslehre, DVBl. 1951, S. 39 ff. und 72 ff.

Debatte der fünfziger Jahre, die zu grundsätzlichem und umfassend angelegtem Durchdenken der Zusammenhänge zwang. Hier ist es die bisher viel zu wenig beachtete Abhandlung *K. A. Bettermanns* gewesen, die die „Notwendigkeit, Möglichkeiten und Grenzen einer Angleichung der deutschen Verfahrensordnungen"[339] als gesetzgeberisches und wissenschaftliches Problem klar herausgearbeitet hat. Auf diesem Stande befinden wir uns im Grunde[340] auch heute noch.

Eine Allgemeine Prozeßrechtslehre müßte leere Form bleiben, gelänge es nicht, ihr durch Ausbau eines *„Systems der* deutschen Prozeßrechts*institutionen*"[341] feste Inhalte und damit Konturen zu verleihen. Zu dieser Aufgabe, an der mitzuwirken *alle* Prozeßdisziplinen aufgerufen sind, hofft diese Untersuchung im Vorangegangenen (Typologie und Begriffsbestimmung des RSchB) und im Nachfolgenden (Auffindung seiner Geltungsvoraussetzungen) einen Beitrag leisten zu können. Denn es handelt sich bei der Figur des RSchB wegen seiner allgemeinen Funktion, die Durchführung des relevanten Prozeßzwecks im Einzelverfahren zu sichern[342], um ein *Institut der allgemeinen Prozeßdogmatik,* das — wie auch der Gedanke der Beschwer[343] — wie kaum ein anderes zu dem „eisernen Bestand von Rechtssätzen" gehört, die zwar nicht[344] unbedingt *allen* Verfahrensarten gemeinsam sein müssen, jedoch bei Vorliegen bestimmter Voraussetzungen[345] sich wie von selbst einstellen[346]. Wenn *Schönke* seiner Schrift über „Das Rechtsschutzbedürfnis" den Untertitel „Studien zu einem *zivil*prozessualen

---

[338] Menger, System des verwaltungsgerichtlichen Rechtsschutzes (1954), hat die Herausarbeitung gemeinsamer Grundlagen des Verwaltungs- und Zivilprozesses besonders nachdrücklich vorangetrieben (vgl. insbes. §§ 19 bis 24, S. 63 ff.).

[339] In: ZZP 70 (1957), S. 161 ff. (Zusammenfassung in Leitsätzen, S. 197/98).

[340] Lüke, Grundsätze des Verwaltungsprozesses — ein Beitrag zur allgemeinen Prozeßrechtslehre, JuS 1961, S. 41 ff., hat sich mit den Verfahrensmaximen beschäftigt, und Menger, Allgemeine Prozeßrechtssätze usw., a. a. O., hat sich auf die Auffindung einiger wirklich allgemeinster fundamentaler Prinzipien beschränkt (vgl. insbes. S. 447 sub III).

[341] Bettermann, Deutsche Verfahrensordnungen, ZZP 70, 196 sub X 1.

[342] S. o. Erster Teil, II. Kapitel, § 3 B II, S. 24.

[343] Bettermann, Über die Beiladung im Verwaltungsstreitverfahren, DVBl. 1951, S. 72 sub III 2 a; zurückhaltender Baur, Zur „Beschwer" im Rechtsmittelverfahren des Zivilprozesses, S. 15. — Daß beide Institute sauber auseinandergehalten werden können und müssen, ist oben Erster Teil, II. Kapitel, § 4 E 1, S. 63—68, gezeigt worden.

[344] A. A. Doerr, Allgemeine Lehren der Gerichtsverfassung, AöR 41 (1921), 54.

[345] Dazu s. u. Zweiter Teil, II. Kapitel, S. 80—89; vgl. auch Zweiter Teil, III. Kapitel, § 10, S. 90 Anm. 394.

[346] Interessanterweise scheint jetzt auch der Internationale Gerichtshof das Erfordernis des RSchB als Sachentscheidungsvoraussetzung der Sache

Grundbegriff"[347] gab, so ist das nicht nur wegen der unbestrittenen Geltung des RSchB auch in der allgemeinen und besonderen Verwaltungsgerichtsbarkeit längst überholt, sondern vor allem im dogmatischen Ausgangspunkt bei der hier vorgenommenen Sicht zu flach angesetzt[348]. Das Institut des RSchB ist ein *„allgemeines Prozeßprinzip"*[349], eine *„grundlegende Maxime des allgemeinen Prozeßrechts"*[350]!

---

nach anzuerkennen (vgl. die mit 10 gegen 5 Richterstimmen zustande gekommene E vom 2. 12. 1963, Leitsatz in NJW 1964, 376 Nr. 29: im Sinne unserer Typologie fehlte in diesem sog. Nordkamerun-Fall das Gegenwärtigkeitserfordernis! Vgl. auch die Anmerkung von WENGLER hierzu, a. a. O.). — Die Abhandlung NAGELS, Auf dem Wege zu einem europäischen Prozeßrecht (1963), äußert sich zu unserem Untersuchungsgegenstand nicht. Auch ist dem neuen Band „Zehn Jahre Rechtsprechung des Gerichtshofs der europäischen Gemeinschaften" (1965) nichts über das RSchB zu entnehmen. Die Art. 7, 100 und 220 des EWG-Vertrages dürften jedoch auch eine rechtliche Verpflichtung zur Harmonisierung der *Prozeß*rechte enthalten.

[347] Hervorhebung vom Verf.

[348] Ähnlich auch POHLE, Festschrift für Lent, S. 234 sub VIII 1, der im RSchB lediglich eine Lehre erblickt, „die nur einen Grundgedanken unseres Prozeßrechts wiedergibt" (vgl. auch S. 204 sub III 1: „Zweck zweiten Ranges").

[349] BETTERMANN, in: AöR 86, 160 vor V, bezeichnet es als „allgemeine Prozeßrechtsregel".

[350] GOESSL, Organstreitigkeiten innerhalb des Bundes, S. 172 oben.

ZWEITER TEIL

DAS RECHTSSCHUTZBEDÜRFNIS IM VERFASSUNGSGERICHTLICHEN PROZESS ALLGEMEIN

I. KAPITEL

§ 6 Rückblick und Ausblick

Im Vorangehenden hat sich die Untersuchung darum bemüht, nach der Vergegenwärtigung seiner dogmengeschichtlichen Entwicklung die innere Rechtfertigung sowie das System und Spiel der Funktionen des Instituts des RSchB darzulegen, wozu insbesondere die Aufstellung einer möglichst umfassenden Typologie der Erscheinungsformen seines Fehlens, die Herausarbeitung einer eigenen Begriffsbestimmung sowie die genaue Abgrenzung zu unbrauchbaren Typisierungen und verwandten Begriffen wesentliche Dienste geleistet haben. Schließlich ist die Verbindung mit dem Gedanken einer Allgemeinen Prozeßrechtslehre konsequent aufgenommen und so das Institut des RSchB als allgemeines Prozeßprinzip oder grundlegende Maxime des Allgemeinen Prozeßrechts erkannt und erklärt worden.

Für den weiteren Gang der Untersuchung soll nun in den folgenden Kapiteln des Zweiten Teils der Versuch unternommen werden, zunächst die Voraussetzungen zu ermitteln, von denen die Geltung und Anwendbarkeit des Untersuchungsgegenstandes gerade im Verfassungsprozeß abhängt. Dabei wird es wesentlich darauf ankommen, daß es gelingt, eine praktikable Methode zu entwickeln, mit der das Vorliegen dieser zu findenden Geltungsvoraussetzungen festgestellt werden kann. Es werden also sämtliche Fragen grundsätzlicher Natur gewissermaßen als „allgemeiner Teil" oder „vor der Klammer" erörtert. Im Dritten Teil wird es dann gelten, das RSchB konkret und praktisch an den einzelnen Verfahrensarten des BVerfGG[351] zu erproben. Hierbei wird stets darauf zu achten sein, daß trotz der Eigen-

---

[351] Die Landesverfassungsgerichtsbarkeit und ihre Judikatur werden nur gelegentlich herangezogen werden. Voll berücksichtigt wird die Rechtsprechung des Reichsstaatsgerichtshofs (RStGH).

wertigkeit unseres prozessualen Untersuchungsgegenstandes eine „Verwässerung“[352] des materiellen Verfassungsrechtsschutzes mit seiner Hilfe von vornherein vermieden wird.

II. KAPITEL

Die Geltungsvoraussetzungen des Rechtsschutzbedürfnisses im Verfassungsprozeß

„In jedem Verfahren, das die Anwendung des objektiven Rechts auf einen tatsächlichen Vorgang zum Ziele hat ..., ist die Frage, ob das Verfahren zu dem gewünschten Ziele führen kann ..., zu sondern von der Frage nach der *Zulässigkeit des Verfahrens*“[353]. Die dafür maßgeblichen Umstände werden im wesentlichen[354] unter der Bezeichnung Prozeßvoraussetzungen — besser: Sachentscheidungsvoraussetzungen[355] — zusammengefaßt. Daß vor einer Sachentscheidung diese Sachentscheidungsvoraussetzungen gegeben sein müssen, ist ein Fundamentalgrundsatz der Allgemeinen Prozeßrechtslehre[356]; er gilt daher[356a] selbstverständlich auch für das Verfahren der Verfassungsgerichtsbarkeit.

Zu den (Zulässigkeits-)Voraussetzungen einer Sachentscheidung gehört auch das Erfordernis des RSchB[357]. Da seine Geltung auch für den Verfassungsprozeß im Gesetz über das Bundesverfassungsgericht

---

[352] Diese Befürchtung — sie ist keinesfalls unberechtigt, wie die Rechtsprechung und Literatur erkennen lassen — hat jüngst SCHUMANN, Verfassungs- und Menschenrechtsbeschwerde gegen richterliche Entscheidungen (1963), S. 185 Anm. 17, geäußert. Dagegen R. SCHNEIDER, ZZP 79, 9 Anm. 12.

[353] ROSENBERG, Zivilprozeßrecht, § 89 I 1, S. 424 a. E.

[354] Von den sog. Prozeßvoraussetzungen werden die sog. Prozeßhindernisse unterschieden (Berücksichtigung nur bei Rüge des Verfahrensgegners); vgl. ROSENBERG, a. a. O., § 89 III, S. 428.

[355] Vgl. Erster Teil, I. Kapitel, § 2, S. 12 Anm. 53.

[356] So auch POHLE, Bemerkungen über Verfassungsbeschwerde und Normenkontrolle. S. 17 oben; im Grunde auch schon BLEY, Klagrecht und rechtliches Interesse, S. 3 a. E. und vor allem BÜLOW, Die Lehre von den Processeinreden und Processvoraussetzungen (1868), passim (BÜLOW selbst hat freilich bis zuletzt [vgl. ZZP 27, 236] den Begriff des Prozeßrechtsverhältnisses für den primären gehalten, mit dem die von ihm sog. Prozeßvoraussetzungen „fast schon von selbst gegeben“ seien).

[356a] Auch STERN, Sachlegitimation usw., S. 223 Anm. 2, hat jüngst gefordert, daß auch das Verfassungsprozeßrecht „in eine allgemeine Prozeßrechtslehre grundsätzlich mit einbezogen werden muß“.

[357] Vgl. Erster Teil, I. Kapitel, § 2, S. 12 f.

(BVerfGG) nicht ausdrücklich[358] angeordnet worden ist[358a], stellt sich die Frage, ob oder inwieweit es dennoch — als grundlegende Maxime des Allgemeinen Prozeßrechts — zur Anwendung gelangt. Daß dabei seine „sklavische Übernahme"[359] auf Grund irgendwelcher „Annexionsgelüste" oder „Hegemonieansprüche"[360] der herkömmlichen (insbes. Zivil-)Prozeßrechte nicht in Frage kommt, braucht angesichts der Natur des RSchB sowie der Eigenheiten der Verfassungsgerichtsbarkeit nicht besonders hervorgehoben zu werden; nur eine gesonderte Untersuchung, die der Struktur der Verfassungsgerichtsbarkeit als Institution sowie ihrer einzelnen Verfahrensarten Rechnung tragen muß, wird hierüber sachgerechten Aufschluß geben können. Vorweg sei aber darauf hingewiesen, daß es hier *nicht* um Fragen *analoger* Anwendung, sondern um die davon zu unterscheidende *Anwendung eines allgemeinen (Prozeß-)Rechtsgrundsatzes* geht, also um die Anwendung des Gerechtigkeitsprinzips auf „deutliche Interessenlagen allgemeinster Art so, daß eine derartige Folgerung von keinem einsichtigen Rechtsgenossen dem Grundsatze nach ernstlich angezweifelt wird"[361, 362].

§ 7 Die Begrenzung des Anwendungsbereichs des Rechtsschutzbedürfnisses auf Rechtsschutzverfahren

Die Untersuchung des allgemeinen Geltungsgrundes des Instituts des RSchB ist zu dem Ergebnis gelangt, daß es seine entscheidende Hauptfunktion ist, die Einhaltung des jeweiligen Prozeßzwecks im

---

[358] Versteckte Regelungen könnten in den §§ 64 Abs. 1, 69, 71 Abs. 1 Nr. 3, 73 Abs. 1, 76, 87 Abs. 1, 90 Abs. 1 BVerfGG gesehen werden. Vgl. dazu unten Dritter Teil, im jeweiligen sachlichen Zusammenhang. — Es ist unrichtig, wenn behauptet worden ist, das RSchB sei ganz allgemein „in seiner spezifischen Bedeutung für die Verfassungsgerichtsbarkeit schon lange erkannt" worden (so jedoch W. Weber, Anmerkung zum Urteil des Deutschen Obergerichts für das Vereinigte Wirtschaftsgebiet vom 20. 10. 1949 — X 3/49 — in: AöR 76 (1950/51), S. 105/106; der Hinweis auf G. Hofmann, Verfassungsstreitigkeit, 1935, S. 68 ff., geht fehl; vgl. hierzu bereits oben S. 2 Anm. 6).

[358a] Dazu, daß eine ausdrückliche Regelung des RSchB im BVerfGG durch Art. 94 Abs. 2 GG gedeckt wäre, vgl. Stern, BK, Art. 94 Rdnr. 116.

[359] Pohle, a. a. O., S. 17 g. E.

[360] Bettermann, Deutsche Verfahrensordnungen, ZZP 70, 197 sub X 3; in: DVBl. 1951, 39 sub I ist allerdings noch vom „Mutterboden" des Zivilprozeßrechts die Rede, von dem sich das Verwaltungsstreitverfahren „trotz allen Emanzipationsbestrebens" nicht habe wirklich lösen können.

[361] Wolff, Verwaltungsrecht I, § 25 I a), S. 98.

[362] Dies kann hier nicht weiter vertieft und ausgebreitet werden. Vgl. dazu eingehend Menger, System des verwaltungsgerichtlichen Rechtsschutzes, §§ 20, 21, S. 68 ff. Ders., Allgemeine Prozeßrechtssätze in der VwGO, in: Staatsbürger und Staatsgewalt, Bd. 2, S. 429 vor II, stellt fest:

Einzelfall zu gewährleisten, hierfür Regulativ zu sein[363]. Bei dieser noch recht formalen Funktionsanalyse könnte der Eindruck entstehen, als sei der Anwendungsbereich unseres Untersuchungsgegenstandes schrankenlos, da er gewissermaßen eine „Hülse“ sei, die mit wechselndem materialen Gehalt in den verschiedenen Rechtswegen oder Verfahrensarten gefüllt werden könne. Daß dem keineswegs so ist, ist ebenfalls bereits eingehend dargelegt worden[364]:

> Das Institut des RSchB ist in seinem Funktionsbereich auf solche Prozeßhandlungen beschränkt, mit denen der staatliche Rechtsschutz wegen Verletzung oder Gefährdung von Rechtsgütern oder rechtserheblichen Interessen begehrt wird.

Denn Rechtsschutz hat zur Voraussetzung, daß Schutzbedürftigkeit besteht; diese aber hat in aller Regel ihren Grund in der Verletzung oder Gefährdung[364a] von Rechten[364b], also den grundsätzlich „einzigen Formen, in denen Rechtsgüter angegriffen“[365] und durch die die Notwendigkeit und das Bedürfnis nach staatlichem Rechtsschutz gerechtfertigt werden kann. So wie das RSchB im Zivilprozeß gewachsen ist, hat es immer eine Schranke des vom einzelnen zugunsten *seines* Rechts begehrten Gerichtsschutzes bedeutet. Diese Verknüpfung von subjektivem Recht und RSchB als prozeßrechtlicher Zulässigkeitsschranke hat auch ihren guten Sinn; denn wenn es nach der Erfahrung bereits ungewöhnlich ist, daß der einzelne nicht den Schutz seines Rechts, sondern den der Rechtsordnung, d. h. des objektiven Rechts, will, so wäre die Einräumung eines subjektiven Rechts auf Bewährung des objektiven

---

„Es gehört ja gerade zum Wesen der Rechtsgrundsätze, daß sie ‚weniger Produkt einer Willensentscheidung des Gesetzgebers als einer Rechtserkenntnis‘ sind.“

[363] S. o. Erster Teil, II. Kapitel, § 3 B II, S. 21 ff.

[364] S. o. Erster Teil, II. Kapitel, § 4 D, S. 56—63.

[364a] Dazu, daß Gefährdung auch dann gegeben ist, wenn der Beklagte ein Recht des Klägers ernstlich *bestreitet* oder wenn er sich eines gegen diesen gerichteten Rechtes *berühmt*, sowie dazu, daß die Zweifelhaftigkeit der objektiven Rechtslage in aller Regel erst dann einen prozeßrechtlich relevanten Angriff auf Rechtsgüter darstellt, wenn hierdurch ein Streit oder zumindest eine Meinungsverschiedenheit zwischen mindestens zwei Parteien entstanden ist (z. B. durch Bestreiten oder Berühmung), vgl. oben § 4 D, S. 58 Anm. 249a.

[364b] Geht der Streit der Parteien um *Pflichten* des Klägers (z. B. bei der negativen Feststellungsklage), berühmt sich also der Beklagte eines gegen diesen gerichteten Rechts, so ist das Interesse des Klägers oder sein „Recht“, von dem Beklagten nicht rechtsgrundlos wegen einer angeblichen Verpflichtung in Anspruch genommen zu werden, von diesem mithin Unterlassung der Berühmung zu verlangen, gefährdet. Es handelt sich beim Streit um Pflichten des Klägers nur um die andere Seite derselben Medaille.

[365] WACH, Feststellungsanspruch (1889), S. 52/53.

Rechts ein Widerspruch in sich[366]. Nur in diesem Fall aber wäre es konsequent, das Vorhandensein eines RSchB zu verlangen. Allerdings ist darauf hinzuweisen, daß die Verknüpfung von RSchB und subjektivem Recht kein Gebot der Logik ist. Statt das RSchB primär so aufzufassen, daß es „Bedürfnis nach Gerichtsschutz für *Rechte*" bedeutet, wäre es ohne weiteres denkbar, das RSchB schlicht als „Bedürfnis nach *Gerichts*schutz"[366a] zu deuten, wodurch sein Funktionsbereich auf sämtliche Gerichtsverfahren unterschiedslos erstreckt wäre. Wenn jedoch historisch gewachsenes Allgemeingut des herkömmlichen Prozeßrechts nicht ohne Not ignoriert werden soll — und das sollte im Interesse des anzustrebenden Institutionensystems[367] einer Allgemeinen Prozeßrechtslehre tunlichst vermieden werden —, so erscheint es unerläßlich, an dem bereits genannten Funktionsbereich des Instituts des RSchB festzuhalten!

Damit befinden wir uns im grundsätzlichen Ansatz im Einklang mit der Auffassung des BVerfG[368], wenn es ausführt, „der Gedanke des Rechtsschutzinteresses setzt begrifflich ein gerichtliches Verfahren zum Schutze subjektiver ‚Rechte' voraus, ein Verfahren also, in dem über einen ‚Anspruch' des Antragstellers entschieden wird". Wenn es allerdings in zahlreichen Entscheidungen in unserem und anderem prozeßrechtlichen Zusammenhang von sog. objektiven im Gegensatz zu subjektiven[369] Verfahren spricht, so kann dieser Gegenüberstellung[370] nur terminologischer Wert im Sinne handlicher Begrifflichkeit zugemessen werden: Für das Institut des RSchB ist die materiale Begrenzung

---

[366] Anders allenfalls bei reinen Popularklageverfahren dann, wenn man im quivis ex populo den „Wächter der objektiven Rechtsordnung" sieht, der dann als Verteidiger eigener Rechte erscheinen könnte (so BVerfGE 13, 132, 142 vor 2 in bezug auf die Art. 101 Abs.1 Satz 2 und 103 Abs. 1 GG im Verfahren nach § 54 Abs. 1 BayVerfGHG). § 47 Satz 2 VwGO verlangt dagegen für die Zulässigkeit, daß die antragstellende Person „durch die Anwendung der Vorschrift einen Nachteil erlitten oder in absehbarer Zeit zu erwarten hat". Zum letzteren s. u. Dritter Teil, II. Kapitel, § 17 A, S. 149 Anm. 668 a. E.

[366a] Wie z. B. bei Rechtshängigkeit, Rechtskraft, Rechtsweg.

[367] S. o. Erster Teil, II. Kapitel, § 5, S. 77.

[368] E 1, 396 (407 dritter Absatz), allerdings ohne nähere Begründung.

[369] E 1, 208 (219 sub 3); 1, 396 (LS 2 und 407 a. E.); 2, 79 (19 sub V); 2, 143 (151 sub a, 176 sub c); 2, 213 (217 oben); 2, 307 (311 a. E.); 13, 54 (72 g. E.; 96 a. E.). Von „subjektiven" Verfahren spricht GOESSL, Organstreitigkeiten innerhalb des Bundes, S. 183/4; im Anschluß daran neuerdings auch SCHUMANN, Verfassungs- und Menschenrechtsbeschwerde gegen richterliche Entscheidungen (1963), S. 56 oben, der den Begriff aber wohl überstrapaziert (insbesondere in § 16 das.).

[370] Sie findet sich der Sache nach bereits bei W. JELLINEK, Der Schutz des öffentlichen Rechts durch ordentliche und durch Verwaltungsgerichte, VVDStRL 2, 37/38.

seines Anwendungbereichs das Erfordernis des *Rechtsschutzverfahrens*[371]!

Soweit die spärlichen und verstreuten Stellungnahmen in der Literatur sich zu der hier anstehenden grundsätzlichen Vorfrage geäußert haben, sind sie ganz überwiegend der Auffassung des BVerfG gefolgt[372].

§ 8 Die Bedeutung des Gegenstandes sowie von Wesen und Zweck der Verfassungsgerichtsbarkeit als Institution

Für eine sich um die Grenzen des Anwendungsbereichs des RSchB im verfassungsgerichtlichen Prozeß bemühende Gesamtsystematik stellt sich nun vordringlich die Frage, welche Kriterien für die Qualifizierung eines Verfahrens als Rechtsschutzverfahren maßgeblich sein können. Bei vordergründiger Betrachtung bietet sich zunächst ohne weiteres an, auf die der Verfassungsgerichtsbarkeit zugrunde liegende

---

[371] Wenn HEGLER, Zum Aufbau der Systematik des Zivilprozeßrechts, Festgabe für Heck-Rümelin-A. B. Schmidt, S. 238 oben, gemeint hat, „der Rechtsschutzzweck sei immanenter Zweck . . . jeden eigentlichen Prozeßrechts", so kann dies heute jedenfalls nicht mehr als zutreffend anerkannt werden. Auch bezeichnete es umgekehrt bereits 1879 RUDOLF VON GNEIST (Der Rechtsstaat, S. 271) geradezu als eine „zivilistische petitio principii" anzunehmen, jede (insbesondere die verwaltungsgerichtliche) Rechtsprechung könne nur gedacht werden zum Schutze subjektiver Rechte. Dazu jüngst RUPP, Grundfragen, S. 156 f.

[372] POHLE, Verfassungsbeschwerde und Zivilprozeß in Bayern, in: Festgabe für Rosenberg, S. 180 g. E., 191 Mitte; ders., Bemerkungen über Verfassungsbeschwerde und Normenkontrolle, S. 35 („grundlegende Voraussetzung aller vom Interesse eines einzelnen bestimmten Rechtsbehelfe"); LECHNER, BVerfGG, § 24 A. B I 5 b, S. 161; ders., Die Verfassungsgerichtsbarkeit, GR III/2, S. 706 sub 6; LECHNER-HÜLSHOFF, Parlament und Regierung, Vorbem. vor § 17 BVerfGG (Nr. 40), S. 460 oben; § 24 BVerfGG A. 3 b (S. 361, 1. Aufl., 1953); GOESSL, a. a. O., S. 173; FRIESENHAHN, Verfassungsgerichtsbarkeit in der BRD, § 1 I 2, S. 1 und § 1 I 2 b, S. 2; KOEHLER, Verfahren und Gerichtsverfassung, DöV 1963, 750 sub 7, 352 a. E. — Nicht eindeutig v. MANGOLDT, Das Bonner Grundgesetz, Art. 93 A. 2 (S. 507), der ein RSchB für alle Verfahren gefordert sieht; wohl a. A. GEIGER, BVerfGG, § 24 A. 5 b ff., S. 91 („. . . Ausdruck eines allgemeinen Rechtsgrundsatzes, der auch für die übrigen Verfahren von Bedeutung ist"; vgl. aber auch § 64 A. 1, S. 211: „. . . wie in jedem anderen *Streit*verfahren"); ähnlich auch MENGER, VerwArch 52 (1961), S. 309 vor Anm. 20 („Regel *jedes* Prozeßverfahrens"). Ohne jede Differenzierung für Anwendbarkeit des RSchB im Verfassungsprozeß F. KLEIN, in: Maunz u. a., BVerfGG, § 24 Rdnr. 6, 7 („wie für jedes andere Gerichtsverfahren"). Gänzlich ablehnend neuerdings SPANNER, Festschrift für Jahrreiß (1964), S. 426: RSchB „im Verfassungsprozeß . . . fehl am Platz".

materielle Normenwelt abzustellen (1) oder von dem die Verfassungsgerichtsbarkeit als Institution kennzeichnenden Wesen und Zweck auszugehen (2).

(1) Das Erfordernis des RSchB kann als prozessuales Institut seine Wirkungsgrenzen *nicht* aus der zu ermittelnden Eigenart des den Gegenstand einer gegebenen Gerichtsbarkeit oder Verfahrensart bildenden materiellen Rechts, hier also im wesentlichen der Gesamtheit des materiellen Verfassungsrechts, empfangen. So wichtig es auch sein mag, das Verhältnis von Prozeß und Recht richtig zu sehen und zu kennen[373], ist doch nicht ersichtlich, daß sich aus der Verschiedenartigkeit der materiellen Rechte allein deshalb und *unmittelbar* zwangsläufig eine Unterschiedlichkeit der Verfahrensausgestaltung, u. a. also auch des Geltungsbereichs des Erfordernisses des RSchB ergeben kann. Denn „wieweit die Gestaltung des Verfahrensrechts durch das materielle Recht bedingt"[374] ist, ist als eine Fragestellung anzusehen, die sich primär für die Prozeßrechtswissenschaft und den Gesetzgeber de lege ferenda und damit als (prozeß-)rechtspolitisches Problem stellt.

(2) Dagegen rückt die Natur des jeweiligen materiellen Rechts mehr in den Mittelpunkt der Betrachtung, wenn wir uns jetzt der Frage zuwenden, ob oder inwieweit Struktur und Eigenart der Verfassungsgerichtsbarkeit als Institution ein Kriterium für die Qualifizierung eines Verfahrens als Rechtsschutzverfahren sein können.

Es hat seit jeher nicht an Versuchen gefehlt, die Übertragung herkömmlicher Prozeßrechtsinstitute auf das verfassungsgerichtliche Verfahren davon abhängig zu machen, daß eine Wesensverwandtschaft zwischen der Verfassungsgerichtsbarkeit und den überkommenen Gerichtszweigen besteht[375]. Wohl am bekanntesten ist die unter der Wei-

---

[373] Vgl. dazu bereits oben Erster Teil, I. Kapitel, § 1, S. 6ff., insbes. bei und in Anm. 32. — Bettermann, Deutsche Verfahrensordnungen, ZZP 70, 194 sub IX, hat das Verhältnis von Prozeß und Recht neuerdings in einen neuen Zusammenhang gerückt und es als „ein, wenn nicht das Grundproblem der allgemeinen Prozeßrechtstheorie" bezeichnet.

[374] Bettermann, a. a. O., S. 193 sub 3, hat diese Frage aufgeworfen.

[375] Auf diesen methodologischen Weg — ein Irrweg, wie sich sogleich im Text ergeben wird — hat dabei regelmäßig eine falsche Fragestellung gelockt: Die Zulässigkeit der Übertragbarkeit ist von der Möglichkeit eines *Analogie*schlusses abhängig gemacht worden. Da aber nach anerkannter Lehre für (Gesetzes- und/oder Rechts-)Analogie allein dort Platz ist, wo ein rechtlich normierter Tatbestand mit einem vom positiven Recht nicht geordneten in den wesentlichen Beziehungen übereinstimmt, mit ihm also verwandt ist, mußte in eine Untersuchung der Wesensverwandschaft von ganzen Gerichtszweigen gewissermaßen „auf höchster Ebene" eingetreten werden. Nach Analogiemöglichkeiten zu fragen, ist indes zu eng und nicht sachgerecht; jedenfalls in unserem Zusammenhang geht es um etwas anderes, um die Anwendung eines allgemeinen Prozeßrechtsgrundsatzes im Verfassungsprozeß. Vgl. dazu näher oben Zweiter Teil, II. Kapitel, S. 81.

marer Verfassung heftig umstritten gewesene Frage[376], ob der einstweiligen Verfügung (oder Anordnung) in der damals sog. Staatsgerichtsbarkeit überhaupt eine Existenzberechtigung einzuräumen sei. So trug z. B. *Schüle*[377] gegen die bejahende Rechtsprechung des Staatsgerichtshofs für das Deutsche Reich (RStGH)[378] vor, eine Gleichsetzung mit der Zivilgerichtsbarkeit verbiete sich angesichts der grundlegenden Unterschiede in dem Charakter der jeweilig rechtsprechenden Organe, ihrer Aufgabe, ihrer Stellung, in der Art der Parteien, der Streitgegenstände, der materiellen Rechtsnormen, gemäß welchen über diese befunden wird, ja man könne sagen in der Gesamtfunktion der Staatsgerichtsbarkeit einerseits und der Zivilgerichtsbarkeit andererseits.

Ohne daß wir uns genötigt sehen, zu der auch heute noch kontroversen Frage nach der Stellung des BVerfG[379] Position zu beziehen und so die Struktur und damit den Zweck der Verfassungsgerichtsbarkeit zu erhellen, kann hier als Arbeitshypothese[379a] von folgendem ausgegangen werden: Für die Verfassungsgerichtsbarkeit als Institution steht das Interesse der Allgemeinheit[379b] im Vordergrund; denn Bewährung und Bewahrung der Verfassung und damit die Wahrung des Staats- und Verfassungsfriedens sind seine hauptsächlichen Zwecke. Indes ist mit dieser Arbeitshypothese für die Frage der Anwendbarkeit der Figur des RSchB im verfassungsgerichtlichen Verfahren, insbesondere für das Vorliegen von Rechtsschutzverfahren nichts Wesentliches gewonnen; die Erkenntnis des Wesens der Verfassungsgerichtsbarkeit

---

[376] Heute ist sie durch § 32 BVerfGG entschieden.

[377] SCHÜLE, Das Problem der einstweiligen Verfügung in der deutschen Reichsstaatsgerichtsbarkeit (1932), S. 15 ff. Derselben Methode folgt auch noch die Dissertation von FÖRSTER, Die einstweilige Verfügung und die vorbeugende Klage in der Verfassungsgerichtsbarkeit (1953), S. 5, 12 f. (die verschiedenen Ansichten aus der Weimarer Zeit sind auf S. 18 ff. eingehend dargestellt).

[378] Vgl. LAMMERS-SIMONS (L.-S.) I, S. 214 = RGZ 111, Anhang S. 21 ff.; L.-S. I, S. 156 f. (174) = RGZ 122, Anhang S. 18; L.-S. I, S. 411; RGZ 129, Anhang S. 30 ff.; L.-S. II, S. 72 f. und 98 f.

[379] Dazu umfassend STERN, Gesetzesauslegung und Auslegungsgrundsätze des Bundesverfassungsgerichts, S. 239 ff.

[379a] Ob für „den" Verfassungsprozeß eine — gründlicher Analyse standhaltende — allgemeine Aussage mit Substanzgehalt gemacht werden kann, muß jedoch bezweifelt werden. Dafür dürften die zahlreichen Verfahrensarten *zu* verschiedenartig sein (vgl. unten § 9, S. 87, 89). Ebenso jüngst ZUCK, NJW 1965, 2096 („totes Argument"). Hier können wir uns jedoch mit einer schematisierenden Gesamtschau begnügen, da sich die Frage sogleich als für die Anwendbarkeit des RSchB unerheblich erweisen wird.

[379b] Zweifelhaft ist dies allerdings insbesondere bei der Verfassungsbeschwerde (vgl. unten § 15 A, S. 100 ff.).

ist *zu allgemein*[380], um eine geeignete Antwort auf die Frage des Anwendungsbereichs unseres Untersuchungsgegenstandes im Verfahren vor dem BVerfG abgeben zu können. Dies wird klar, wenn man bedenkt, daß *Schönke*[381] ebenfalls von der — allerdings zweifelhaften[381a] — Auffassung ausging, daß für den Zivilprozeß als Institution das Interesse der Allgemeinheit im Vordergrund stehe und er dennoch oder gerade deshalb dem RSchB weitestreichende Geltung einräumte.

§ 9 Die prozessuale Ausgestaltung der Einzelverfahren als maßgebliches Kriterium

Die Funktionsbreite des RSchB läßt sich folglich nicht pauschal für den Verfassungsprozeß aus dessen allgemeinen Zwecken bestimmen. Dazu bedarf es vor allem des ungleich dornenvolleren Weges der Einzelverfahrensexegese[382].

Es ist eine auf die Literatur zur Weimarer Staatsgerichtsbarkeit zurückgehende, zunehmend anerkannte[383] prozessuale Einsicht, daß eine Verfassungsgerichtsbarkeit ganz allgemein nach zwei verschiedenen Leitgedanken konstruiert werden kann: Einmal kann man dem Verfassungsgericht in einem bloß gerichtsförmig eingerichteten Verfahren die Entscheidung von Zweifeln und Meinungsverschiedenheiten über die Auslegung der Verfassung übertragen, *ohne daß* für den zu bestimmenden Kreis der den Anstoß zum Verfahren auszulösen berechtigten Antragsteller *eine rechtliche Beziehung* zum Verfahrensgegenstand *zu bestehen braucht.* Lassen sich solche Verfahren feststellen, so handelt es sich nicht um Rechtsschutzverfahren, sondern um verselb-

---

380 „Die Stellung des BVerfG kann nur aus seiner vom Grundgesetz vorgeformten Grundkonzeption abgeleitet werden. Das bedeutet, *den* Grundgedanken *aller* verfassungsgerichtlichen Zuständigkeiten zu ermitteln, um daraus den Schluß auf Grund, Wesen und Stellung dieser Institution zu ziehen" (STERN, a. a. O., S. 242 sub II; Hervorhebungen vom Verf.). Vgl. hierzu Anm. 379a sowie unten § 9, S. 87, 89.

381 SCHÖNKE, Das Rechtsschutzbedürfnis, S. 11 ff. (bes. S. 13 sub II).

381a Vgl. oben S. 25 Anm. 103.

382 Der Zweck eines Einzelverfahrens soll nach WACHS Ausführungen zum Aufbau der Prozeßrechtswissenschaft überhaupt ungeeignet sein, da er nämlich immer „individuell" sein soll (Handbuch I, S. 4 f.). Das bedarf indes keiner gesonderten Widerlegung. Vgl. auch oben S. 84 N 371.

383 BVerfGE 2, 143 (150/51), unter nicht durchweg treffender Berufung auf R. GRAU, Zum Gesetzentwurf über die Prüfung der Verfassungsmäßigkeit von Reichsgesetzen und Reichsverordnungen, AöR 11 (1926), S. 291; C. SCHMITT, Verfassungslehre (1928), S. 122 ff.; JERUSALEM, Die Staatsgerichtsbarkeit (1930), S. 112 ff. (bes. S. 117 bei und in Anm. 2); FRIESENHAHN, Die Staatsgerichtsbarkeit, HdbDStR Bd. II (1932), S. 523 ff. (bes. S. 534 ff.); GOESSL, Organstreitigkeiten innerhalb des Bundes, S. 183 sub V 1.

ständigte und reine (Verfassungs-)Rechtsbewahrungsverfahren[384], die — ohne Bruch mit der anerkannten Prozeßdogmatik — nicht mehr als Form zur Gewährung von Rechtsschutz[384a] im herkömmlichen Sinne angesehen werden können. Hier das Vorhandensein eines RSchB zu verlangen, wäre in der Tat ein Widerspruch in sich[385, 385a], da dies die Einräumung eines subjektiven Rechts auf Bewahrung des objektiven Rechts voraussetzen würde. Zum anderen kann dem Gericht aber auch die materiell selbe Sache in *der* Form zur Entscheidung zugewiesen werden, daß es über ein zwischen verschiedenen Beteiligten bestehendes oder behauptetes, streitig gewordenes verfassungsrechtliches Rechtsverhältnis urteilen muß, aus dem sich für sie Rechte und Pflichten[386] ergeben (sog. *Verfassungsstreitigkeiten*[387]). Nun ist es sicherlich richtig, daß „auch da, wo ein Verfassungsgericht über verletzte Rechte oder behauptete Pflichten entscheidet, es weniger im Dienste subjektiver Rechtsverfolgung als im Dienste objektiver Bewahrung des Verfassungsrechts steht"[388]. Doch ist dies eine „nur" materielle Einsicht in die Struktur jeder Verfassungsgerichtsbarkeit. In unserem Zusammenhang gilt es dessenungeachtet aus einer solchen Zuständigkeitsordnung die verfahrensrechtliche Konsequenz zu ziehen: *Prozessual (!)* ist bei einem

---

[384] Das sind die vom BVerfG sog. *objektiven* Verfahren. Dazu bereits oben Zweiter Teil, II. Kapitel, § 7, S. 83 f.

[384a] Zum Begriff vgl. oben § 4 D, S. 60, und § 7, S. 81 ff.

[385] S. o. Zweiter Teil, II. Kapitel, § 7, S. 82/3.

[385a] Daran kann sich auch nichts mehr dadurch ändern, daß der gesetzliche Tatbestand das Vorhandensein von Zweifeln oder Meinungsverschiedenheiten fordert. Denn hierdurch wird lediglich der Umfang der Statthaftigkeit des betreffenden objektiven Verfahrens gesetzlich festgelegt und eingeschränkt, ohne daß hierin eine Ausformung des RSchB erkannt werden kann. Vgl. hierzu unten S. 89 Anm. 391 und S. 150 sub (1). — Allgemein zu Zweifeln und Meinungsverschiedenheiten vgl. noch oben S. 58 Anm. 249a und S. 82 Anm. 364a.

[386] „Wo immer eine Verfassung Staatsorganen die Möglichkeit eröffnet, ihren verfassungsmäßigen Anteil an der Staatswillensbildung im Prozeßwege vor einem Verfassungsgericht zu verfolgen . . ., tritt notwendig eine gewisse Subjektivierung der verfassungsrechtlichen Beziehungen ein, die es rechtfertigen, . . . von ‚Rechten' der Staatsorgane zu sprechen, die verletzt und darum verteidigt werden können. Jene ‚Rechte' der Staatsorgane sind allerdings nicht den subjektiven Privatrechten gleichzusetzen . . ." (BVerfGE 2, 143, 152 vor 4).

[387] Der Ausdruck geht auf Art. 76 Abs. 1 und 2 der Reichsverfassung von 1871 und Art. 19 Abs. 1 Weimarer Verfassung von 1919 zurück.

[388] BVerfGE 2, 79 (86 sub II); zustimmend FRIESENHAHN, Verfassungsgerichtsbarkeit in der BRD, § 1 I 2, S. 7; BACHOF, Urteilsanmerkung, NJW 1954, 511 r. Sp. a. E.; MEISS, Verhältnis von Zivil- und Verwaltungsprozeß, ZZP 67, 182 Anm. 39; SPANNER, Festschrift für Jahrreiß, S. 417, 419, 426. Zurückhaltend GOESSL, Organstreitigkeiten innerhalb des Bundes, S. 177 sub 4.

Streit um Rechte und Pflichten die Parallelität zu der in der herkömmlichen Gerichtsbarkeit gewohnten Weise, Rechtsstreitigkeiten zu erledigen, nicht zu übersehen. Es ist daher für unsere prozeßrechtlichen Zwecke nicht nur zulässig, sondern im Interesse der angestrebten einheitlichen verfahrensrechtlichen Betrachtungsweise sogar geboten, in solchen Fällen — cum grano salis — vom Vorliegen eines Rechtsschutzverfahrens zu sprechen, in dem das Institut des RSchB folglich Anwendung finden kann und — im Interesse der angestrebten Verfahrenseinheitlichkeit — auch muß. Aus dem Gesagten ergibt sich somit folgendes:

> Ob die zum System der allgemeinen Prozeßrechtsinstitutionen gehörende Maxime des RSchB auf „das" Verfahren vor dem BVerfG übertragen werden kann, läßt sich nicht ohne weiteres und allgemein bejahen oder verneinen[389]. Vielmehr ist zutreffende Antwort auf diese Frage nur durch die Untersuchung zu gewinnen, ob es sich bei den vielfältigen Verfahren vor dem BVerfG um solche handelt, die im wesentlichen[390] Rechtsschutzzwecke verfolgen und bei denen dies in der *gesetzlichen Verfahrensausgestaltung* zum Ausdruck kommt. Überall dort also, wo das BVerfG über behauptete und verletzte, bestrittene oder gefährdete Rechte, Pflichten oder Kompetenzen zu entscheiden hat, wird das Vorhandensein eines RSchB zu fordern sein. Wird dagegen in einer Verfahrensart gemäß seinem in der Verfahrensgestaltung zum Ausdruck gelangenden Zweck überwiegend die „bloße" Wahrung der Verfassung oder die Sicherung objektiv rechtmäßigen Hoheitshandelns als solche verfolgt, so ist für das Erfordernis des RSchB kein Raum mehr; es entfällt[391].

Die Frage nach der Anwendbarkeit des Instituts des RSchB ist nach alledem verschieden zu beantworten, je nachdem um welche Verfahrensart es sich handelt.

---

[389] Auch das BVerfG legt sich, angesichts der Heterogenität der ihm zugewiesenen Zuständigkeiten zweifellos berechtigte Zurückhaltung bei der Übernahme von Bestimmungen anderer Verfahrensgesetze auf. So z. B. bezüglich der Partei- und Prozeßfähigkeit in E 1, 87, 88 f. sub 2; 19, 93, 100 sub II; vgl. auch E 6, 376, 383 vor D). — Wie hier im Ergebnis auch GOESSL, a. a. O., S. 117 sub 4 a. E.; FRIESENHAHN, a. a. O., § 1 I 2, S. 7.

[390] Ausschließliche Zwecke wird ein Verfahren kaum je kennen. So zutreffend GOESSL, a. a. O., S. 173 Anm. 702 mit zahlreichen Nachweisen. Noch weitergehend STERN, Auslegung und Auslegungsgrundsätze des BVerfG, S. 151 und 222 a. E., der von einem „Erfahrungssatz von der Heterogonie der Zwecke" spricht.

[391] Das bedeutet freilich nicht, daß auch die von ihm getragenen Funktionen stets ersatzlos entfallen müßten. Vgl. unten Dritter Teil, II. Kapitel, § 17 A, S. 150 Anm. 674.

III. KAPITEL

Indizien zur Bewertung der Verfahrensausgestaltung

Es gilt nun Maßstäbe zu finden, anhand derer bestimmt werden kann, ob die jeweilige Verfahrensausgestaltung die Durchführung der betreffenden Einzelverfahrenszwecke im Wege eines Rechtsschutzverfahrens oder aber durch „reinen" und direkten Schutz des objektiven Verfassungsrechts anstrebt. Dazu ist eine ins einzelne gehende Bewertung der im Grundgesetz (GG) sowie im BVerfGG getroffenen Verfahrensregelung bezüglich jeder der sechzehn einzelnen Zuständigkeiten des BVerfG sicher unerläßlich. Doch erscheint es immerhin fruchtbar, solche prozessualen Erscheinungen der Einzelbetrachtung voranzustellen, die auf Grund ihres strukturbedeutsamen Gewichts geeignet sind, einem Verfahren, in dem sie gelten, ihren Stempel aufzudrücken und es so in seinem Wesen entweder als Rechtsschutzverfahren oder als sog. objektives Verfahren zu qualifizieren. Diese Erscheinungen sollen dann später als *Indizien*[392] für die Bewertung der Einzelverfahrensgestaltung herangezogen werden, wo sie, zumindest bei in gleiche Richtung deutender Indizien*summierung*[393], eine prozessuale Charakterisierung wesentlich erleichtern werden.

§ 10 Die Verfahrensmaximen

„Die Beschäftigung mit den einer Prozeßart zugrunde liegenden Verfahrensmaximen ist von erheblicher theoretischer und praktischer Bedeutung. Sie trägt in hohem Maße zur *Klärung des Wesens eines Prozesses* . . ."[394] und so zur Ausgestaltung seines Verfahrens und

---

[392] Diesen Weg ist als erster, soweit ersichtlich, GOESSL, a. a. O., S. 174 f. sub II 1 gegangen, auf dessen Vorarbeit wir uns im folgenden z. T. stützen.

[393] Mit Recht ist darauf hingewiesen worden, daß die im folgenden zunächst behandelten Verfahrensmaximen „keine besonderen Rechtsgrundsätze in dem Sinne sind, daß sie sämtlich das gesamte Prozeßrecht beherrschen. Man könnte sie ... eher als *Material im Arsenal des Gesetzgebers* bezeichnen, auf das er bei der Ausgestaltung der einzelnen Verfahrensordnungen zurückgreift. Durch die Kombination mehrerer Verfahrensmaximen kann man den Besonderheiten der zu regelnden Prozeßart Rechnung tragen ... Sie stellen stets nur *Tendenzen* dar, die in der jeweiligen Prozeßordnung *vorherrschen*" (MENGER, Allgemeine Prozeßrechtssätze in der VwGO, in: Staatsbürger und Staatsgewalt Bd. II, S. 433 sub 3 g. E.; erste und letzte Hervorhebung vom Verf.).

[394] So trefflich LÜKE, Grundsätze des Verwaltungsprozesses, JuS 1961, S. 41 l. Sp. (Hervorhebung vom Verf.). — Dort ist auch klar erkannt, daß die Beschäftigung mit den eine Prozeßart beherrschenden Verfahrensmaximen vor allem auch für die Bemühungen um eine Allgemeine Prozeßrechtslehre eine zentrale Aufgabe ist: „Erst wenn Klarheit über die

seiner einzelnen Einrichtungen bei. Es soll daher im folgenden geprüft werden, ob sich Verfahrensmaximen finden lassen, denen ein solcher indizieller Wert im Blick auf die Annahme von Rechtsschutzverfahren beigemessen werden kann.

Vorweg seien zur Klarstellung der Terminologie[395] die drei Fragenkomplexe aus der allgemeinen Problematik Parteiherrschaft oder Richterherrschaft ausdrücklich genannt[395a]:

1. Wer betreibt das Verfahren? Partei- gegen Amtsbetrieb[396]!
2. Wer verfügt über den Streitgegenstand? Dispositions- gegen Offizialmaxime!
3. Wer führt den tatsächlichen Streitstoff ein und klärt ihn? Verhandlungs- gegen Untersuchungs-(Inquisitions-)maxime!

Verfahrensgrundsätze besteht, ist es möglich zu entscheiden, inwieweit Verfahrensarten miteinander verglichen" ... und — wie man im Hinblick auf unseren Untersuchungsgegenstand hinzufügen kann — Verfahrensregeln von dem einen in das andere übertragen ... „werden können. Die Erörterung der Verfahrensgrundsätze bildet demnach einen wesentlichen Teil einer Allgemeinen Prozeßrechtslehre, deren Pflege im Interesse der wissenschaftlichen Durchdringung des allgemeinen Prozeßrechts die z. Z. wohl wichtigste Aufgabe der Prozeßrechtswissenschaft ist." Dem hat neuerdings MENGER, a. a. O., S. 433 sub 3 zugestimmt. — Vgl. auch NIESE, Doppelfunktionelle Prozeßhandlungen, S. 16/17, bes. S. 19 a. E. und 20 f.; REDEKER, Verfahrensrechtliche Bindungen der Untersuchungsmaxime im Verwaltungsprozeß, in: Staatsbürger und Staatsgewalt Bd. II, S. 475/76; auch SAUER, Grundlagen des Prozeßrechts, S. 664 vor 6 (einschränkend zur dogmatischen Brauchbarkeit der Prozeßmaximen); ders., Allgemeine Prozeßrechtslehre, § 6, S. 63 ff. (eingehend zu Geschichte und Überwindung der Prozeßgrundsätze).

[395] Die hier vorgenommene Begriffsbestimmung entspricht der mit Recht heute wohl überwiegenden Auffassung. Immerhin besteht ausreichende Veranlassung zu besonderer Klarstellung, da insbesondere Dispositions- und Verhandlungsmaxime nicht immer sauber voneinander getrennt oder gar synonym gebraucht werden (vgl. z. B. STJSCHP, ZPO, Vorbem. II 2 vor § 128; BAUMBACH-LAUTERBACH, ZPO, Grundz. 3 B vor § 128) oder aber die Unterscheidung zu Unrecht bewußt vernachlässigt wird (vgl. z. B. SCHÖNKE-SCHRÖDER-NIESE, Zivilprozeßrecht, § 7 I, S. 41 und § 7 I 5, S. 42). Auch das BVerfG vermengt die Begriffe, vgl. FRIESENHAHN, a. a. O., S. 98 bei und in Anm. 311/311 a.

[395a] Wie sie von BETTERMANN, DVBl. 1951, 39 sub 2 a trefflich formuliert worden sind.

[396] Dieses Gegensatzpaar ist nur vollständigkeitshalber angeführt, da es offensichtlich für unsere Frage gänzlich bedeutungslos ist: Obwohl für den Zivilprozeß im Grundsatze (Terminanberaumungen erfolgen schon immer, Ladung und Zustellung selbst im landgerichtlichen Verfahren seit dem 2. Weltkrieg ebenfalls von Amts wegen!) Parteibetrieb und für den Verwaltungsprozeß durchgehend Amtsbetrieb vorgesehen ist, wird völlig zu Recht in beiden Verfahren ein RSchB gefordert. Es kann daher auf die Unterscheidung nicht ankommen.

A. Dispositions- und Offizialmaxime

Der Dispositionsgrundsatz besagt, daß die Parteien die Verfügungsbefugnis über Inhalt und Gang des Verfahrens insgesamt haben[397] oder — für unsere Fragestellung geeigneter — daß der Rechtsschutz vom Staat nur gewährt wird, wenn, soweit[397a] und solange er verlangt wird[398]. Wie sich jedoch bereits an den besonderen Verfahrensarten des zivilprozessualen Ehe-, Kindschafts- und Entmündigungsprozesses[398a] zeigt, wird die Verfügungs-(Dispositions-)freiheit der Parteien vom Gesetzgeber beschränkt, sobald und soweit die öffentlichen Interessen höher zu bewerten sind. Diese Beschränkung kann naturgemäß je nach der Intensität des öffentlichen Interesses von der bloßen Einschränkung der Dispositionsmaxime bis zu ihrer völligen Abschaffung, d. h. der Einführung der Offizialmaxime, reichen. Bei aller gebotenen Zurückhaltung[399] wird man daher sagen dürfen, daß die Geltung der Dispositionsmaxime in einem Verfahren dafür spricht, daß es den Schutz subjektiver Rechte und Pflichten bezweckt, somit kein sog. objektives Verfahren, sondern ein Rechtsschutzverfahren im Sinne unserer Terminologie ist. Denn es sind die Parteien, die darüber entscheiden, ob, inwieweit und wielange ein Rechts-(oder Verfassungs-)verstoß zur (verfassungs)gerichtlichen Entscheidung gestellt wird. Dagegen wird ein Verfahren, das den „bloßen" Schutz des objektiven (Verfassungs-)Rechts als solchen bezweckt, dahin tendieren,

---

[397] So Lüke, Grundsätze des Verwaltungsprozesses, JuS 1961, 42 sub 1 oben, im Anschluß an Rosenberg.

[397a] Wegen der §§ 67 Satz 3, 69, 72 Abs. 2 Satz 2, 74, 78 Satz 2, 82 Abs. 1, 88, 95 Abs. 1 Satz 2 BVerfGG wird die Bindung des Gerichts an den Streitgegenstand unten § 11, S. 94 f. gesondert behandelt.

[398] So die treffende Formulierung Nikischs, Zivilprozeßrecht, § 50 I 1, S. 190.

[398a] Allerdings ist hier — genau genommen — nicht die Verfügungsmacht über den Streit als solchen, sondern die Verfügungsbefugnis über den Streitgegenstand eingeschränkt, soweit das materielle Recht die Privatautonomie ausschließt. Aber auch letzteres wird prozessual mit Recht zur Dispositionsmaxime gerechnet. Vgl. Blomeyer, Zivilprozeßrecht, § 13 vor I (S. 63) und § 13 II 3 (S. 65).

[399] Es ist mit Recht darauf hingewiesen worden, daß die Dispositionsmaxime zur Schließung von Gesetzeslücken nur mit Vorsicht herangezogen werden kann, da sie — anders als der Untersuchungsgrundsatz — keinen festumrissenen Inhalt hat, sondern an den verschiedensten Stellen eines Verfahrens zum Tragen kommt (Lüke, a. a. O., S. 42 r. Sp. vor 2). — Es genügt daher (entgegen Friesenhahn, Verfassungsgerichtsbarkeit in der BRD, S. 98/99) nicht der bloße Hinweis auf den Geltungsbereich der Dispositionsmaxime, um damit automatisch die umstrittene Frage der Zulässigkeit der Antragsrücknahme im Verfassungsprozeß abschließend zu entscheiden. Die Frage bedarf sicherlich differenzierenderer Untersuchung.

bestimmten Antragstellern[400] eine Pflicht zur Auslösung der Verfolgung, Reparatur oder auch Verhütung von Rechtsverstößen aufzugeben[401].

Die Geltung der Dispositionsmaxime in einem verfassungsgerichtlichen Verfahren ist daher als ein Indiz für die Anwendbarkeit des Instituts des RSchB verwertbar. Das Vorhandensein der Offizialmaxime spricht andererseits stark dagegen.

B. Verhandlungs- und Untersuchungsmaxime

Gänzlich ungeeignet für die Heranziehung als Indiz für das Vorhandensein eines Rechtsschutzverfahrens ist dagegen die Feststellung, daß in einem gegebenen Verfahren die Verhandlungs- oder Untersuchungs-(Inquisitions-)maxime herrscht, wie also die Frage geregelt ist, wer für die Beschaffung der tatsächlichen Entscheidungsgrundlage, den Prozeßstoff, verantwortlich ist. Denn einmal ist wie schon bei dem Gegensatzpaar Partei-/Amtsbetrieb[402] darauf hinzuweisen, daß dem Zivilprozeß die Verhandlungsmaxime zugrunde liegt, während sich die VwGO (§ 86 Abs. 1[403]) für die Untersuchungsmaxime entschieden hat, daß aber dennoch in beiden Gerichtswegen völlig zu Recht ein RSchB gefordert wird; es kann demnach bereits aus diesem Grunde auf die Entscheidung nicht ankommen. Zum anderen ist zutreffend darauf aufmerksam gemacht worden[404], daß bei aller Verschiedenheit der theoretischen Ausgangspunkte beider Verfahrensgrundsätze die praktischen Unterschiede zwischen der Untersuchungsmaxime und einer durch die richterliche Frage- und Aufklärungspflicht[405] sowie die Konzentrationsmaxime abgeschwächten Verhand-

---

[400] Es ist unzutreffend, wenn FRIESENHAHN, a. a. O., S. 98 a. E., meint, bei der Offizialmaxime handele es sich „in Wahrheit um die Befugnis eines *Gerichts*, ein Verfahren von Amts wegen *einzuleiten*" (Hervorhebungen vom Verf). Wenn dies richtig wäre, dann wäre es schlecht um die Geltung der bisher unangefochtenen Offizialmaxime bestellt, denn es gilt in der Tat das ‚judex ne procedat ex officio' als „Grundsatz des allgemeinen Prozeßrechts". So MENGER, Allgemeine Prozeßrechtssätze in der VwGO, Staatsbürger und Staatsgewalt, Bd. II, S. 435 Mitte; ferner BETTERMANN, Festschrift für Lent, S. 25 sub 2 b; ders., Jellinek-Gedächtnisschrift, S. 371/2; BLOMEYER, a. a. O., § 13 I 1, S. 63, der darauf hinweist, daß es sich sogar um eine Parömie handelt.

[401] GOESSL, Organstreitigkeiten innerhalb des Bundes, S. 174 sub II 1 b.

[402] S. o. Zweiter Teil, III. Kapitel, § 10 A, S. 91 Anm. 396.

[403] Wie auch — selbstverständlich — das BVerfGG in § 26 Abs. 1 Satz 1.

[404] LÜKE, Grundsätze des Verwaltungsprozesses, JuS 1961, 43 l. Sp. oben; frühzeitig auch schon BETTERMANN, Beiladung im Verwaltungsstreitverfahren, DVBl. 1951, 39 l. Sp. a. E.

[405] §§ 138, 139 ZPO.

lungsmaxime recht gering sind[406, 407]. Vor allem aber ist dem Umstand, daß der Untersuchungsgrundsatz dem Gericht eine selbständige Sachverhaltserforschung ermöglicht und damit den sonst gegebenen Einfluß[407a] der Parteien auf den Inhalt der Entscheidung ausschließt, aus der Sache kein indizieller Wert für die Zuordnung eines Verfahrens als sog. objektives Verfahren zuzusprechen. Denn der Untersuchungsgrundsatz enthält auch eine starke Schutzkomponente, gerade auch zugunsten der schwächeren und ungewandteren Partei.

§ 11 Die Bindung des Gerichts an den Streitgegenstand

In engem Zusammenhang mit der Dispositionsmaxime — als Teil derselben mit ihr identisch[408] — steht der Grundsatz des ne ultra petita partium[409], die Bindung des Richters an den Streitgegenstand[410]. Denn wie einerseits die Parteien bei Herrschen der Dispositionsmaxime darüber befinden, ob, wieweit und wielange die staatliche Gerichtsbarkeit in Anspruch genommen werden soll, korrespondiert es andererseits damit, daß der Richter auch nur hierüber entscheiden kann und muß, nicht über mehr, nicht über weniger und nicht über etwas anderes. Wie die Parteiherrschaft über den Streitgegenstand[411], wenn auch mit zusätzlicher Vorsicht zu bewerten, spricht daher auch die undurchbrochene Bindung des Gerichts an den zur Prüfung gestellten Streitgegenstand dafür, daß dieses Verfahren den Schutz subjektiver Rechte und Pflichten bezweckt, also ein Rechtsschutzverfahren darstellt. Dagegen wird ein Verfahren, das den direkten Schutz des objektiven

---

[406] A. A. Meiss, Verhältnis von Zivil- und Verwaltungsprozeß, ZZP 67, 177 ff. (bes. 182 Mitte).

[407] Ein Beispiel für einen praktischen Unterschied ist allerdings die Frage der amtswegigen Prüfung des Vorliegens verschiedener Sachentscheidungsvoraussetzungen; s. o. Erster Teil, I. Kapitel, § 2, S. 14 Anm. 57.

[407a] Z. B. durch Zugestehen (§ 288 Abs. 1 ZPO), durch Nichtbestreiten (§ 138 Abs. 3 ZPO) oder durch die Geständnisfiktion (§ 331 Abs. 2 ZPO) bei Säumnis des Beklagten. Blomeyer, Zivilprozeßrecht, § 14 II 2, S. 69, hält daher den Verhandlungsgrundsatz insoweit für nichts anderes als eine „Anwendung der Dispositionsmaxime auf die Sachverhaltsaufklärung".

[408] Thomas-Putzo, ZPO, § 308 Anm. 1, der die Bindung des Gerichts als „Ausfluß" des Dispositionsgrundsatzes bezeichnet; Blomeyer, Zivilprozeßrecht, § 13 I 1, S. 63 f.; Goessl, a. a. O., S. 213 sub IV 1. — Es sind daher allein darstellerische Gründe, weshalb die Parteiherrschaft über den Streitgegenstand und die Bindung des Richters an diesen getrennt behandelt werden. Vgl. oben § 10 A, S. 92 Anm. 397a.

[409] Vgl. § 308 Abs. 1 Satz 1 ZPO, § 88 VwGO.

[410] Daß der Streit- und damit der Entscheidungsgegenstand *als solche* ohne indiziellen Wert sind, hat Goessl, a. a. O., S. 183 sub V 1 g. E., deutlich gemacht.

[411] S. o. Zweiter Teil, III. Kapitel, § 10 A, S. 92 f.

(Verfassungs-)Rechts bezweckt, dazu neigen, den Streitgegenstand von etwaigen subjektiven Elementen zu befreien, ihn gewissermaßen zu „objektivieren", und den Richter damit von seiner Bindung zu befreien. So läßt sich die für objektive Verfahren sicher wünschenswerte Erhöhung des Wirkungsbereichs der richterlichen Entscheidung erreichen[412].

§ 12 Streitiges oder nichtstreitiges Verfahren. Verbindlichkeit der Entscheidung

Dagegen ist das Kriterium „kontradiktorisches Verfahren oder nicht" ebenso ungeeignet als Indiz für die Zuordnung eines Verfahrens im hier versuchten Sinne wie das Moment „Zwei- oder Einparteienverfahren"[413]. Zwar mag zugegeben werden, daß objektive Verfahren regelmäßig nichtstreitig sein werden. „Aber streitige Verfahren brauchen nicht um subjektive Rechte oder Pflichten zu gehen und nichtstreitige Verfahren können es"[414, 415].

Ebensowenig ist für den Verfassungsprozeß der Kreis der an eine Entscheidung Gebundenen für unsere Frage von indiziellem Wert, da — es liege nun § 31 Abs. 1 oder 2 BVerfGG vor — jedenfalls nie bloße Rechtskraft inter partes allein besteht. *Immer* ist daneben auch Allgemeinverbindlichkeit oder Gesetzeskraft[415a] gegeben. Obwohl es

---

[412] Hierzu Goessl, a. a. O., S. 174/75 sub II 1b—c, der hier, wie auch sonst, eine eingehende Analyse bietet.

[413] Früher wurde das Vorliegen eines Zweiparteienverhältnisses als Voraussetzung und Kennzeichen jeglichen Prozesses betrachtet. Vgl. R. Schmidt, Lehrbuch des deutschen Zivilprozeßrechts (1910), § 50 I, S. 311 („ausschließliches Kennzeichen" des Zivilprozesses) und auch noch Bettermann, a. a. O., DVBl. 1951, 40 l. Sp. sub 3 („... wo kein Beklagter, da kein Prozeß!").

[414] Goessl, a. a. O., S. 183 a. E./184. — Unrichtig Geiger, Einige Probleme der Bundesverfassungsgerichtsbarkeit, DöV 1952, 485 und BVerfGG § 82 A. 1 (S. 259), der ein nichtstreitiges Verfahren als „objektives Verfahren" bezeichnet. Dem entspricht es, wenn er (irrigerweise!) das RSchB „in jedem ... Streitverfahren" fordert, BVerfGG, § 64 A. Verfehlt auch Koehler, Verfahren und Gerichtsverfassung, DöV 1963, 750 sub 7, 752.

[415] Das zeigt sich deutlich an den Verfahren nach § 90 BVerfGG und Art. 93 Abs. 1 Nr. 2 GG (s. u. Dritter Teil, I. Kapitel, § 15, S. 100ff. und II. Kapitel, § 17 A, S. 147ff.).

[415a] Wenn ein Unterschied zwischen beidem überhaupt anzuerkennen sein sollte und nicht vielmehr — jedenfalls bei Entscheidungen, die eine Norm betreffen — gilt: Allgemeinverbindlichkeit = Verbindlichkeit inter omnes = Gesetzeskraft . Diesen schwierigen Problemen braucht hier jedoch nicht weiter nachgegangen zu werden. Vgl. Goessl, a. a. O., S. 45/6, 72 sub 5 mit Nachweisen; jüngst H. Bogs, DVBl. 1965, 633ff.; Stern, BK, Art. 94 Rdnr. 129.

an und für sich richtig ist, daß Rechtskraft inter omnes für ein Verfahren zur Gewähr objektiv rechtmäßigen Verfassungshandelns spricht[416], kann dies daher im Bundesverfassungsprozeß für unsere Fragestellung nichts Entscheidendes hergeben. Denn sonst wären bereits deshalb durchgängig sog. objektive Verfahren anzunehmen, was offensichtlich eine Problemverkürzung bedeutete.

§ 13 Verletzung/Gefährdung in subjektiven Rechten oder Pflichten

Stärkstes Indiz für das Vorliegen eines Rechtsschutzverfahrens jedoch ist es, wenn zum Tätigwerden des Richters eine Verletzung oder Gefährdung[416a] von subjektiven Rechten oder Pflichten gefordert wird, die beiden grundsätzlich einzigen Formen also, in denen Rechtsgüter angegriffen werden können[417]. Denn dieses Erfordernis ist nur dort sinnvoll, wo das Verfahren (zumindest auch) deren Schutz bezweckt. Für ein Verfahren dagegen, das „rein" der Bewahrung des objektiven Rechts dient, wäre solche Einschränkung hinderlich, da es bei *allen* rechts-(und verfassungs-)widrigen Handlungen und Unterlassungen nach Rechtskontrolle verlangen sollte, die am geeignetsten von einer beschränkten[418] Zahl privilegierter Antragsteller ausgelöst wird (u. U. mit Verpflichtung hierzu[419]).

IV. KAPITEL

§ 14 Kein spezieller Prüfungsmaßstab für das Rechtsschutzbedürfnis im Verfassungsprozeß

Es ist bereits festgestellt worden[420], daß für das zur Prüfung des RSchB erforderliche prozessuale Werturteil Ausgangspunkt zwar die

---

[416] Goessl, a. a. O., S. 175 sub e).

[416a] Dazu gehört auch das Bestreiten eines Rechts oder Berühmung eines solchen. S. o. § 7, S. 82 Anm. 364 a, sowie § 4 D, S. 58 Anm. 249 a.

[417] Wach, Feststellungsanspruch (1889), S. 52/53. — Diese Feststellung ist nur die konsequente Folge aus der hier getroffenen Begriffsbestimmung des RSchB (s. o. Erster Teil, II. Kapitel, § 4 D, S. 56—63) und seine daraus abgeleitete Funktionsbegrenzung auf Rechtsschutzverfahren (s. o. Zweiter Teil, II. Kapitel, § 7, S. 81 ff.). Sie rechtfertigt auch die bereits erfolgten Rückgriffe auf das Merkmal der „subjektiven Rechte und Pflichten" bei der Heranziehung der Dispositionsmaxime (Zweiter Teil, III. Kapitel, § 10 A, S. 92 f.), der Bindung des Gerichts an den Streitgegenstand (Zweiter Teil, III. Kapitel, § 11, S. 94 f.) sowie des Kriteriums der Streitigkeit eines Verfahrens (Zweiter Teil, III. Kapitel, § 12, S. 95 f.).

[418] BVerfGE 13, 54 (96 a. E.).

[419] Zum Vorstehenden zutreffend Goessl, Organstreitigkeiten innerhalb des Bundes, S. 174 sub II 1 a.

[420] S. o. Erster Teil, II. Kapitel, § 4 C, S. 53—56.

Interessenlage des Antragstellers ist, daß im entscheidenden Stadium dagegen eine objektive Prüfung anhand der erarbeiteten Typisierungen fehlenden RSchB[421] durch das Gericht stattzufinden hat.

Es ist jedoch gefordert worden, bei der Prüfung des RSchB vor dem BVerfG[422] solle „grundsätzlich ein besonders strenger Maßstab" angelegt werden, da eine Überlastung besonders gefährlich für dieses sei[423] oder da es gelte, der Verfassungsgerichtsbarkeit ihren Rang und ihre Funktionsfähigkeit zu erhalten[424].

Das BVerfG hat sich hierzu noch nicht geäußert. Bei seiner Übung, den Vorrang der Zulässigkeitsprüfung nicht so scharf wie in den herkömmlichen Verfahren zu handhaben[425], ist mit seiner Zustimmung zu dieser Auffassung wohl nicht zu rechnen.

Ihr ist aber auch entschieden zu widersprechen: Ebensowenig wie es z. B. einen Wesensunterschied zwischen der Rechtskraft im Zivilprozeß und derjenigen im Verwaltungsprozeß gibt[426], ist ein solcher zwischen dem RSchB im herkömmlichen Prozeß und dem RSchB im Verfas-

---

[421] S. o. Erster Teil, II. Kapitel, § 4 B I und II, S. 28—51.

[422] Ungelöste Probleme auf das Gebiet des RSchB abzuschieben, ist jedoch nicht auf den Bereich des Verfassungsprozeßrechts beschränkt. Vgl. bereits oben Erster Teil, II. Kapitel, § 3 A, S. 18 bei und in Anm. 74. So hat z. B. OBERMAYER, Verwaltungsakt und innerdienstlicher Rechtsakt (1956), S. 168 ff., die Anfechtbarkeit von Amtshandlungen innerhalb von besonderen Gewaltverhältnissen auf „besonders schwere Rechtsverletzungen", „Verletzungen eines Grundrechts in seinem Wesensgehalt" (a. a. O., S. 172) beschränkt, umfassend jedoch von einem diesen besonderen Anforderungen genügenden RSchB abhängig gemacht. Dagegen zutreffend MAUNZ-DÜRIG, GG, Art. 19 IV Rdnr. 25 (S. 16 Anm. 2, S. 17 a. E.) m. w. N. Ebenfalls zutreffend ist die Methodenkritik von ZULEEG, DVBl. 1966, 234 ff., gegen den Versuch, das Vorliegen eines Verwaltungsakts (hinsichtlich der Ausübung des gemeindlichen Vorkaufsrechts) nach dem „RSchB des Bürgers" zu bestimmen.

[423] POHLE, Verfassungbeschwerde und Normenkontrolle, S. 37 g. E. und S. 45 sub bb).

[424] So etwa BETTERMANN für das RSchB bei Art. 19 Abs. 4 GG, Der Schutz der Grundrechte in der ordentlichen Gerichtsbarkeit, in: GR III/2, S. 806 sub 7 („Zuviel Rechtsschutz führt im Ergebnis zu einem Zuwenig . . ."). Vgl. auch MAUNZ-DÜRIG, GG, Art. 84 Rdnr. 71 a. E., der von der „allgemeinen Konzeption von der Verfassungsgerichtsbarkeit als *ultima ratio*" spricht, „wonach rechtliche Möglichkeiten, die *vor* dem *Gerichts*weg ergriffen werden *können*, auch ergriffen werden *müssen*."

[425] So läßt es z. B. in E 12, 73 (80 sub III) und 12, 319 (322 a. E.) die Zulässigkeit dahinstehen, da der Antrag jedenfalls unbegründet sei; hiergegen sind indes ernste Bedenken zu erheben (s. o. Erster Teil, I. Kapitel, § 2, S. 14 Anm. 56 g. E.)! In E 12, 311 (318 sub 5) fügt es der Verneinung der Zulässigkeit hinzu, daß das Gericht „die erhobenen Rügen . . . auch für unbegründet hält".

sungsprozeß zuzugeben. Denn das Institut des RSchB ist als Erfordernis der Zulässigkeit jedweder Sachentscheidung *grundsätzlich materiell-rechtlich voraussetzungslos*[427]. Wenn auch nicht geleugnet werden soll, daß die verschiedenen Verfahrensarten von ihren materiellen Gegenständen her erhebliche Strukturunterschiede aufweisen, verlangt doch das Gebot einer ernst genommenen Allgemeinen Prozeßrechtslehre[428], Gleiches gleich und Ungleiches ungleich zu behandeln. Das aber bedeutet: Die Prüfung des Vorliegens des RSchB wird grundsätzlich und in allererster Linie von dessen — auf Gesichtspunkten der Zweckmäßigkeit und der allen gerichtlichen Rechtsschutzverfahren gemeinsamen Sinngemäßheit beruhenden — dogmatischen Eigenarten bestimmt. Diese bestehen darin, daß die Lehre vom RSchB vor allem eine Lehre der Ausnahmen ist, die in bestimmten Erscheinungsformen typisiert[428a] sind. Liegen diese in concreto nicht vor, so kann das

---

[426] So richtig EYERMANN-FRÖHLER, VwGO, § 121 Rdnr. 1, gegen OVG Berlin, NJW 1954, 775 l. Sp., das als Besonderheit des Verwaltungsprozesses hervorgehoben hat, daß verwaltungsgerichtliche Urteile in der Regel nur unter der clausula rebus sic stantibus ergehen. Dies ist jedoch gegenüber dem Zivilprozeß prinzipiell nicht Besonderes (vgl. §§ 323, 767 ZPO) wie jüngst noch MENGER, Allgemeine Prozeßrechtssätze in der VwGO, in: Staatsbürger und Staatsgewalt Bd. II, S. 438/39, gezeigt hat.

[427] Das heißt natürlich nicht, wie auch bei anderen Sachentscheidungsvoraussetzungen, daß das RSchB im luftleeren Raum geprüft werden könne, gewissermaßen sachlichrechtlich „moralinfrei" (vgl. GOLDSCHMIDT, Der Prozeß als Rechtslage, S. 292) sei. Doch sind der Einflußnahme der verschiedenen materiellen Rechte auf Institute des Allgemeinen Prozeßrechts, zu denen das RSchB gehört, enge Grenzen zu setzen. Den *Kern* eines solchen Instituts können sie nicht antasten; dazu gehört beim RSchB, daß es grundsätzlich nur zu verneinen ist, wenn eine der typisierten Erscheinungformen seines Fehlens feststellbar ist. Für die Forderung nach milder, strenger oder besonders strenger Prüfung ist daher kein Raum. Vgl. auch oben Zweiter Teil, II. Kapitel, § 8, S. 85 sub (1).

[428] S. o. Erster Teil, II. Kapitel, § 5, S. 74—78. Vgl. jüngst RENCK, NJW 1965, 1793 r. Sp. oben: Das „allgemeine Prozeßrecht... zwingt zu einer Gleichbehandlung gleicher Phänomene in den verschiedenen Prozeßarten".

[428a] An *dieser* Stelle liegt allerdings eine wichtige Einbruchsmöglichkeit, durch die sich die spezifische Eigenart und auch die Notwendigkeiten des Verfassungsprozesses auch für das Institut des RSchB gesonderte Geltung verschaffen können. Da es nämlich nicht entscheidend der Gesetzgeber, sondern Rechtsprechung und Lehre waren, die die Typisierung vorgenommen haben, bestehen keine Bedenken, diesen Vorgang auch unter spezifisch verfassungsprozessualen Gesichtspunkten fortzuführen und auf diese Art möglicherweise *neue Typen* (!) zu entwickeln (vgl. z. B. unten § 15 B II 3 c bb, S. 127, sowie § 16 A II 2 c bb, S. 139), solange sich diese im Rahmen *legitimer* (!) RSchB-Erwägungen halten. Die Frage des Prüfungsmaßstabes ist jedoch *kein* Problem der Typisierung!

RSchB weder im Hinblick auf Erhaltung von „Rang und Funktionsfähigkeit der Verfassungsgerichtsbarkeit“[428b] und noch viel weniger unter Berufung auf eine „Überlastung“ des BVerfG verneint werden; ist eine davon jedoch gegeben, so fehlt das RSchB natürlich auch im Verfassungsprozeß. Das bedeutet: Wo das Institut des RSchB im Verfahren vor dem BVerfG anwendbar ist, hat es *keinen* anderen Inhalt als auch sonst im Prozeß[429]. Es bleibt der denkbare Einwand, die Forderung nach besonders strenger Prüfung des RSchB im Verfassungsprozeß lasse sich dogmatisch mit der gegebenen Einräumung eines Beurteilungsspielraums[430] zugunsten des entscheidenden Gerichts rechtfertigen oder zumindest aufrechterhalten. Indes verlangt die hierbei zu fordernde Pflichtgemäßheit auch und gerade, daß bei seinem Gebrauch den Leitgedanken und dem Wesen unseres Untersuchungsgegenstandes Rechnung getragen wird. Diese sind jedoch in jedem Verfahren, in dem es überhaupt anwendbar ist, dieselben[430a]!

[428b] Damit wird natürlich nicht der abwegigen Tendenz das Wort geredet, das BVerfG so leicht erreichbar zu machen wie ein beliebiges Amtsgericht, was bereits nach den gesetzlichen Zulässigkeitsschranken (vgl. insbesondere § 93 a Abs. 3 und Abs. 4 Satz 2!) gerade keineswegs zu befürchten ist. Als *zusätzliche* prozessuale Schranke ist das RSchB in seiner *herkömmlichen* Bedeutung bereits ein ausreichend scharfes Schwert!

[429] Wie hier, wenn auch ohne nähere Begründung, bereits HOFMANN, Verfassungsstreitigkeit innerhalb eines Landes (1933), S. 19, S. 80 g. E. Zu dieser Arbeit näher in der Einleitung, S. 2 Anm. 6.

[430] Es ist *kein* Ermessen gegeben! Vgl. dazu oben Erster Teil, II. Kapitel, § 4 C, S. 55.

[430a] Es trägt daher keineswegs zur Klärung bei, wenn A. ARNDT, NJW 1965, 808 f., einen „objektiven Begriff des besonderen (!) *verfassungs*gerichtlichen Rechtsschutzbedürfnisses“ einführt.

DRITTER TEIL

DAS RECHTSSCHUTZBEDÜRFNIS IM VERFASSUNGSGERICHTLICHEN PROZESS IM EINZELNEN

Nach der Herausarbeitung der Geltungsvoraussetzungen des RSchB im Verfassungsprozeß sowie von Indizien zur Bewertung der jeweiligen Verfahrensausgestaltung wenden wir uns nun der Frage zu, ob es Verfahrensarten vor dem BVerfG gibt, die überwiegend Rechtsschutzcharakter tragen und damit Raum für die Anwendbarkeit unseres Untersuchungsgegenstandes lassen. Soweit dies der Fall ist, gilt es sodann, das RSchB an einer Anzahl von Einzelfällen praktisch zu erproben. Soweit sich dagegen ein Verfahren als überwiegend der Bewahrung des objektiven Rechts dienend erweist, wird darauf zu achten sein, ob sich nicht Verfahrensregelungen finden, die stellvertretend für das dann unanwendbare Institut des RSchB ähnlichen Funktionen zum Durchbruch verhelfen können.

I. KAPITEL

Rechtsschutzverfahren vor dem Bundesverfassungsgericht

§ 15 Die Verfassungsbeschwerde

A. Anwendbarkeit des Rechtsschutzbedürfnisses

Nach § 90 Abs. 1 BVerfGG kann jedermann mit der Behauptung, durch die öffentliche Gewalt in einem seiner Grundrechte oder in bestimmten diesen ausdrücklich gleichgestellten Rechten verletzt zu sein, die Verfassungsbeschwerde (Vb) zum BVerfG erheben. Gerechtfertigt wurde die Eröffnung dieser auf Art. 93 Abs. 2 GG gestützten zusätzlichen Zuständigkeit des BVerfG — neben anderen Erwägungen[431] — im wesentlichen damit, daß ein unverbrüchlicher und letzter Schutz der Grundrechte erforderlich sei. Damit ist die Frage, ob es sich bei der Vb um ein Rechtsschutzverfahren oder um ein sog. objektives Verfahren handelt, aber noch nicht beantwortet. Denn es ist durchaus

---

[431] Hierzu Geiger, BVerfGG, Vorbem. 3 b—i zu § 90, S. 273—74.

denkbar und praktisch möglich[431a], die Vb in erster Linie zur Bewahrung der objektiven Grundrechte überhaupt sowie der jeweils als verletzt behaupteten Grundrechtsnorm und damit zur Gewährleistung objektiv rechtmäßigen Hoheitshandelns zu eröffnen[431b]. Es ist jedoch zu Recht ganz überwiegend anerkannt, daß das Verfahren nach §§ 13 Nr. 5, 90ff. BVerfGG wegen des überwiegenden Charakters der Grundrechte als Abwehrrechte des Bürgers gegen den Staat[432] in erster Linie den Rechtsschutz des einzelnen gegenüber der Staatsgewalt bezweckt[433]. Die Vb ist „der spezifische Rechtsbehelf des Bürgers gegen den Staat"[434].

Der Rechtsschutzzweck der Vb ergibt sich aber vor allem auch aus der letztlich entscheidenden[435] verfahrensrechtlichen Ausgestaltung. Nach der gesetzlichen Regelung nur auf Antrag tätig, ist die Tätigkeit des BVerfG durch das Dominieren der *Dispositions*maxime erheblichen Beschränkungen unterworfen. Insbesondere ist das Gericht an die jederzeit zulässige[436] Rücknahme des Antrags gebunden. Dabei braucht nicht verschwiegen zu werden, daß Ansätze der Offizialmaxime dem

---

[431a] So die bayerische Popularklage (s. o. S. 83 Anm. 366). Vgl. hierzu BayVerfGHE 4 II, S. 181 (189).

[431b] Unrichtig Seiwerth, Zur Zulässigkeit der Verfassungsbeschwerde gegenüber Grundrechtsverletzungen des Gesetzgebers durch Unterlassen (1962), S. 98/9, der Art. 19 Abs. 4 GG verletzt sieht.

[432] So z. B. BVerfGE 7, 198 (204 a. E.).

[433] Vgl. BVerfGE 1, 4 (5); 1, 332 (344 a. E.); 8, 222 (225 oben); 13, 54 (85 vor 4); 13, 248 (260 sub D); 15, 298 (301 sub II 1, 302 a. E.). Daß das Institut der Vb vor dem BVerfG im System des verfassungsgeordneten Verhältnisses der Staatsfunktionen auch und gerade auch bedeutet, daß der Schutz der Grundrechte gegenüber dem Gesetzgeber zentralisiert durch das höchste Gericht der Dritten Gewalt gewährleistet sein soll, darf dabei freilich nicht übersehen werden. Vgl. BVerfGE 7, 377 (413 vor V); insoweit zutreffend Seiwerth, a. a. O., S. 98 a. E.; auch Schumann, Verfassungs- und Menschenrechtsbeschwerde gegen richterliche Entscheidungen (1963), S. 101 g. E., 104ff.; Schmidt-Bleibtreu, in: Maunz u. a., BVerfGG, § 90 Rdnr. 16 mit Nachweisen. Vgl. auch jüngst Zuck, ZZP 78, 335ff. (341); Ehard, BayVBl 1966, 73f. (Doppelfunktion); a. A. Schlitzberger, JR 1965, 405 r. Sp. Einen nicht unerheblich starken objektiven Einschlag hat die Vb allerdings durch die Neuregelung in § 93a Abs. 4 Satz 2 BVerfGG erhalten, wonach ihre Annahme abgelehnt werden kann, wenn — ohne daß dem Beschwerdeführer hierdurch ein „schwerer und unabwendbarer Nachteil" entsteht — von der Entscheidung die „Klärung einer verfassungsrechtlichen Frage" nicht zu erwarten ist.

[434] BVerfGE 4, 27, 30 (Plenarbeschluß); 6, 45 (49); vgl. auch E 14, 25 (29 sub 2) m. N.; sowie neuerdings — trotz § 93a BVerfGG — E 18, 315 (325 sub B).

[435] S. o. Zweiter Teil, II. Kapitel, § 9, S. 87—89.

[436] So zutreffend Lechner, Verfassungsgerichtsbarkeit, GR III/2, S. 702 a. E. — Vgl. auch Zweiter Teil, III. Kapitel, § 10 A, S. 92 Anm. 399 a. E.

Vb-Verfahren durchaus bekannt sind[437]. So hat das BVerfG in ständiger Rechtsprechung[438] für sich in Anspruch genommen, nicht an den vom Verfahrensführer aufgestellten Prüfungs*maßstab*[438a] gebunden zu sein[438b]. Durch § 95 Abs. 1 Satz 2 BVerfGG, wonach das Gericht bei begründeter Vb zugleich aussprechen kann, daß auch jede Wiederholung der beanstandeten Maßnahme das Grundgesetz verletze[439], ist eine beschränkte Durchbrechung des ne ultra petita partium[440] ermöglicht. Diese Einbrüche der Offizialmaxime sind jedoch zu begrenzter Natur, um verhindern zu können, daß die Vb von der Dispositionsmaxime entscheidend geprägt ist. Ebensowenig ist von ausreichendem Gewicht, daß die erste Alternative von § 90 Abs. 2 Satz 2 BVerfGG, wonach das Gericht auch vor Erschöpfung des Rechtswegs über eine Vb entscheiden kann, wenn sie von „allgemeiner Bedeutung", d. h. „grundsätzlicher"[441] Bedeutung ist, dem öffentlichen Interesse[442] an schneller Klärung grundsätzlicher Verfassungsfragen dient. Nicht zuletzt ist darauf hinzuweisen, daß die Zulässigkeit des Verfahrens von der Behauptung abhängt, in einem subjektiven öffentlichen (Grund-)Recht *verletzt* zu sein. Das verfahrensrechtliche Gepräge er-

---

[437] Auch LECHNER, a. a. O., S. 669, hat die „objektivrechtliche Funktion" der Vb herausgestellt. Vgl. noch ders., Zur bindenden Wirkung verfassungsgerichtlicher Entscheidungen, NJW 1956, 442, 444, jeweils r. Sp. a. E.; ZUCK, DöV 1965, 840 f.; EHARD, a. a. O.; SCHLITZBERGER, a. a. O.

[438] E 1, 264 (271); 3, 58 (74 sub 2, 136 sub 4 b a. E.); 3, 288 (333 a. E.); 4, 294 (295 vor 2); 6, 376 (385).

[438a] Dagegen hält es sich an eine Beschränkung des Prüfungs*gegenstandes* für gebunden. Vgl. BVerfGE 19, 377 (393 sub VII); 4, 52 (56 sub II 1).

[438b] Ob im Zivilprozeß eine solche Bindung besteht, wenn der Kläger den Streitgegenstand ausdrücklich auf einen von mehreren konkurrierenden Ansprüchen beschränkt wissen will, ist äußerst umstritten. Dagegen z. B. ROSENBERG, Lehrbuch, § 88 II 1 c, S. 418, und HENCKEL, Parteilehre und Streitgegenstand im Zivilprozeß, S. 274 ff.; dafür BLOMEYER, Zivilprozeßrecht, § 40 V 1 b, S. 202/3, jeweils m. w. N. Die Frage steht mit der Dispositionsmaxime in engem Zusammenhang (vgl. HENCKEL, a. a. O., der sie deshalb verneint, weil die „Parteidisposition" nicht so weit gehe). Mit BLOMEYER (a. a. O., S. 203) ist in der Tat „nicht einzusehen, warum das Gericht der Klage ausgerechnet aus einem Grunde stattgeben soll, den der Kläger ausschloß".

[439] Daß dieser Ausspruch im Hinblick auf § 31 Abs. 1 und Abs. 2 Satz 2 BVerfGG im Grunde von lediglich deklaratorischer Bedeutung ist (vgl. REDELBERGER, Die Verfassungsbeschwerde, NJW 1953, 363 l. Sp.), kann hier außer Betracht bleiben.

[440] S. o. Zweiter Teil, III. Kapitel, § 11, S. 94 f.

[441] REDELBERGER, NJW 1953, 364 r. Sp.; BVerfGE 4, 7 (11/12); 10, 302 (308 sub 5); BETTERMANN, Zur Verfassungsbeschwerde gegen Gesetze, AöR 86, 150 Mitte.

[442] So mit Recht BETTERMANN, a. a. O., der die Zweckverschiedenheit der beiden Alternativen des § 90 Abs. 2 Satz 2 BVerfGG herausstellt.

halten die §§ 90 ff. BVerfGG somit durch jene beiden Umstände, denen ein bedeutender indizieller Wert für das Vorhandensein eines Rechtsschutzverfahrens beigemessen werden muß[443]. Damit finden Ziel und Wesen der Vb in der verfahrensrechtlichen Ausgestaltung ihre Entsprechung, und es kann auch für unsere Zwecke festgestellt werden, daß sie überwiegend ein *Rechtsschutzverfahren* darstellt. Für das Verfahren der Vb vor dem BVerfG ist daher[444] das Erfordernis des RSchB voll *anwendbar*[445]; fehlt es, so ist die Vb unzulässig[445a].

---

[443] S. o. Zweiter Teil, III. Kapitel, § 10 A, S. 92 f. und § 13, S. 96.

[444] S. o. Zweiter Teil, II. Kapitel, § 7, S. 81—84.

[445] Davon geht auch die das Vorliegen eines RSchB prüfende Rechtsprechung des BVerfG aus: vgl. E 3, 58 (74 sub 4, 75 vor 5); 9, 89 (92 a. E.); 9, 124 (126 sub B I); 9, 160 (161/62); 9, 338 (342); 10, 89 (98 sub II); 11, 61 (63 sub b); 11, 136 (138 sub II 2); 11, 336 (338 sub II); 12, 311 (317 sub 4, 318 vor 5); 14, 25 (29 sub 2, 30); 14, 260 (262—63); 15, 126 (131 sub III); 15, 214 (217 sub II 1); 15, 283 (287 f.); 18, 380 (383 sub II 1); 19, 150 (157 sub I). Ebenso der BayVerfGH: vgl. z. B. E 1, 101 (108); 3, 10 (12); 11, 11 (18 vor III); 12, 73 (78 f.); nicht anders war die Rechtsprechung des Gerichts zur Vb nach altem bayerischen Recht (Nachweise bei POHLE, Verfassungsbeschwerde und Zivilprozeß in Bayern, Festgabe für Rosenberg, S. 180 Anm. 81 sowie KÖRNER, Bayerische Verfassungsbeschwerde und Bundesrecht, DöV 1962, 299 bei und in Anm. 39; sowie bei HOFMANN, Die Verfassungsbeschwerde nach bayerischem Verfassungsrecht [1932], S. 305 sub B I bei und in Anm. 147). Im Ergebnis wie hier in der Literatur: GEIGER, BVerfGG, § 24 A. 5 b ff., S. 91 (der jedoch zu Unrecht behauptet, das RSchB bei der Vb werde *„ausdrücklich"* gefordert); POHLE, a. a. O., S. 180 g. E., 181 Mitte; ders., Bemerkungen über Verfassungsbeschwerde und Normenkontrolle, S. 36 Mitte; LECHNER, Verfassungsgerichtsbarkeit, GR III/2, S. 706 sub 6; PFEIFFER, Die Verfassungsbeschwerde in der Praxis, S. 28 vor V („selbstverständlich"); MENGER, VerwArch Bd. 52 (1961), S. 308 a. E.; KÖRNER, Zur Zulässigkeit der bayerischen Verfassungsbeschwerde, NJW 1962, 23 sub 4; LEONHARD, Zulässigkeitsvoraussetzungen für die Verfassungsbeschwerde zum BVerfG, RPfleger 1963, 181 r. Sp.; wohl auch FRIESENHAHN, Verfassungsgerichtsbarkeit in der BRD, § 9 3 b, S. 77 Anm. 244 a. E.; auch BETTERMANN, Zur Verfassungsbeschwerde gegen Gesetze, AöR 86, 139 sub IV, 146 vor 4, 147 vor V, 153 vor I, 158 f., 167 oben, 169 sub 2, 175 sub 2, 181 sub 5, setzt die grundsätzliche Geltung des RSchB voraus; neuerdings auch SCHUMANN, Verfassungs- und Menschenrechtsbeschwerde gegen richterliche Entscheidungen (1963), S. 105 f. (die Herleitung des RSchB auf S. 106 Anm. 62 das. ist allerdings zu eng); R. SCHNEIDER, Rechtsschutz gegen Unterlassen des Gesetzgebers, AöR 89 (1964), 31 vor Anm. 12; A. ARNDT, NJW 1965, 308 f.; SCHMIDT-BLEIBTREU, in: Maunz u. a., BVerfGG, § 90 Rdnr. 96 a. E., 100; EHARD, BayVBl 1966, 75 r. Sp. — Ablehnend, soweit ersichtlich, nur SPANNER, Festschrift für Jahrreiß, S. 419, 426. — Jüngst auch R. SCHNEIDER, ZZP 79, 1 ff., dessen Erörterung der bisherigen Judikatur des BVerfG jedoch leider unter der ungerechtfertigten und unbewiesenen Verquickung, ja Gleichsetzung (a. a. O., S. 33) des Erfordernisses vorheriger Rechtswegerschöpfung (§ 90 Abs. 2 Satz 1 BVerfGG) mit dem RSchB leidet (a. a. O., S. 11—44).

B. Einzelfälle

I. Das Erfordernis des eigenen Interesses: Problem der Prozeßstandschaft

Mit dem Ziel, die Popularklage auszuschließen, formuliert § 90 Abs. 1 BVerfGG[446]: „Jedermann kann mit der Behauptung, durch die öffentliche Gewalt in einem *seiner* Grundrechte oder in einem *seiner* in Artikel 33, 38, 101, 103 und 104 des Grundgesetzes enthaltenen Rechte verletzt zu sein, die Verfassungsbeschwerde . . . erheben." Der Kreis der Antragsbefugten ist demnach auf einen solchen „jedermann" beschränkt, der behaupten kann, *selbst*[447] in einem seiner *eigenen*[448] Grundrechte oder sonstigen genannten Rechte verletzt zu sein! Damit aber erhebt sich für uns die Frage, ob es hierdurch ausgeschlossen ist, fremde Rechte im eigenen Namen geltend zu machen, d. h. Beschwerdeführer in Prozeßstandschaft zu sein, für deren Zulässigkeit — soweit es sich um die gewillkürte handelt — vor allem das Vorhandensein eines eigenen Interesses an der Geltendmachung fremder Rechte und der Prozeßführung darüber entscheidend ist[449]. Die Frage stellt sich vor allem für zwei Gruppen von Fällen: Einmal wird immer wieder die Versuchung bei Personenvereinigungen jeglicher Art auftauchen, Grundrechtsbeeinträchtigungen durch die öffentliche Gewalt einer Vielzahl ihrer Mitglieder mit einer einzigen, im eigenen Namen erhobenen Vb zu beseitigen (Problem der gewillkürten Prozeßstandschaft[449a], die neben dem Erfordernis des RSchB eine Ermächtigung

---

[445a] Zur prozessualen *Behandlung* der mangels RSchB unzulässigen Vb durch das BVerfG vgl. die erschöpfenden Ausführungen von R. SCHNEIDER, ZZP 79, 64 ff.

[446] Fast gleichlautend: Art. 19 Abs. 4 Satz 1 GG, § 42 Abs. 2 VwGO; vgl. auch § 54 Abs. 1 Satz 2 SGG.

[447] Bezüglich der Vb gegen Gesetze wird das Erfordernis des „selbst" auch nicht von BETTERMANN, a. a. O., S. 179 g. E., in Zweifel gezogen. Dazu näher s. u. Dritter Teil, I. Kapitel, § 15 B II 3 a ee, S. 120 Anm. 516 mit Verweisung.

[448] Darin besteht eben gerade der Unterschied zur Popularklage (vgl. BVerfGE 1, 97, 101/2; 13, 132, 141/42 zur bayerischen Situation; auch E 13, 1, 9 sub B). Jüngst BVerfGE 19, 323 (329 sub II 1).

[449] Dazu eingehend bereits oben Erster Teil, II. Kapitel, § 4 B I, S. 29—32.

[449a] Anders freilich, wenn die angeblich verletzten Grundrechte der Mitglieder nicht als fremde, sondern als eigene (wegen ihrer behaupteten rechtsgeschäftlichen Übertragung) geltend gemacht werden. Hier ist die Antragsberechtigung (Beschwerdebefugnis) *ohne* Prüfung der Zulässigkeit der Prozeßstandschaft zu verneinen, da sich der Beschwerdeführer entgegen seiner Behauptung nicht auf eigene Grundrechte berufen kann. Denn die Grundrechte der Mitglieder konnten als höchstpersönliche Rechte nicht übertragen werden (BVerfGE 16, 147, 158).

der Betroffenen voraussetzen würde). Zum anderen ist bisher nicht[449b] klar erkannt worden, daß bei einer ausnahmslosen Durchführung des Erfordernisses des Selbst-Verletzt(besser: Betroffen-)seins auch der wichtigen Gruppe der Nachlaßverwalter, Testamentsvollstrecker, Zwangsverwalter und Konkursverwalter, kurz: der sog. *Parteien kraft Amtes*[450], die zulässige Erhebung einer Vb in ihrem Amtsbereich versagt wäre (Fälle der gesetzlichen Prozeßstandschaft[451]).

(1) Die Unzulässigkeit jedweder gewillkürter Prozeßstandschaft folgt unabweislich[452] aus der Regelung des § 90 Abs. 1 BVerfGG, wonach nur die Verletzung *eigener* Rechte geltend gemacht werden kann, so daß die Vb der in BVerfGE 10, 134 (135/36) zurückgewiesenen

---

[449b] SCHMIDT-BBEIBTREU, in: Maunz u. a., BVerfGG, § 90 Rdnr. 42, differenziert leider auch nicht zwischen gesetzlicher und gewillkürter Prozeßstandschaft. Er beruft sich auf eine — soweit ersichtlich — nicht veröffentlichte Entscheidung des BVerfG v. 24. 7. 1963 — 2 BvR 129/60. — Soeben hat dies R. SCHNEIDER, ZZP 79, 64 Anm. 113, als eine „weithin unerforschte Problematik" bezeichnet die hier „angerührt" werde.

[450] So die auf OETKER, Verfolgungsrecht (1883), S. 64 ff., und KRECH-FISCHER, Das preuß. Gesetz betr. die Zwangsvollstreckung in das unbewegliche Vermögen (1883), S. 127, zurückgehende Amtstheorie, die von der Praxis und der herrschenden Lehre vertreten wird (Anhänger der Vertretungstheorie sind vor allem JAEGER-LENT, KO, Vorbem. zu §§ 6—9; ROSENBERG, Zivilprozeßrecht, § 39 II 3, S. 164 f.; LENT, Zivilprozeßrecht [9. Auflage], § 18 VI, S. 35 ff.; neuerdings wohl auch STJP, ZPO (19. Aufl.), Bem. II 3 a vor § 50 II, S. 305/6, dort auch umfassende Angaben über den Stand des andauernden Streits; noch anders neuerdings BÖTTICHER, Die Konkursmasse als Rechtsträger und der Konkursverwalter als ihr Organ, ZZP 77 [1964], S. 55 ff.). Von ihr ist hier auszugehen.

[451] Daß die Partei kraft Amtes konsequenterweise als gesetzlicher Standschafter anzusehen ist, geben auch die Gegner der Amtstheorie zu; vgl. ROSENBERG, a. a. O., § 45 III 3 b, S. 198 oben, und LENT, a. a. O., § 22 II 4, S. 48.

[452] So wohl auch BVerfGE 19, 323 (329 sub II 1), wenn es heißt, „im eigenen Namen könne die Beschwerdeführerin die Verletzung der Grundrechte des Kindes jedoch nicht geltend machen" (Fall Angelika Kurtz). A. A. jüngst R. SCHNEIDER, ZZP 79, 61 f. Auch der gewillkürte Prozeßstandschafter mit *Eigen*interesse ist als Popularkläger anzusehen, da er nach wie vor *fremde* und keine eigenen Grund*rechte* geltend macht. Die hiergegen gerichtete Argumentation R. SCHNEIDERS (a. a. O., S. 63 oben) widerlegt dies und damit § 90 Abs. 1 BVerfGG nicht, da sie — mit Hilfe einer petitio principii — nur das vorbringt, was die gesetzlich *nicht* ausgeschlossene gewillkürte Prozeßstandschaft im Einzelfall zulässig macht. Daran ändert nichts, daß — m. E. irrigerweise — z. B. ULE, Verwaltungsgerichtsbarkeit, § 42 A. III 1 c, S. 1271 eine gewillkürte Prozeßstandschaft im Verwaltungsprozeß für möglich hält. Die Frage ist jedoch noch nicht geklärt; vgl. ferner MAUNZ-DÜRIG, GG, Art. 19 IV, Rdnr. 34, S. 24 Anm. 2; LÜKE, Klagebefugnis im Verwaltungsprozeß, AöR 84 (1959), S. 223 Anm. 128; OVG Münster, NJW 1958, 1555 (1556/7); KOEHLER, VwGO, § 42 A. C VI. Neuerdings ist

Rechtsanwaltskammer[453] selbst dann hätte zurückgewiesen werden müssen, wenn sie eine Ermächtigung sämtlicher ihr angeschlossener Rechtsanwälte hätte vorweisen können. Einer Prüfung des RSchB für die bereits an sich ex lege unzulässige gewillkürte Prozeßstandschaft bedarf es daher in keinem Fall.

(2) Problematisch erscheint die Frage, ob auch jegliche *gesetzliche* Prozeßstandschaft durch § 90 Abs. 1 BVerfGG ausgeschlossen sein soll. Das ist nach der allgemeinen Rechtsregel der lex posterior derogat legi priori sicherlich nicht für diejenigen Fälle anzunehmen, bei denen ein nach dem 12. 3. 1951 erlassenes Gesetz entweder ausdrücklich oder auf Grund seines durch Auslegung ermittelten Sinnes die Wahrnehmung fremder Rechte im eigenen Namen im Verfahren der Vb vor dem BVerfG zugelassen hat. Damit ist für die Beschwerdebefugnis der Parteien kraft Amtes jedoch noch nichts gewonnen, da für sie der Fall der Derogation nicht gegeben sein dürfte. Auch läßt sich aus der die Prozeßvertretung regelnden Vorschrift des § 22 BVerfGG nichts herleiten[454]. Indes ist für diesen Personenkreis eine *extensive Interpretation* des § 90 Abs. 1 BVerfGG am Platze: Durch diese Fassung der Vorschrift sollte vor allem die Popularklage ausgeschlossen werden. Es läßt sich aber m. E. nicht die Auffassung halten, der Konkursverwalter erhebe eine Popularklage, wenn er sich mit der Behauptung an das BVerfG wendet, ein dem Gemeinschuldner nachteiliges und der Konkursmasse schadendes Gesetz oder sonstiger Hoheitsakt verletze die Grundrechte des Gemeinschuldners. Auf Grund von § 6 Abs. 2 KO und den entsprechenden Vorschriften[455] gehört es vielmehr zum Amt des Konkursverwalters, im Rahmen seines Aufgabenbereichs auch die auf die Konkursmasse bezüglichen Grundrechte des Gemeinschuldners wahrzunehmen, und zwar auch und gerade mit dem spezifischen Grundrechtsbehelf der Vb! Die sog. Parteien kraft Amtes können somit trotz der insoweit zu engen Fassung von § 90 Abs. 1 BVerfGG zulässigerweise Verfassungsbeschwerdeführer in gesetzlicher Prozeßstandschaft sein[456]! Daß bei dieser gesetzlichen Zulassung[455] kein auf

---

das BVerfG, in: NJW 1964, 1687 Nr. 19 jedoch stillschweigend (!) von der Zulässigkeit der gewillkürten Prozeßstandschaft ausgegangen. Vgl. auch BVerfG, in: NJW 1965, 1546/7 (zu § 2039 Satz 1 BGB).

[453] Ebenso in E 2, 292 (294 sub 2); 11, 30 (35 sub II 1); 12, 139 (143); aufrechterhalten neuerdings in E 16, 147 (158).

[454] Zu den mit den §§ 22, 23 BVerfGG zusammenhängenden Fragen vgl. neuerdings BVerfGE 16, 190 f.

[455] § 1984 BGB (Nachlaßverwalter), §§ 2212/13 BGB (Testamentsvollstrecker), § 152 ZVG (Zwangsverwalter).

[456] Ebenso bereits A. Arndt, NJW 1962, 1194 r. Sp., der das Problem jedoch von Art. 19 Abs. 3 GG her angeht (dazu eingehend Körner, Verfassungsbeschwerde und juristische Personen, BayVBl. 57, 184 ff.); auch Hamann, Die Verfassungsbeschwerde an das Bundesverfassungsgericht, BB 1951, 708; Schumann, Verfassungs- und Menschenrechtsbeschwerde (1963),

die Geltendmachung fremder Rechte und die Prozeßführung darüber bezogenes RSchB dargetan zu werden braucht, ist selbstverständlich. Freilich wird es, wie bei jedem anderen Antragsteller auch, für das Verfahren als solches und überhaupt vom BVerfG zu prüfen sein. Dabei werden die entscheidenden Bezugspunkte jedoch in der Person des Gemeinschuldners usw., und nicht in der der Partei kraft Amtes, zu suchen sein.

II. Das Erfordernis prozessualen Interesses

1. Vorhandensein eines außergerichtlichen Weges zur Erlangung von Grundrechtsschutz

Nach § 90 Abs. 2 Satz 1 BVerfGG ist die Vb nur und erst nach Erschöpfung des in Frage kommenden Rechtswegs zulässig, d. h. der Rechtsschutz der §§ 90ff. BVerfGG wird grundsätzlich nur subsidiär gewährt. Es handelt sich also keinesfalls um eine Regelung des RSchB[457], sondern vielmehr um eine Zulässigkeitsbeschränkung des

---

S. 100 Anm. 13; jüngst R. SCHNEIDER, ZZP 79, 60f. — Auch das BVerfG scheint dieser Auffassung zuzuneigen, wenn es in E 10, 229 (230) lediglich feststellt: „Die Beschwerdeführerin ist ... verstorben; der Testamentsvollstrecker hat die Verfassungsbeschwerde aufrechterhalten." (Im Rubrum ist, zur Klarstellung, von der Vb „des Herrn Heinrich Sch., ... als Testamentsvollstrecker ..." die Rede). Andernfalls hätte nichts näher gelegen, die Vb wegen mangelnder Beschwerdebefugnis zu verwerfen, anstatt den schwierigeren und zudem äußerst bedenklichen Weg zu gehen, sich wegen angeblichen „mittelbaren" Hineinregierens in Berliner Staatsgewalt der Entscheidung zu entziehen (zu letzterem vgl. STERN, Probleme der Errichtung eines Verfassungsgerichts in Berlin, DVBl. 1963, 703 r. Sp./704, sowie jüngst — korrigierend — BVerfGE 19, 377ff.). Vgl. auch BVerfGE 17, 86 (91 vor II) zu § 2039 Satz 1 BGB.

[457] A. A. wohl BETTERMANN, AöR 86, 146 vor 4, der in § 90 Abs. 2 BVerfGG eine „Ausprägung des Rechtsschutzbedürfnisses" erkennt; ebenso neuerdings SCHMIDT-BLEIBTREU, in: Maunz u. a., BVerfGG, § 90 Rdnr. 104 a. E.; R. SCHNEIDER, AöR 89 (1964), 31; ders., ZZP 79, 11ff., passim (vgl. bereits oben S. 104 N 445 a. E.); A. ARNDT, NJW 1965, 808 l. Sp. oben; vgl. auch unten S. 124 Anm. 539. § 90 Abs. 2 BVerfGG beruht indes *nicht* auf dem Gedanken des Rechtsschutzbedürfnisses. Diese Bestimmung soll vielmehr in erster Linie das BVerfG entlasten und der Vb ihren Rang als äußerster und letzter Rechtsbehelf wahren (vgl. BVerfGE 1, 332, 344 a. E.). Nach Auffassung des BVerfG (E 8, 222, 227; 9, 3, 7 sub B I) liegen auch folgende Erwägungen zugrunde: Sammlung und Klärung des Tatsachenmaterials sowie Nutzbarmachung der Spezialkenntnisse und Erfahrungen des jeweiligen oberen Bundesgerichts. — OGHZ 2, 58 (64) hat zutreffend darauf hingewiesen, daß die Fragen nach der Zulässigkeit des Rechtswegs und nach dem RSchB nicht selten vermengt werden. In BGHZ 19, 185 (194) werden sie erfreulich klar voneinander getrennt.

Rechtsweges zum BVerfG[458]. Nicht anders liegt es bei § 91 Satz 2 BVerfGG.

Nach dieser Vorbemerkung gilt es zu prüfen, ob sich Fälle denken lassen, in denen der Beschwerdeführer sein Ziel auch ohne Inanspruchnahme des BVerfG, also die Beseitigung von Grundrechtsverletzungen außergerichtlich erreichen kann. Denn dann würde es an einem ausreichenden rechtlichen Interesse fehlen, den jeweiligen Streitgegenstand zum Gegenstand eines Vb-Verfahrens zu machen[459]. Allein, es ist nicht[459a] ersichtlich, inwiefern es dem durch eine Amtshandlung, Gerichtsentscheidung oder Norm grundrechtsverletzten Bürger oder auch einer Behörde[460] möglich sein soll, diese Verletzung außergerichtlich zu beseitigen. Das gilt auch für Behörden und juristische Personen des öffentlichen Rechts, bei denen immerhin daran gedacht werden könnte, sie darauf zu verweisen, ihre Grundrechte ausschließlich durch Abhilfe innerhalb der Verwaltungshierarchie zu schützen. Doch kann es sich hier immer nur um Bitten, Vorschläge oder Anträge an und über die zuständige Hierarchiespitze handeln, so daß die Beseitigung der Grundrechtsverletzung nicht vom Willen oder der Rechtsmacht des Verletzten (sondern vom BVerfG) abhängt. Letzteres ist jedoch als innerer Grund dafür anzusehen, den Verfahrensführer in bestimmten Fällen auf außergerichtliche Wege zu verweisen[461].

---

[458] LECHNER, BVerfGG, § 24 A. B I 5 b a. E., S. 161, erblickt hierin eine „besondere Prozeßvoraussetzung". Das wäre zutreffend, wenn wir eine verfassungsgerichtliche Generalklausel hätten. Vgl. GOESSL, Organstreitigkeiten, S. 33 Anm. 131, sowie unten S. 141 Anm. 630. — Zu der andersartigen Lage im Verwaltungsprozeß überzeugend BETTERMANN, DVBl. 1959, 309 sub A 1—2, wo das Vorverfahren (§§ 68 ff. VwGO) als Prozeßvoraussetzung zur Gruppe der sog. Rechtsschutzvoraussetzungen gerechnet wird, die um das RSchB (?) gruppiert seien. § 90 Abs. 2 Satz 1 BVerfGG ist mit dem verwaltungsgerichtlichen Vorverfahren jedoch nicht vergleichbar (anders wohl BETTERMANN, AöR 86, 174 vor III), wie die Gegenüberstellung der Zwecke, denen die beiden Regelungen dienen, erweist. Vgl. oben Anm. 457 einerseits, BETTERMANN, DVBl. 1959, 311 sub II 1, andererseits.

[459] Vgl. hierzu oben Erster Teil, II. Kapitel, § 4 B II 1, S. 33 f.

[459a] So jüngst auch R. SCHNEIDER, ZZP 79, 45 vor I.

[460] Soweit Art. 19 Abs. 3 GG reicht.

[461] S. o. Erster Teil, II. Kapitel, § 4 B II 1, S. 33/34 bei und in Anm. 132. — Sofern man den Erlaß von sog. Leistungsbescheiden überhaupt zuläßt, muß daher konsequenterweise das RSchB für eine entsprechende Klage *stets* verneint werden. So mit Recht W. HENRICHS jun., NJW 1965, 459 l. Sp. oben, der sich auf ein Hinweisschreiben des BVerfG v. 3. 12. 1964 — 2 BvR 519/64 — bezieht; jüngst BACHOF, JZ 1966, 20 (Nr. 20).

2. Vorhandensein einfacherer Rechtsschutzformen

Es ist im „allgemeinen Teil“ dieser Abhandlung dargetan worden[462], daß im Falle der Konkurrenz mehrerer zulässiger Verfahrensarten der Verfahrensführer gehalten ist, den Weg zu wählen, der bei im Grunde gleichem Ergebnis auf Grund der verfahrensrechtlichen Ausgestaltung oder aus sonstigen, insbesondere tatsächlichen Gründen wesentlich kürzer, billiger und vor allem einfacher ist. Andernfalls steht ihm kein vom Gericht anzuerkennendes prozessuales Interesse zur Seite; sein Gesuch ist mangels RSchB zu verwerfen. Es fragt sich daher, ob und inwieweit dieser anerkannte Gesichtspunkt auch für den Bereich der Vb vor dem BVerfG fruchtbar gemacht werden kann[462a].

a) Verfassungsbeschwerde und Organstreit

Was das Verhältnis der Vb zum Organstreitverfahren im Sinne des Art. 93 Abs. 1 Nr. 1 GG betrifft, war ein echtes Konkurrenzverhältnis beider Verfahrensarten nach der älteren Rechtsprechung des BVerfG für den Fall zunächst gegeben, daß *politische Parteien* die Verletzung ihres verfassungsrechtlichen Status durch die rechtliche Gestaltung des Wahlverfahrens vor dem BVerfG geltend machen wollten. Denn einerseits wurden sie als ein „jedermann“ im Sinne von § 90 Abs. 1 BVerfGG anerkannt, der die Verletzung des Art. 38 GG rügen durfte[463], andererseits war ihnen der Organstreit eröffnet, da sie als Faktoren des Verfassungslebens eine Verletzung ihres verfassungsrechtlichen Status' durch ein Wahlgesetz als „Beteiligte“ geltend machen konnten[464]. Diese Doppelspurigkeit des Rechtsschutzes im Wahlverfahren für politische Parteien besteht jedoch seit dem Plenarbeschluß vom 20. 7. 1954 in E 4, 27 ff. nicht mehr: „Politische Parteien können

---

[462] S. o. Erster Teil, II. Kapitel, § 4 B II 2 a, S. 35 f.

[462a] Mit Recht hat jüngst BVerfGE 18, 380 (383 sub II 1) das RSchB für eine Vb gegen ein rechtskräftiges Unterhaltsurteil bejaht, obwohl der Beschwerdeführer jederzeit die Statusklage gemäß § 644 ZPO hätte erheben können. Denn neben den unterschiedlichen Voraussetzungen für einen Erfolg in den beiden Verfahren haben diese auch unterschiedliche Wirkungen auf das rechtskräftige Unterhaltsurteil (Aufhebung einerseits, gemäß § 644 Abs. 1 Satz 1 ZPO Rechtskraftdurchbrechung andererseits). — Zum RSchB für die negative Abstammungsfeststellungsklage als solche vgl. HÜLSEN, FamRZ 1964, 280 ff.

[463] So die Rechtsprechung des 1. Senats: BVerfGE 3, 19 (22 f.); 3, 383 (390 f.).

[464] So die Rechtsprechung des 2. Senats: BVerfGE 1, 208 (218 ff.); 4, 31 (35).

die Verletzung ihres verfassungsrechtlichen Status' durch die rechtliche Gestaltung des Wahlverfahrens vor dem Bundesverfassungsgericht *nur*[465] im Wege des Organstreits geltend machen." Damit erübrigt sich mangels eines Konkurrenzverhältnisses die Frage, ob Vb oder Organstreit ein solches wesentlich einfacheres Verfahren darstellen, so daß für die Beschreitung des jeweils anderen das RSchB fehlen könnte[466]. Denn für andere Antragsteller als politische Parteien[467] läßt sich angesichts der beschränkten Zahl der nach Art. 93 Abs. 1 Nr. 1 GG mit Parteifähigkeit ausgestatteten „Beteiligten" und der Natur der Vb als dem „spezifischen Rechtsbehelf des *Bürgers* gegen den Staat"[468] eine Konkurrenz beider Verfahren überhaupt nicht denken.

b) Verfassungsbeschwerde nach Bundes- und Landesrecht

Nach § 90 Abs. 3 BVerfGG bleibt das Recht, eine Vb an das Landesverfassungsgericht nach dem Recht der Landesverfassung zu erheben, unberührt. Wenn es als richtig unterstellt wird, daß die Subsidiaritätsklausel des § 90 Abs. 2 Satz 1 BVerfGG nicht die Vb an das Landesverfassungsgericht umfaßt[469], besteht in der Tat zwischen beiden eine „echte Kompetenzkonkurrenz"[470]. Es erhebt sich daher sofort die Frage, ob — wenn inhaltsgleiche Grundrechte als verletzt behauptet sind — unter dem Gesichtspunkt des RSchB die Vb an das BVerfG und das jeweilige Landesverfassungsgericht nebeneinander und/oder nacheinander erhoben werden können.

---

[465] Hervorhebung vom Verf.

[466] Bedenken in dieser Richtung finden sich — wohl zu Recht — in keiner der genannten Senatsentscheidungen. Im Plenarbeschluß BVerfGE 4, 27 (31 a. E.), heißt es: „Damit wird auch das unerwünschte Ergebnis vermieden, daß eine politische Partei nach Zweckmäßigkeitserwägungen zwischen den beiden Rechtsbehelfen wählen könnte."

[467] Das ist bezüglich der Heimatbünde im Neugliederungs-Urteil klar geworden; vgl. BVerfGE 13, 54 (55, LS 5 und 8).

[468] BVerfGE 4, 27 (30; Hervorhebung vom Verf.). Andererseits erklärt das Gericht in E 15, 298 (302 a. E.) zutreffend: „Die Verfassungsbeschwerde ist ... kein Mittel zur Austragung von Meinungsverschiedenheiten zwischen Staatsorganen, sondern sie ist nur dem Einzelnen zur Verfolgung seiner Rechte gegen den Staat gegeben."

[469] Diese m. E. bedenkliche Auffassung hat v. HAMMERSTEIN, Verhältnis von Bundes- und Landesverfassungsgerichtsbarkeit, Diss. Göttingen (1960), S. 47 a. E., mit anfechtbarer Begründung vertreten („Rechtsweg bedeutet die Bereitstellung von ordentlichen (!) Rechtsmitteln durch die jeweiligen Verfahrensvorschriften.").

[470] v. HAMMERSTEIN, a. a. O., S. 47 bei Anm. 3.

aa) Nebeneinander

Das von *v. Hammerstein* folgerichtig angenommene Wahlrecht[471] des Bürgers versucht er mit der *Rechtshängigkeitseinrede* zu mildern, wenn wegen der behaupteten Verletzung von inhaltsgleichen Grundrechten *gleichzeitig* sowohl die Vb zum BVerfG als auch die an das Landesverfassungsgericht erhoben worden ist. Welche der Vb dann unzulässig sein soll — die zum BVerfG?, die zum Landesverfassungsgericht? oder gar beide? —, wird nicht mitgeteilt. Vielmehr wird empfohlen, den lästigen Beschwerdeführer „zu veranlassen, sich zugunsten eines der beiden Gerichte zu entscheiden"[471]. Wie aber, wenn dieser nicht dazu zu bewegen ist?! Neben diesen schwerwiegenden Bedenken ist aber vor allem der Auffassung zu widersprechen, die Rechtshängigkeitslehre biete den Schlüssel zur Lösung. Ihr liegt die unrichtige These zugrunde, daß Inhaltsgleichheit und Identität gleichgesetzt werden könnten[472]. Nach richtiger Ansicht dürften jedoch auch bei inhaltsgleichen Grundrechten verschiedene Streitgegenstände vorliegen[473], so daß für die Einrede der Rechtshängigkeit kein Platz ist!

Weiterhin die Richtigkeit des Ausschlusses von § 90 Abs. 2 Satz 1 BVerfGG unterstellt, hilft indes auch das Institut des RSchB nicht weiter[474]. Weder kann in einer der beiden jeweiligen Zuständigkeiten ein wesentlich einfacheres Verfahren erblickt werden, noch läßt sich das legitime Interesse des Bürgers daran, durch doppelspurigen Rechtsschutz sicherer an sein Ziel zu gelangen, ernsthaft leugnen. Das uner-

---

[471] A. a. O., S. 48 Mitte.

[472] „Die Landesverfassung gewährleistet jedoch *dasselbe* Grundrecht wie das Grundgesetz" (v. HAMMERSTEIN, a. a. O., S. 49 oben; Hervorhebung vom Verf.). Dem ist jedoch bereits zu entgegnen, daß auch „inhaltsgleiche" Grundrechte eine verschiedene Auslegung erfahren können oder auf Grund verschiedenartiger Verfassungsstruktur auch ein verschiedenes Gewicht erlangen können.

[473] Vgl. neuerdings auch BayVerfGHE 11, 11 (16 ff.); auch 11, 90 (94 sub 3 a); 16, 15/16; NJW 1966, 443 (444 sub VI 5); ferner BETTERMANN, AöR 86, 163 sub a); VON MÜNCH, JuS 1965, 425 l. Sp.; EHARD, BayVBl. 1966, 74 r. Sp.

[474] Auch dieser Gedanke klingt bei v. HAMMERSTEIN, a. a. O., S. 49 oben, an, wenn er — in Verkennung von Begriff und Anwendungsbreite dieses Instituts und offenbar nur, um seine Rechtshängigkeitsthese plausibel zu machen — erklärt: „Das Rechtsschutzbedürfnis wird bereits durch eines der beiden Verfahren befriedigt." — Zu dem Versuch KÖRNERS, Bayerische Verfassungsbeschwerde und Bundesrecht, DöV 1962, 299 f., die Vb an ein Landesverfassungsgericht gegen Entscheidungen, über die nach dem GG nicht das betreffende Verfassungsgericht befinden darf, am Mangel des RSchB und nicht bereits an ihrer grundgesetzlichen Unstatthaftigkeit scheitern zu lassen, vgl. zutreffend SCHUMANN, Verfassungs- und Menschenrechtsbeschwerde gegen richterliche Entscheidungen (1963), S. 145 sub 3.

freuliche Ergebnis, daß bei gleichzeitig eingelegter Vb wegen behaupteter Verletzung inhaltsgleicher Grundrechte gegensätzliche Entscheidungen ergehen können, kann nur den schrecken, der die Streitgegenstände — zu Unrecht — als identisch betrachtet. Immerhin spricht auch dieser Umstand gegen die Behauptung, § 90 Abs. 2 Satz 1 BVerfGG erfasse nicht den Rechtsweg an die Verfassungsgerichte der Länder.

bb) Nacheinander

Dieselben Bedenken, die gegen die Anwendbarkeit der Rechtshängigkeitsthese sprechen, lassen auch nicht den Erfolg der *Rechtskraft*einrede[474a] zu, die das *Nacheinander* von Bundes- und LandesVb unzulässig machen soll, nachdem ein Verfahren rechtskräftig abgeschlossen ist[475]. Aber auch das RSchB läßt sich nicht verneinen, da auch hier das legitime staatsbürgerliche Interesse an der erneuten Nachprüfung des Hoheitsakts anhand des jeweils anderen Prüfungsmaßstabs nicht in Zweifel gezogen werden kann[476].

Neben dem Angriff gegen den ursprünglich (angeblich) verletzenden Hoheitsakt selbst ist selbstverständlich — das sei hier nur vollständigkeitshalber bemerkt — auch die Vb an das BVerfG gegen das Urteil eines Landesverfassungsgerichts über eine Vb nach Landesrecht zulässig. Denn zur „öffentlichen Gewalt" im Sinne von § 90 BVerfGG gehören auch die Verfassungsgerichte der Länder[477].

[474a] Dazu, daß diese Platz greift, wenn derselbe und entschiedene Beschwerdefall nochmals demselben Gericht vorgelegt wird, vgl. oben S. 37 mit N. 142 a. Wegen der Ausschlußfristen des § 93 BVerfGG dürfte ein solcher Fall jedoch kaum jemals vorkommen.

[475] v. Hammerstein, a. a. O., S. 50 vor c), der auch hier nicht deutlich macht, wieso die von ihm durchgehend hervorgehobene Selbständigkeit der Landesverfassungsgerichtsbarkeit in dem so wichtigen Bereich der Grundrechte und ihres Schutzes dazu führen soll, bei inhaltsgleichen Grundrechten die Annahme zweier selbständiger Bundes- und Landesgrundrechte zu leugnen. Hiermit ist m. E. der Sache der Landesverfassungsgerichtsbarkeit in Wahrheit ein Bärendienst erwiesen. Denn was anderes ist sie dann auf diesem Bereich als ein Konkurrenzunternehmen zur Verfassungsgerichtsbarkeit des Bundes? Die Bedenken, die dann gegen die Aufrechterhaltung des § 90 Abs. 3 BVerfGG sprechen, liegen auf der Hand. Vgl. Bettermann, AöR 86, 164 oben, der bereits die „Abschaffung" der Grundrechtsbeschwerde zum Landesverfassungsgericht zur Debatte gestellt hat.

[476] Vgl. BayVerfGHE 11, 11 (18 vor III).

[477] St. Rspr. des BVerfG: vgl. E 13, 132 (140 sub b); 6, 445 (447). Für die ähnliche Frage bei Art. 100 Abs. 1 GG ist die Zuständigkeit des BVerfG für Gerichtsvorlagen ebenfalls unabhängig davon gegeben, ob neben seiner Zuständigkeit für inhaltsgleiche oder entsprechende Normen der Landesverfassung auch eine Prüfungszuständigkeit des Verfassungsgerichts eines Landes besteht und/oder ob das an das BVerfG vorlegende Gericht zuvor die Entscheidung des Landesverfassungsgerichts über die Vereinbarkeit einer

3. Erfordernis gegenwärtigen Interesses

Es ist bereits nachgewiesen worden[478], daß es für das Vorliegen des RSchB Voraussetzung ist, daß ein *gegenwärtiges* Interesse an der Inanspruchnahme des Gerichts besteht. Für dieses Gegenwärtigkeitserfordernis ist es erforderlich und genügend, daß das RSchB zum Schluß der letzten mündlichen (Tatsachen-)Verhandlung vorliegt, d. h. daß es dann entweder noch vorhanden sein oder sich bis dahin noch eingestellt haben muß, daß es hingegen nicht genügt, wenn es zwar zur Zeit der Verfahrenseinleitung zunächst vorhanden war, aber nachträglich wieder weggefallen ist. Diese Sätze gelten selbstverständlich auch im verfassungsgerichtlichen Verfahren, wenn es überhaupt das Institut des RSchB anerkennt, wie es bei der Vb der Fall ist[479].

a) Fälle anfänglicher Unzulässigkeit

Danach fehlt es zunächst einmal einer Vb am RSchB, wenn der Beschwerdeführer zur Zeit der Stellung seines Verfahrensgesuchs nicht mehr oder noch nicht ein gegenwärtiges Interesse an der Inanspruchnahme des BVerfG dartun kann. Dies soll an einigen Fällen der Gerichtspraxis aufgezeigt werden, wobei von vornherein besonders Bedacht auf die Abgrenzung zu anderen Erscheinungen zu nehmen ist.

aa) Antrag auf positive Feststellung der Verfassungsgemäßheit

Nach § 90 Abs. 1 BVerfGG ist die Vb nur für denjenigen eröffnet, der behauptet, durch die öffentliche Gewalt in einem seiner Grund-

---

landesgesetzlichen Norm mit einer Vorschrift der Landesverfassung eingeholt hat; vgl. BVerfG, Beschl. v. 26. 11. 1963 — 2 BvL 12/62 — in: NJW 1964, 491; E 2, 380 (388/9). — A. A. v. HAMMERSTEIN, a. a. O., S. 51, der die „bundesstaatliche Organisation" des GG überstrapaziert und das gängige Gespenst einer „Überordnung des Bundesverfassungsgerichts über die Landesverfassungsgerichte" befürchtet. Soweit das GG reicht (Art. 20 Abs. 1, 28 Abs. 1 Satz 1 und 2 GG), ist dies jedoch eine bundesstaatliche Selbstverständlichkeit, die dem im lange überholten Staatlichkeitsdenken verhafteten Selbstverständnis mancher Föderativenthusiasten leider immer noch abgeht (vgl. noch Art. 28 Abs. 3 und Art. 37 GG; hierzu STERN, in: Bonner Kommentar, Art. 28 Rdnr. 187 a. E.).

[478] S. o. Erster Teil, II. Kapitel, § 4 B II 3, S. 38—43.

[479] Das BVerfG hat sich in dieser Allgemeinheit hierzu bisher nicht geäußert. Doch zeigt die im folgenden heranzuziehende Rechtsprechung des Gerichts, daß es — wenn auch versteckt unter anderen Bezeichnungen — praktisch danach verfährt. Für den Bereich der Vb gegen Normen hat es mit seiner Formel des „selbst, gegenwärtig und unmittelbar" das Gegenwärtigkeitserfordernis sogar ausdrücklich genannt. Dazu s. u. Dritter Teil, I. Kapitel, § 15 B II 3 a ee, S. 119—124.

rechte *verletzt* zu sein. Es bedürfte demnach keinesfalls des Rückgriffs auf das angebliche fehlende RSchB, wenn jemand auf die Idee käme, Vb mit dem Antrag zu erheben, positiv die Verfassungs*gemäßheit* eines Hoheitsaktes festzustellen. Ihre Unzulässigkeit ergibt sich bereits aus dem beschränkten Anwendungsbereich der Vb, so wie er gesetzlich in §§ 90 ff. BVerfGG festgelegt ist[480]; sie ist *unstatthaft*[481].

bb) Präventiv-Verfassungsbeschwerde

Nicht anders ist die prozessual zutreffende Begründung, wenn Vb mit der Behauptung eingelegt würde, durch die öffentliche Gewalt in einem seiner Grundrechte *gefährdet,* also nicht bereits verletzt zu sein. Die Vb nach dem BVerfGG ist grundsätzlich[482] eine rein repressive Rechtsschutzform. Wer dennoch bloßen präventiven Rechtsschutz begehrt, dessen Vb ist nicht wegen fehlenden RSchB zu verwerfen[483],

---

[480] Diese Erwägungen sind nicht so abwegig, wie es zunächst den Anschein haben mag. Immerhin haben SÜSTERHENN-SCHÄFER, Kommentar der Verfassung für Rheinland-Pfalz, S. 453/4, zu Art. 130 Abs. 1 bemerkt: „Für die positive Feststellung der Verfassungsmäßigkeit besteht *kein rechtliches Interesse,* da grundsätzlich für die Gesetze, Gesetzesvorlagen und Handlungen der Staatsorgane die Vermutung der Verfassungsmäßigkeit spricht. Der Antrag auf Feststellung der Verfassungsmäßigkeit müßte *deshalb* als unzulässig zurückgewiesen werden." (Hervorhebungen vom Verf.). Das BVerfG hat im Hinblick auf § 64 Abs. 1 BVerfGG für diese Sicht der Dinge eine gewisse Sympathie bekundet, indem es auf die Regelung in § 76 Nr. 2 BVerfGG hingewiesen hat (E 2, 143, 158 a. E.). Es ist daher gerechtfertigt, ihr von vornherein auch für den Bereich der Vb zu widersprechen.

[481] Es empfiehlt sich die Verwendung des Begriffs der *Unstatthaftigkeit,* da dieser für die Zulässigkeit jedes Rechtsmittels herkömmlicherweise ebenfalls die Frage regelt, ob das jeweilige Rechtsmittel als solches und überhaupt gegeben ist. Erst wenn diese Frage zu bejahen ist, kann die spezielle Zulässigkeit des Rechtsmittels unter dem Gesichtspunkt der Beschwer und des RSchB (= Rechtsmittelinteresses) geprüft werden. Nicht anders verhält es sich hier bei der Vb, die zur Feststellung der Verfassungsgemäßheit gar nicht gegeben ist, mithin *unstatthaft* ist! — Methodisch denselben Weg ist neuerdings — unabhängig voneinander — auch SCHUMANN, Verfassungs- und Menschenrechtsbeschwerde gegen richterliche Entscheidungen (1963), S. 145 a. E., gegangen. Vgl. auch LÜKE, AöR 84, 202 Anm. 57 und 206 Anm. 73; sowie ders., ZZP 76, 21 ff.; jüngst auch SIMSHÄUSER, Zur Entwicklung des Verhältnisses von materiellem Recht und Prozeßrecht, S. 165.

[482] Ausnahmen sind in § 95 Abs. 1 Satz 2 BVerfGG und § 95 Abs. 3 Satz 1 und 2 BVerfGG (wegen des hier bewirkten Schutzes Dritter in der Zukunft) zu erblicken.

[483] Ein legitimes Interesse und Bedürfnis nach Rechtsschutz kann in Fällen bloßer Gefährdung von Rechten gerade besonders stark sein! Der Gesetzgeber hat es mit seiner Regelung des § 90 Abs. 1 BVerfGG nur nicht anerkannt. Vgl. hierzu ausführlich Erster Teil, II. Kapitel, § 3 A, S. 16—18.

sondern weil sie, so wie sie eingelegt worden ist, nach dem Willen des Gesetzes[484] unstatthaft ist.

cc) Anhängigkeit im normalen Rechtsweg

In BVerfGE 3, 58 (74 sub 4) hat das Gericht ausgeführt[485]: „Solange ein Prozeß vor einem Gericht schwebt, besteht grundsätzlich kein Rechtsschutzinteresse für eine Verfassungsbeschwerde gegen eine Norm, deren Verfassungsmäßigkeit in dem gerichtlichen Verfahren zu prüfen ist“[486]. Warum das Gericht in diesem speziellen Fall nicht mit seiner „selbst-gegenwärtig-unmittelbar“-Formel, sondern ausnahmsweise mit dem RSchB operiert, wird auch nicht andeutungsweise mitgeteilt. Im Gegenteil ist zu sagen: Kann denn das überragende Interesse daran, möglichst schnell, d. h. u. U. auch während eines anhängigen Verfahrens, die Entscheidung des höchsten und für die Verfassungsauslegung und -wahrung kompetentesten deutschen Gerichts herbeizuführen, überhaupt ernsthaft geleugnet werden[487]? Ausgeschlossen scheint mir dies auf jeden Fall dann zu sein, wenn die *Gegenwärtigkeit* des RSchB in Abrede gestellt wird, wie es das BVerfG getan hat („... solange ...“). Allenfalls vertretbar mag es sein, das zweifellos vorhandene starke Interesse als nicht *schutzwürdig* zu deklarieren. Dieser Ansatz wäre jedoch m. E. zumindest methodisch verfehlt, da 1. das Moment der mangelnden Schutzwürdigkeit des RSchB nur ganz bestimmte Fälle trifft, die sämtlich auf einem besonders negativ akzentuierten pro-

---

[484] § 90 Abs. 1 BVerfGG: „. . . *verletzt* zu sein, . . .“. Dieser eindeutige Wortlaut dürfte sowohl eine Analogie als auch eine extensive Interpretation ausschließen.

[485] Aufrechterhalten in E 15, 126 (131 sub 2); R. SCHNEIDER, ZZP 79, 33 hat dies jüngst als einen „noch sehr ausbaufähigen Weg“ bezeichnet.

[486] Wenn dieser Satz richtig wäre, hätte BETTERMANN, Zur Verfassungsbeschwerde gegen Gesetze, AöR 86, 158 Anm. 49, schon deshalb überzeugend nachgewiesen, daß das RSchB für eine prinzipale Kontrollklage gegen Normen durch den Normadressaten, Normbetroffenen oder Normverletzten fast ausnahmslos zu verneinen sei. Denn er könnte in der Tat „nicht auf den Fall beschränkt werden, daß der Prozeß bereits anhängig ist . . . Es muß genügen, daß der Normbetroffene gegen die Normanwendung ein Gericht anrufen kann und daß er vor diesem Gericht wie in jedem anderen Gerichtsverfahren, in dem es auf die Gültigkeit der Norm ankommt, diese bestreiten und das Gericht zur Prüfung der Gültigkeitsfrage zwingen kann.“ Indes scheint auch BETTERMANN Bedenken zu hegen („Wenn diese Erwägung aber richtig ist . . .“). Zum ganzen vgl. unten Dritter Teil, I. Kapitel, § 15 B II 3 a ee, S. 119—124.

[487] Dieselbe Haltung scheint der Bad.-Württ. VGH, AöR 86 (1961), 95 (96 sub d) einzunehmen, der die Rüge der in einem Verfahren nach § 47 VwGO beteiligten Stadt und der Landesanwaltschaft, es fehle dem antragstellenden Bürger am RSchB, ziemlich lakonisch zurückwies.

zessualen Unwerturteil beruhen[488], das m. E. hier nicht gefällt werden kann, und 2. das RSchB zur Lösung prozessualer Kompetenzkonkurrenzen[488a] überhaupt nur in sehr engen Grenzen geeignet ist[489]. In Wahrheit ist eine solche Vb aus dem Rechtsgedanken[490] des § 90 Abs. 2 Satz 1 BVerfGG unzulässig, da der Rechtsweg nicht erschöpft worden ist oder — in der Terminologie des BVerfG[491] — weil der Beschwerdeführer nicht „unmittelbar" verletzt ist! Im Bereich des § 90 Abs. 2 Satz 2 BVerfGG könnte dagegen das Institut des RSchB bei Fällen der genannten Art sehr wohl fruchtbar gemacht werden[492, 493].

dd) Fehlen jeglicher Grundrechtsbetroffenheit („Beschwer")

Von Anfang an hat das BVerfG bei der Vb mit dem Begriff einer materiell verstandenen *Beschwer* gearbeitet. Es hat in ihr eine „wesens-

---

[488] S. o. Erster Teil, II. Kapitel, § 4 B II 4, S. 43—51.

[488a] Wenn einmal unterstellt wird, daß eine solche im Verhältnis von prinzipaler (§ 95 Abs. 3 Satz 1 BVerfGG) und inzidenter NK vorliegt.

[489] S. o. Erster Teil, II. Kapitel, § 4 B II 2, S. 35—36 sowie S. 109 Anm. 462a.

[490] Unmittelbar ist diese Bestimmung freilich nicht anwendbar, da gegen „Verletzungen" durch den Gesetzgeber kein „Rechtsweg zulässig" ist (Bettermann, a. a. O., S. 147 sub V 1, der auch auf die Ausnahme des § 47 VwGO aufmerksam macht); arg. § 93 Abs. 2 BVerfGG. Es handelt sich hierbei auch nicht um einen RSchB-Gedanken. Vgl. oben S. 107 Anm. 457.

[491] Seit dem leading case in E 1, 97 (LS 2, 101) fordert es in ständiger Rechtsprechung für die Zulässigkeit einer Vb gegen erlassene Normen die Behauptung, daß der Beschwerdeführer „selbst, gegenwärtig und unmittelbar durch das Gesetz, nicht erst mit Hilfe eines Vollziehungsaktes, in einem Grundrecht verletzt sei". Dazu näher unten Dritter Teil, I. Kapitel, § 15 B II 3 a ee, S. 119—124. Immerhin kann zur Stützung unserer Ansicht darauf hingewiesen werden, daß das Gericht seine These damit gerechtfertigt hat, daß „nur eine solche einschränkende Auslegung" des § 90 Abs. 1 BVerfGG „dem Grundgedanken des § 90 Abs. 2 BVerfGG (!) und dem Zweck der Verfassungsbeschwerde . . . entspricht" (E 1, 97, 103 Mitte). Ausdrücklich wie im Text oben stellt sich das Gericht in E 8, 222 (225/6).

[492] In der Sache ist dies bereits in E 14, 192 (192, 194) geschehen: Wenn der dem Beschwerdeführer drohende Nachteil auch durch eine sofortige Entscheidung nicht mehr abgewendet werden kann, so fehlt es ihm für diese am RSchB! Ebenso jüngst R. Schneider, ZZP 79, 45 a. E.

[493] A. A. BVerfGE 14, 121 (130/31): „. . . Damit sind die im § 90 Abs. 2 Satz 2 BVerfGG erschöpfend umschriebenen Voraussetzungen für eine Entscheidung vor Erschöpfung des Rechtsweges gegeben. Ein darüber hinausgehendes besonderes Rechtsschutzinteresse wird durch § 90 Abs. 2 Satz 2 BVerfGG nicht gefordert." Es ist jedoch gerade die Frage, ob die a. a. O. genannten Voraussetzungen erschöpfend genannt sind! Jedenfalls sind gewiß Fälle denkbar, die zwar „von allgemeiner Bedeutung" sind, wo ein Bedürfnis des Beschwerdeführers nach vorzeitigem Rechtsschutz durch das BVerfG jedoch offensichtlich nicht besteht.

gemäße Grenze der Beschwerde"[494] gefunden, da „Sinn und Ziel einer Beschwerde die Beseitigung der Beschwer" sei[495], da der „Beschwer abzuhelfen das Institut der Verfassungsbeschwerde bestimmt" sei[496]. Die Beschwer wird als eine aus § 90 Abs. 1 BVerfGG abgeleitete Voraussetzung der Vb verstanden[497], deren Fehlen zur Unzulässigkeit[498] derselben führt. Danach ist eine Vb nach § 90 BVerfGG nicht zulässig, wenn eine Verletzung der dort genannten Rechte gar nicht möglich ist[499], wenn etwaige Grundrechte des Beschwerdeführers nicht verletzt sein *können*[500].

Diese Rechtsprechung erscheint im Ergebnis zutreffend, in der Begründung jedoch bedenklich. § 90 Abs. 1 BVerfGG verlangt die „Behauptung, ... verletzt zu sein". Verletzt kann jedoch nur sein, wer überhaupt durch eine Maßnahme betroffen ist; denn verletzt ist nur, wer *rechtswidrig* betroffen ist[501]. Für die Betroffenheit als solche kann danach nicht die bloße Behauptung genügen; sie muß *tatsächlich* vorliegen, damit die Vb zulässig sein soll! „Was der Beschwerdeführer, damit seine Verfassungsbeschwerde zulässig ist, bloß zu behaupten braucht, das ist die Grundrechtswidrigkeit, die Verletzung einer der in § 90 BVerfGG aufgezählten Grundrechtsnormen"[502]. Der Heran-

---

[494] BVerfGE 2, 139 (141).

[495] BVerfGE, a. a. O.

[496] BVerfGE 13, 248 (260 sub D).

[497] BVerfGE 8, 222 (224); 13, 132 (152 vor IV). Dagegen will R. Schneider, ZZP 79, 55 sie dem „Oberbegriff" des RSchB einordnen.

[498] BVerfGE 2, 139 (141); 6, 445 (447 a. E., 449 a. E.); 8, 222 (223 sub II); 11, 105 (125 vor und nach IV: „unzulässig sind auch folgende Rügen: ..."); 12, 139 (141 sub II/143 oben); 12, 370 (371 sub II); 13, 132 (152 sub IV); 13, 318 (323 sub II/324 vor 2); 16, 283 (285 sub II 1). Allerdings hat das Gericht diese Überschreitung der „wesensgemäßen Grenze" — zu Unrecht — auch zum Kreis der Begründetheit gerechnet: E 3, 19 (33 sub III); 11, 277 (278/9: „offensichtlich unbegründet").

[499] BVerfGE 6, 445 (447 a. E., 449 a. E.); 8, 222 (223 sub III); 13, 132 (152 sub IV); vgl. auch Beschl. v. 24. 7. 1963 — 1 BvR 425, 786 u. 787/58, in NJW 1963, 1915 Nr. 2.

[500] BVerfGE 13, 132 (153 oben); auch 14, 260 (262 sub 2); 19, 150 (157 sub I).

[501] Zu dieser Terminologie vgl. Bettermann, Klagebefugnis und Aktivlegitimation im Anfechtungsprozeß, in: Staatsbürger und Staatsgewalt, Bd. II, S. 452f., 460f., der an Stelle von Betroffenheit — sprachlich wohl vorzuziehen — von „Beeinträchtigung" spricht. Das BVerfG verwendet jedoch neuerdings den Begriff der Betroffenheit anscheinend synonym für Beschwer (vgl. E 12, 370, 371 sub II), teilweise hat es den letzteren durch den ersteren bereits ersetzt (vgl. E 13, 318, 324 vor 2). Er soll daher auch hier und im weiteren Verlauf der Arbeit verwendet werden. Ebenso bereits früher Bachof, Rechtsweg, AöR 79, 120 Anm. 12.

[502] Bettermann, Zur Verfassungsbeschwerde gegen Gesetze, AöR 86, 130 sub I. Ähnlich neuerdings BVerfG, NJW 1964, 1315 l. Sp. sub B.

ziehung einer nebulosen „wesensgemäßen Grenze" der Vb bedarf es somit nicht! Ferner kann nicht befriedigen, daß das BVerfG in diesem Zusammenhang überhaupt mit dem Begriff der „Beschwer" operiert[503]. Einmal handelt es sich hierbei nach herrschender Auffassung um eine spezifische Rechtsmittel-Voraussetzung[504], zum anderen versteht das Gericht unter Beschwer immer eine materielle Beschwer, während die überwiegende Meinung von Rechtsprechung und Lehre für den Verfahrens*führer*[504a] seit jeher die Beschwer grundsätzlich auf die *formelle* Abweichung zwischen Antrag und Entscheidung — und zwar als Zulässigkeitsvoraussetzung für ein Rechtsmittel gegen letztere — beschränkt hat[505]. Diese dogmatischen Verstöße erweisen sich aber auch als unnötig, da an Stelle der materiell verstandenen Beschwer besser, genauer und begrifflich sauberer vom *Betroffensein* gesprochen werden sollte[506]! Denn die Betroffenheit korrespondiert zudem zu der in § 90 Abs. 1 BVerfGG verlangten *Verletzungs*behauptung.

Da das Erfordernis der Betroffenheit aus § 90 Abs. 1 BVerfGG abzuleiten ist[507], ist für die Anwendbarkeit des RSchB bei Fehlen jeglicher Grundrechtsbetroffenheit kein Raum mehr[508]. Denn dieses muß dort zessieren, wo — wie hier — die Interessenbewertung durch den Gesetzgeber ihren fest umrissenen Rahmen in einer Norm gefunden hat[509]. Wird dieser Bereich überschritten, so ist gegen eben *diese* Norm verstoßen und *nicht* gegen jene „Norm"[510], die ein RSchB fordert[510a].

---

503 Vgl. allgemein zur Beschwer bereits oben Erster Teil, II. Kapitel, § 4 E I, S. 63—68.

504 Vgl. G. Stich, Die Beschwer im Verwaltungsprozeß, S. 15 oben, 16 vor Anm. 51, 62 f., 139 bei IV; a. A. Bettermann, Klagebefugnis und Aktivlegitimation, a. a. O., S. 460 sub 3 a.

504a Nur zu ihm kann hier die Parallele gezogen werden, da die Vb keinen Verfahrensgegner kennt (trotz des 1963 neu eingeführten § 94 Abs. 3 BVerfGG).

505 Vgl. die Nachweise oben S. 64 Anm. 272. — Zu beachten ist freilich, daß eine bloß formelle Beschwer leerläuft, wo noch keine Entscheidung ergangen ist, also bei der Vb gegen Normen.

506 Oder von „Beeinträchtigung" (vgl. oben Anm. 501).

507 „Behauptung, . . . *verletzt* zu sein"!

508 A. A. BVerfGE 14, 260 (262/63 sub 2). Darüber, daß sonst die Unzulässigkeit auch wegen Fehlens des RSchB begründet werden könnte, vgl. oben Erster Teil, II. Kapitel, § 4 B II 4 c, S. 49 Anm. 191 m. w. N.

509 Vgl. hierzu oben Erster Teil, II. Kapitel, § 3 A, S. 16—18.

510 S. o. Erster Teil, II. Kapitel, § 3, S. 16 bei und in Anm. 64.

510a Dieser Schluß ist *nicht* willkürlich. Zwar kann und soll nicht bestritten werden, daß das RSchB in einzelnen Beziehungen durch die gesetzliche Regelung positiviert sein kann, diese mithin auf RSchB-Erwägungen beruhen kann. Doch ist mit der hier vorgenommenen scharfen Abgrenzung der wünschenswerte Effekt verbunden, dem Institut des RSchB einen weiteren Aspekt der Vagheit zu nehmen und damit die Berechenbarkeit seines

ee) Fehlen „unmittelbarer“ Betroffenheit bei Verfassungsbeschwerden gegen Normen

„Voraussetzung für die Zulässigkeit einer Verfassungsbeschwerde gegen ein erlassenes *Gesetz* ist, daß der Beschwerdeführer *selbst, gegenwärtig und unmittelbar* durch das Gesetz, nicht erst mittels eines Vollziehungsaktes, in einem Grundrecht verletzt ist.“[511]

An dieser in ständiger Rechtsprechung[512] aufrechterhaltenen These, deren Berechtigung nach den umfassenden Ausführungen *Bettermanns*[513] äußerst zweifelhaft erscheint, interessiert uns hier lediglich ihr möglicher Zusammenhang mit dem Institut des RSchB. Hierbei sind vier Möglichkeiten denkbar: 1. Die vom BVerfG aufgestellten Erfordernisse stehen selbständig neben dem RSchB, das unabhängig von ihrem Vorhandensein geprüft werden und vorliegen muß, damit die Vb gegen eine Norm zulässig ist[514]. Oder: 2. Die genannten Erfordernisse sind als Erscheinungsformen des RSchB zu betrachten; fehlen sie, so ist Verwerfungsgrund (nur) der Mangel des RSchB[515].

Vorliegens zu erhöhen! Es handelt sich mithin um eine Konsequenz aus den Bedenken gegen das RSchB, die insbesondere ALLORIO formuliert hat (vgl. oben § 3 A, S. 16—18).

[511] So die Leitentscheidung in BVerfGE 1, 97 (Leitsatz Nr. 2, anders 101 a. E.).

[512] Vgl. BVerfGE 1, 264 (269/70); 3, 58 (74 sub 3); 3, 162 (170 sub B); 3, 288 (298 a. E.); 6, 121 (128 sub 3); 6, 273 (277 sub 2b); 6, 290 (295 sub 2); 10, 59 (65 sub B); 10, 354 (360 vor C); 11, 30 (38 sub III); 11, 351 (358 sub B); 12, 10 (22 sub 2); 12, 73 (76 sub I); 12, 319 (321 a. E.); 13, 225 (227 sub 2); 13, 237 (239 sub 2); 14, 19 (21 a. E.); 14, 25 (28 sub B); 14, 260 (262 sub 1); 18, 310 (313 sub II).

[513] BETTERMANN, Zur Verfassungsbeschwerde gegen Gesetze, AöR 86, 129ff. mit einem Nachwort von BACHOF, a. a. O., 186ff. Vgl. auch RENCK, DöV 1964, 651ff.

[514] Dies scheint die Haltung des BVerfG in den in Anm. 512 genannten Erkenntnissen zu sein. Zusätzlich und völlig getrennt vom Unmittelbarkeitserfordernis prüft das Gericht auch in der Erftverband-Entscheidung das RSchB, das die Landesregierung von Nordrhein-Westfalen bezweifelt hatte (BVerfGE 10, 89, 98 sub II).

[515] Diese Ansicht liegt nach Aufbau und Wortlaut in BVerfGE 14, 260 (262 sub II und II 1) zugrunde. Das Gericht hat hier wegen Fehlens des RSchB verworfen (sub II) und diese Entscheidung — neben einer anderen Erwägung (sub II 2, S. 262/63) — damit begründet, der Beschwerdeführer habe „nicht dargetan, daß er von der angefochtenen Bestimmung *gegenwärtig* betroffen ist (BVerfGE 1, 97)“. Unklar ist BVerfGE 14, 25 (28ff.), wo es im Leitsatz heißt: „Zur Frage des Rechtsschutzinteresses bei Verfassungsbeschwerden gegen ein Gesetz“. Das Gericht verwarf die Beschwerde als unzulässig, weil der Beschwerdeführer nicht gegenwärtig und unmittelbar in einem Grundrecht betroffen gewesen sei (a. a. O., S. 28f. sub 1) *und* weil ihm angeblich das RSchB gefehlt habe (a. a. O., S. 29f. sub 2). Die

Oder: 3. Die genannten Erfordernisse sind überwiegend unrichtig[516], jedoch durch das RSchB als solches und allein zu ersetzen[517], womit im wesentlichen dieselben Ergebnisse erzielt werden oder zumindest erzielt werden könnten[518]. Schließlich: 4. Die genannten Zulässigkeitserfordernisse stellen zwar besondere, normative Ausprägungen des RSchB dar, verdrängen dieses jedoch insoweit völlig als selbständiges Institut[519].

Ausführungen zum RSchB, die offensichtlich durch die Einlassung des Beschwerdeführers hervorgelockt worden waren, lassen indes nicht erkennen, in welchem Verhältnis das „selbst-gegenwärtig-unmittelbar" zum RSchB stehen soll. Wegen Fehlens des Unmittelbarkeitserfordernisses war die Vb nach Ansicht des Gerichts bereits unzulässig, die Frage nach dem RSchB somit überflüssig. Die sich weiterhin aus § 79 Abs. 2 Satz 1 BVerfGG ergebende Problematik ist in Wahrheit über § 90 Abs. 2 Satz 1 BVerfGG (s. o. Dritter Teil, I. Kapitel, § 15 B II 3 a cc, S. 116 bei und in Anm. 490) und nicht mit Hilfe des RSchB, mit dem es wegen des Charakters des § 90 BVerfGG als einer reinen Rechtswegregelung nichts zu tun hat, zu lösen! Auch die Erwägung, das RSchB an einer Entscheidung des BVerfG lasse sich grundsätzlich nicht damit rechtfertigen, daß sie Voraussetzung einer Billigkeitsentscheidung sei, auf deren Erlaß dem einzelnen kein Rechtsanspruch zusteht, erscheint bedenklich. Wie z. B. wenn die Voraussetzungen nach § 90 Abs. 2 Satz 2 (erste Alternative) BVerfGG gegeben sind?

[516] So Bettermann, a. a. O., bes. S. 179 letzter Absatz, der von den drei Erfordernissen des Gerichts nur das „selbst" (dazu s. o. Dritter Teil, I. Kapitel, § 15 B I, S. 104—107) nicht auch das „gegenwärtig" und das „unmittelbar" gelten läßt.

[517] So Bettermann, a. a. O., S. 139 sub IV, 146 vor 4, 147 vor V, 153 vor I, 158 f., 167 oben, 169 sub 2, 175 sub 2, 181 sub 5. Ansätze hierzu schon ders., in: Der Schutz der Grundrechte in der ordentlichen Gerichtsbarkeit, GR III/2, S. 789 Mitte. Dem hat sich neuerdings wohl Schmidt-Bleibtreu, in: Maunz u. a., BVerfGG, § 90 Rdnr. 100, angeschlossen.

[518] Bettermann, a. a. O., bes. S. 169 sub 2, kommt dagegen zu folgendem Ergebnis: „Ich möchte daher *ausnahmslos für alle Normen,* gegen die nicht spezialgesetzlich und ausdrücklich ein bestimmter Rechtsweg eröffnet ist, *das Rechtsschutzbedürfnis (!) für eine prinzipale Kontrollklage* des Normadressaten, Normbetroffenen oder Normverletzten *verneinen."* Vgl. auch S. 159 Mitte. Dem hat Bachof, Nachwort, a. a. O., S. 189 ff., nach Ergebnis und Begründung widersprochen. Zu letzterem s. sogleich im Text. Vgl. auch R. Schneider, AöR 89 (1964), 32 Anm. 15. Kritisch auch Obermayer, DVBl. 1965, 627 bei und in Anm. 23, 628; Renck, JuS 1966, 278 l. Sp.; VGH Mannheim, DVBl 1966, 408 (409 l. Sp. g. E.: Verstoß gegen „rechtsstaatliche Grundsätze"!); Rupp, Grundfragen, S. 158 Anm. 163.

[519] So wohl im Ergebnis Pfeiffer, Die Verfassungsbeschwerde in der Praxis, S. 15 a. E., der das RSchB „stets" bejaht, wenn ein Beschwerdeführer selbst, gegenwärtig und unmittelbar durch ein Gesetz betroffen ist; wohl auch Seiwerth, Zur Zulässigkeit der Verfassungsbeschwerde gegenüber Grundrechtsverletzungen des Gesetzgebers durch Unterlassen (1962), S. 113 oben, der meint, „dieses Erfordernis . . . stellt im Grunde nur eine spezielle Umschreibung des Rechtsschutzinteresses dar".

Von diesen Möglichkeiten erscheint allein die erste als zutreffend, wonach die vom BVerfG aufgestellten Zulässigkeitserfordernisse selbständig *neben* dem Erfordernis des RSchB stehen, so daß *beides* geprüft werden und vorliegen muß, damit die Vb gegen eine Norm zulässig ist! Zu dieser vorweggenommenen These der Beweis:

Zunächst einmal ist darauf hinzuweisen[520], daß die Rechtsprechung des BVerfG nicht in allen Punkten einheitliche Züge trägt. So hat das Gericht einerseits verlangt, „daß der Beschwerdeführer ... verletzt *ist*“[521], während es an anderer Stelle derselben Entscheidung[522] die *„Behauptung“* genügen läßt, „daß der Beschwerdeführer . . . verletzt *sei*“. Selbstverständlich ist es nach Wortlaut und Zweck des § 90 Abs. 1 BVerfGG unrichtig zu fordern, daß der Beschwerdeführer verletzt *ist*[523]; denn sonst wäre bereits bei der Zulässigkeit der Vb zu prüfen, was über ihre Begründetheit entscheidet. In der Praxis verfährt das Gericht auch nicht so.

Ferner ist vorweg zu bemerken, daß eine Analyse der „selbst-gegenwärtig-unmittelbar“-These des BVerfG ergibt, daß die „Gegenwärtigkeit“ und die „Unmittelbarkeit“ gar keinen Gegensatz oder auch nur etwas Verschiedenes bedeuten. Da mit dem Erfordernis der Unmittelbarkeit das Problem gelöst werden soll, ob der Beschwerdeführer „schon gegen die Norm selbst oder erst und nur gegen deren Vollzug klagen kann“[524], fehlt beim Mangel der so verstandenen Unmittelbarkeit „zugleich die Gegenwärtigkeit der Betroffenheit“[524] des Beschwerdeführers. Da „gegenwärtige“ Betroffenheit eine „aktuelle“ im Gegensatz zur bloß „virtuellen“ oder künftigen Betroffenheit sein

---

[520] Dies hat neuerdings auch bereits HOFFMANN, Die Rechtsschutzbehauptung im Verwaltungsprozeß, VerwArch 53 (1962), S. 331, in einem Nachwort zu den §§ 90 ff. BVerfGG ausgesprochen.

[521] BVerfGE 1, 97 Leitsatz Nr. 2; ebenso z. B. in E 6, 121 (128 sub 3).

[522] BVerfGE 1, 97 (101 a. E.).

[523] Darüber, daß die Zulässigkeit jeder Vb jedoch eine tatsächliche *Betroffenheit* voraussetzt, s. o. Dritter Teil, 1. Kapitel, § 15 B II 3 a dd, S. 116 ff. Eine von der These des BVerfG ausgehende zutreffende Formulierung derselben hat BETTERMANN, a. a. O., S. 130 a. E. geliefert: „Richtig formuliert müßte die These des Bundesverfassungsgerichts also lauten: Voraussetzung für die Zulässigkeit einer Verfassungsbeschwerde gegen ein erlassenes Gesetz ist, daß der Beschwerdeführer selbst, gegenwärtig und unmittelbar durch das Gesetz, dessen Verfassungswidrigkeit er behauptet, in einem seiner Grundrechte oder in einem der diesen gleichgestellten Rechte betroffen wird.“ — Vgl. auch HOFFMANN, a. a. O., S. 331 a. E., der auch hier mit der Schlüssigkeitsformel arbeiten will; gegen diese sich fortschleppende Fehllehre neuestens umfassend BETTERMANN, Klagebefugnis und Aktivlegitimation im Anfechtungsprozeß, in: Staatsbürger und Staatsgewalt (1963), Bd. II, S. 456 ff.

[524] BETTERMANN, AöR 86, 132 a. E.

soll[525], ergibt sich die Richtigkeit der Feststellung *Bettermanns*[526]: „Vielmehr ist das Unmittelbarkeits-Erfordernis nur ein *Unterfall* der Forderung nach Gegenwärtigkeit des Betroffenseins." Da von den vom BVerfG aufgestellten Erfordernissen das „selbst" sich bereits allgemeingültig — nicht nur für die Vb gegen Normen — aus § 90 Abs. 1 BVerfGG ergibt[527], bleibt somit als besonderes Zulässigkeitserfordernis für die Vb gegen Normen nur noch das Erfordernis der Gegenwärtigkeit *oder* das der Unmittelbarkeit übrig. Da das Erfordernis der Gegenwärtigkeit bereits als Erscheinungsform des RSchB gelten würde[528] und offensichtlich die Frage der Entbehrlichkeit eines Vollzugsaktes im Vordergrund der Problematik steht, bleibt von der These des BVerfG nur die Forderung nach der *Unmittelbarkeit* des Betroffenseins übrig. *Ihr* Verhältnis zum RSchB gilt es zu klären!

Das BVerfG[529] hat seine Verweisung auf die Anfechtung des Vollzugsaktes, statt der Anfechtung des vollziehungsbedürftigen Gesetzes selbst, damit gerechtfertigt, daß „nur eine solche einschränkende *Auslegung*" des § 90 Abs. 1 BVerfGG „dem Grundgedanken des § 90 Abs. 2 BVerfGG und dem Zweck der Verfassungsbeschwerde ... entspricht. Denn sie soll im Hinblick auf den umfassenden Rechtsschutz durch die ordentliche und die Verwaltungsgerichtsbarkeit nicht einen wahlweisen Rechtsbehelf neben den sonstigen Rechtswegen gewähren, sondern nur dann zulässig sein, wenn sie trotz Erschöpfung der regelmäßigen verfahrensrechtlichen Möglichkeiten zur Verhinderung einer Grundrechtsverletzung erforderlich wird." Ohne daß im Rahmen dieser Abhandlung dazu Stellung genommen werden kann, ob „es dem Grundgedanken des § 90 Abs. 2 BVerfGG und dem Zweck der Verfassungsbeschwerde im Sinne von E 1, 103 nicht *mehr* entspricht", den Bürger zunächst *immer* auf die Anfechtung der auf Grund des Gesetzes ergehenden behördlichen Verfügungen zu verweisen[530], ist also festzuhalten, daß das BVerfG das Erfordernis der Unmittelbarkeit im Wege der *Auslegung* von § 90 Abs. 1 BVerfGG[530a] *gewonnen* hat[531]. Wenn auch nicht *ausdrücklich* normiert, so handelt es sich dennoch um eine bereits der *gesetzlichen* Regelung innewohnende besondere Zulässig-

---

[525] BVerfGE 1, 97 (102).

[526] A. a. O., 132 oben (Hervorhebungen vom Verf.).

[527] S. o. Dritter Teil, I. Kapitel, § 15 B I, S. 104—107.

[528] S. o. Erster Teil, II. Kapitel, § 4 B II 3, S. 38—43 sowie Dritter Teil, I. Kapitel, § 15 B II 3, S. 107 f.

[529] BVerfGE 1, 97 (103, Hervorhebung vom Verf.); vgl. auch E 10, 134 (136 g. E.: „Das Bundesverfassungsgerichts*gesetz* . . ."; Hervorhebung vom Verf.).

[530] Dies ist die Grundhaltung BETTERMANNS, a. a. O., bes. S. 141 a. E., 169 sub 2 (vgl. oben Anm. 518), 174 sub III, der BACHOF in seinem Nachwort hierzu, a. a. O., S. 189 ff., widersprochen hat.

[530a] Den es von § 90 Abs. 2 BVerfGG her auslegt.

keitsschranke. Dann aber hat sie mit dem ungeschriebenen Erfordernis des RSchB nichts zu tun[531a]. Denn dieses muß dort zessieren, wo — wie hier — die Interessenbewertung bereits durch den Gesetzgeber ihren fest umrissenen[532] Rahmen in einer Norm gefunden hat[533]. Wird dieser Bereich überschritten, so ist gegen *diese*[534] Norm verstoßen und *nicht* gegen jene „Norm“, die ein RSchB fordert!

Damit ist unsere Stellungnahme zu der Auffassung, die Vb gegen Normen könne jetzt[535] „nur noch mit Hilfe des Rechtsschutzbedürfnisses“ versagt werden[536], bereits entscheidend vorbereitet. Denn auch diese hat ihren Ursprung in einer — wenn auch gänzlich entgegengesetzten — *Auslegung* der §§ 90 ff. BVerfGG[537], so daß hier nichts anderes gelten kann als dort. Vor allem jedoch erscheint es mir zweifelhaft, wieso „der tragende Grund für die Verweigerung der Verfassungsbeschwerde gegen das Gesetz“ ausgerechnet „im Mangel des Rechtsschutzbedürfnisses: der Bedürftigkeit und Würdigkeit des Beschwerdeführers, gerade den Verfassungsrechtsweg und diesen schon jetzt zu beschreiten“[538], liegen soll. Es kann hierzu auf das oben im Dritten Teil, I. Kapitel, § 15 B II 3 a cc, S. 115—116, Gesagte in vollem Umfang verwiesen werden.

---

[531] Ebenso liegt es bei der entgegengesetzten Ansicht BETTERMANNS, der an einer Stelle ausdrücklich sagt, daß er die „Kernfrage seiner Untersuchung . . . durch *entsprechende Anwendung* des § 90 Abs. 2 BVerfGG beantwortet“ (a. a. O., S. 174 sub III; Hervorhebung vom Verf.).

[531a] Sie beruht auch nicht auf dem Gedanken des RSchB. S. o. S. 107 Anm. 457.

[532] Mag sie im Einzelfall auch erst im Wege der Auslegung ermittelt werden.

[533] Vgl. hierzu Erster Teil, II. Kapitel, § 3 A, S. 16—18 sowie Dritter Teil, I. Kapitel, § 15 B II 3 a dd, S. 118.

[534] D. h. hier: § 90 Abs. 1 BVerfGG!

[535] Nämlich nach der Ablehnung auch des Erfordernisses der Unmittelbarkeit als eines nicht „zulässigen und tauglichen“ Mittels zur Einschränkung der Vb gegen Normen (BETTERMANN, a. a. O., 181 sub 5).

[536] BETTERMANN, a. a. O., 181 a. E.; vgl. auch S. 139 sub IV, 146 vor 4, 147 vor V, 153 vor I, 158 f., 167 oben, 169 sub 2, 175 sub 2.

[537] Das ergibt eine Wertung der vorgebrachten Gesichtspunkte, die auf einer bestimmten Sicht der normativen Regelungen beruhen, obwohl (a. a. O., S. 181 sub 5) vom „eindeutigen Wortlaut des § 90 Abs. 1 BVerfGG“ die Rede ist. Vgl. das Zitat oben S. 122 vor Anm. 530 sowie in Anm. 531.

[538] So jedoch BETTERMANN, a. a. O., 139 sub IV. — BACHOF, Nachwort, a. a. O., S. 189 ff., hat hierin m. E. zu Recht „eine erhebliche Überdehnung von Begriff und Anwendungsrahmen des Rechtsschutzbedürfnisses“ (S. 190 Mitte), eine „Überspannung der Anforderungen an das Rechtsschutzbedürfnis“ (S. 192 vor 2) erblickt, und zwar „gerade weil und soweit man nicht in allen Fällen mit anderen prozessualen Klageformen wird helfen können“

Schließlich kann auch nicht gesagt werden, mit der Aufstellung besonderer Zulässigkeitserfordernisse für die Vb gegen Normen sei das Erfordernis des RSchB — zumindest insoweit — ausgeschlossen[539]. Dazu treffen diese Erfordernisse einen viel zu engen Bereich, der die vielfältigen möglichen Erscheinungformen mangelnden RSchB[540] auch nicht annähernd berührt. Nach alledem kommen wir zu folgendem Ergebnis: Die aufgestellten[541] besonderen Zulässigkeitserfordernisse für eine Vb gegen Normen stehen selbständig als gesetzliche[541a] Erfordernisse *neben* dem RSchB, das unabhängig von ihrem Vorhandensein geprüft werden und vorliegen muß, damit die Vb gegen eine Norm zulässig ist!

b) Fälle nachträglicher Unzulässigkeit

Das Gegenwärtigkeitserfordernis des RSchB verlangt, daß dieses auch noch am Schluß der letzten mündlichen (Tatsachen-)Verhandlung gegeben sein muß. Zur Zulässigkeit der in Frage stehenden jeweiligen Prozeßhandlung genügt es daher nicht, wenn das RSchB zwar zur Zeit der Verfahrenseinleitung vorhanden war, jedoch nachträglich

---

(S. 189 sub 5). Dem hat sich neuerdings SCHUMANN, Verfassungs- und Menschenrechtsbeschwerde gegen richterliche Entscheidungen (1963), S. 35 Anm. 5 a. E., 105 Anm. 52, 106 Anm. 59, S. 184 Anm. 17 g. E., angeschlossen.

[539] Auf diesen Gedanken könnte man kommen, wenn es richtig wäre (dagegen oben S. 107 Anm. 457), in § 90 Abs. 2 BVerfGG eine „Ausprägung des Rechtsschutzbedürfnisses“ zu sehen (so BETTERMANN, a. a. O., S. 146 vor 4, dem eine solche Folgerung jedoch fernliegen dürfte). Ähnliche Tendenzen bei HOFFMANN, Die Rechtsschutzbehauptung im Verwaltungsprozeß, VerwArch 53 (1962), 302 ff., der irrigerweise in § 42 Abs. 2 VwGO einen „Ausdruck des Rechtsschutzbedürfnisses“ (a. a. O., S. 303 Mitte), ein „besonderes (?) Rechtsschutzbedürfnis“ (a. a. O., S. 305 bei Anm. 34) findet. Dagegen schon BARING, Die Prozeßvoraussetzungen im Verwaltungsrechtsstreit, AöR 76 (1950/51), 460 a. E., zum Verhältnis des RSchB zu den früheren, § 42 Abs. 2 VwGO entsprechenden Vorschriften; vgl. neuerdings auch NAUMANN, Streitigkeiten des öffentlichen Rechts, in: Staatsbürger und Staatsgewalt, Bd. II, S. 384/5; sowie BETTERMANN, Klagebefugnis und Aktivlegitimation im Anfechtungsprozeß, ebda., passim; LÜKE, AöR 84, 212 Anm. 92; STERN, Sachlegitimation usw., S. 232 ff.; wie HOFFMANN jüngst OVG Koblenz, DVBl 1965, 771 (774 l. Sp.); VG Frankfurt/Main, DVBl 1966, 383 l. Sp.

[540] S. o. Erster Teil, II. Kapitel, § 4 B, S. 28—53, sowie die vorangegangenen und folgenden Ausführungen sub Dritter Teil, I. Kapitel, § 15 B II 3 b—c und 4, S. 124—129.

[541] Die des BVerfG oder (!) die aus den BETTERMANN'schen Erkenntnissen zu folgernden.

[541a] Mögen sie auch erst im Wege der Auslegung ermittelt worden sein. Vgl. oben S. 122 f.

wieder weggefallen ist[542]. Dieser Grundsatz gilt selbstverständlich auch im Verfahren der Vb vor dem BVerfG[543]. Einen typischen Beispielsfall hat das BVerfG in E 12, 311 (317 sub 4) entschieden, wo es zu Recht ausgeführt hat, daß ein RSchB[543a] *nicht mehr* bestehe, weil der von den Beschwerdeführern für ihre Vb ins Feld geführte „Grund" durch eine inzwischen ergangene, klärende Entscheidung „weggefallen" war. Doch macht die vom Gericht verwendete Terminologie ein näheres Eingehen auf die Fälle des nachträglichen Unzulässig*werdens* erforderlich, da eine saubere Abgrenzung ergibt, daß manche der von ihm angesprochenen Erscheinungen vom Institut des RSchB — zumindest soweit sie die Vb betreffen — zu trennen sind.

aa) Wegfall der Betroffenheit („Beschwer")

Es ist bereits gezeigt worden[544], daß und weshalb der vom BVerfG häufig verwendete Begriff der Beschwer unglücklich gewählt und durch den der Betroffenheit ersetzt werden sollte. Ferner ist dargetan worden, daß die Vb bei (anfänglichem) Fehlen jeglicher Betroffenheit nicht mangels des RSchB, sondern wegen Fehlens der gesetzlichen Erfordernisse in § 90 Abs. 1 BVerfGG als unzulässig zu verwerfen ist[544]. Nichts anderes kann konsequenterweise gelten, wenn und soweit die zunächst vorhandene Grundrechtsbetroffenheit während der Anhängigkeit nachträglich wieder entfallen ist. Auch in diesen, immerhin recht häufigen Fällen ist Verwerfungsgrund nicht die „Norm", die ein RSchB fordert, sondern das Fehlen des Betroffenheitserfordernisses in § 90 Abs. 1 BVerfGG.

bb) Prozessuale Überholung und Gegenstandsloswerden

Den soeben behandelten Wegfall der „Beschwer" hat das BVerfG[544a] verschiedentlich damit begründet, der mit der Vb angefochtene Hoheitsakt sei „prozessual überholt" oder „gegenstandslos geworden". Das hierzu Erforderliche ist bereits oben Erster Teil, II. Kapitel, § 4 E II und III, S. 68—74 (bes. S. 73 f.) gesagt worden.

---

[542] S. o. Erster Teil, II. Kapitel, § 4 B II 3, S. 38—40.

[543] Er liegt einer Vielzahl von Entscheidungen unausgesprochen zugrunde. Ausdrücklich angesprochen ist er in BVerfGE 9, 89 (92 a. E.).

[543a] Gäbe es entsprechend der Rechtskrafteinrede auch eine „Gesetzeskrafteinrede" (§ 31 Abs. 2 BVerfGG), so wäre die Gesetzeskraft der zutreffende Verwerfungsgrund gewesen (s. o. § 4 B II 2 c, S. 37). Dies scheint jedoch R. SCHNEIDER, ZZP 79, 57 a. E. annehmen zu wollen.

[544] S. o. Dritter Teil, I. Kapitel, § 15 B II 3 a dd, S. 116—118.

[544a] Nachweise oben S. 40 Anm. 151.

c) Besondere Fälle der Fortdauer des gegenwärtigen Interesses

aa) Wiederholungsgefahr

Derselbe Rechtsschutzgedanke, der die Zulässigkeit von Unterlassungsklagen von der Besorgnis weiterer Störungen oder Beeinträchtigungen abhängig macht[545], hat bereits oben[546] dazu geführt, das RSchB trotz im Grunde abgeschlossenen Sachverhalts dann ausnahmsweise als fortdauernd und damit gegenwärtig zu erachten, wenn *Wiederholungsgefahr* besteht. Auch aus § 95 Abs. 1 Satz 2 BVerfGG, wonach das BVerfG bei begründeter Vb zugleich aussprechen kann, daß auch jede Wiederholung der beanstandeten Maßnahme das Grundgesetz verletze[547], wird die Gültigkeit dieser These erhärtet[547a]. Das BVerfG ist ebenfalls bereits entsprechend verfahren. So hat es einmal[548] in einem Unterbringungsfall das RSchB für die Vb eines Entmündigten mit der Hilfsbegründung[549] bejaht, es komme „hier hinzu, daß der Beschwerdeführer, da er entmündigt bleibt, jederzeit mit einer *Wiederholung* des gerügten Verhaltens des Gerichts rechnen muß". In einem neueren Erkenntnis[550] hat es ausgeführt: „Das Rechtsschutzinteresse des Beschwerdeführers ist nicht dadurch entfallen, daß der Haftbefehl gegen ihn in der Zwischenzeit außer Vollzug gesetzt wurde. Dieses Interesse ergibt sich aus der *Gefahr weiterer Verletzungen* der Benachrichtigungspflicht, falls der Haftbefehl *wieder* in Vollzug gesetzt würde ...". Diesen zutreffenden Sätzen ist eine größere Verbreitung und wohl auch Beachtung durch das Gericht zu wünschen, da sie ein Mehr an Grundrechtsschutz bewirken könnten.

---

[545] Gesetzesnachweise oben Erster Teil, I. Kapitel, § 1, S. 10 in Anm. 36.

[546] Vgl. Erster Teil, II. Kapitel, § 4 B II 3 a, S. 41 bei Anm. 157.

[547] Vgl. hierzu BVerfGE 9, 1 (3), wo die Vorschrift im Rahmen des inzwischen aufgehobenen § 91 a Abs. 2 Satz 1 BVerfGG (dem heute der neue § 93 a Abs. 4 Satz 2 weitgehend nachgebildet ist; dazu eingehend GRUNDMANN, Die neue Verfassungsbeschwerde, DöV 1963, 754 ff.) verwertet worden ist.

[547a] Anders jedoch die gesetzliche Regelung in § 113 Abs. 1 Satz 2 VwGO, der keine Wiederholungsgefahr verlangt.

[548] BVerfGE 10, 302 (308 vor 4; Hervorhebung vom Verf.).

[549] Die begrüßenswerte Hauptbegründung lautet (a. a. O.): „Es würde der Bedeutung des Schutzes der Freiheit durch das Grundgesetz nicht entsprechen, wenn das Recht (?) auf gerichtliche Klärung einer behaupteten Freiheitsverletzung bei Wiedergewährung der Freiheit ohne weiteres entfiele."

[550] Beschluß v. 14. 5. 1963 — 2 BvR 516/62, abgedruckt in: NJW 1963, 1820 r. Sp. sub II 1 (Hervorhebungen vom Verf.). Vgl. auch BayVerfGHE 12, 73 (78/9).

bb) Belastende Nachwirkungen. Grundsätzliche und präjudizielle Bedeutung des Falles

Es ist ebenfalls bereits darauf hingewiesen worden[551], daß das RSchB auch dann als gegenwärtig anzusehen ist, wenn von dem ursprünglich beeinträchtigenden Hoheitsakt nur noch belastende *Nachwirkungen* ausgehen. Dieser Grundsatz ist auch für den Bereich der Vb fruchtbar zu machen[552], obwohl, oder gerade weil, das BVerfG von ihm — soweit ersichtlich — im Verfahren der Vb[553] noch keinen Gebrauch gemacht hat. Denn ohne jede belastende (Nach-)Wirkung ist sonst für das BVerfG nichts mehr vorhanden, das zu beseitigen, der verfassungsgerichtliche Spruch in der Lage wäre. An der bloßen Feststellung einer Grundrechtswidrigkeit besteht daher in der Regel kein gegenwärtiges Interesse, d. h. kein RSchB[554].

In Anbetracht von Stellung und Aufgabe des BVerfG halte ich es für vertretbar und wünschenswert, das RSchB — als neue, spezifisch verfassungsprozessuale Typisierung[554a] — ausnahmsweise trotz des Fehlens einer auf den individuellen Antragsteller einwirkenden Nachwirkung dennoch zu bejahen, wenn es bei der betreffenden Vb um Verfassungsfragen von *grundsätzlicher und präjudizieller Bedeutung* geht[555]. Insoweit sollten die vorhandenen[556] Ansätze zu einem Verfahren zur Bewahrung des jeweiligen objektiven Grundrechts gegenüber dem Erfordernis des RSchB durchschlagen[556a].

---

[551] Vgl. Erster Teil, II. Kapitel, § 4 B II 3 a, S. 41 vor Anm. 157.

[552] So auch KÖRNER, Zur Zulässigkeit der bayerischen Verfassungsbeschwerde, in: NJW 1962, 23/24, der sich gegen die zu großzügige Praxis des BayVerfGH wendet (mit Nachweisen; der Hinweis auf GEIGER, BVerfGG, § 24 A. 5 b dd, ist unergiebig).

[553] In einem Verfahren der abstrakten Normenkontrolle nach Art. 93 Abs. 1 Nr. 2 GG hat das Gericht allerdings einmal zur Zulässigkeitsfrage bemerkt, daß das umstrittene Gesetz inzwischen außer Kraft ist, stünde „einer Entscheidung über seine Verfassungsmäßigkeit nicht entgegen, da es auch nach seinem Außerkrafttreten noch Rechtswirkungen . . . zu äußern vermag" (BVerfGE 5, 25, 28 vor II). Vgl. auch BVerfGE 2, 237 (242 sub b).

[554] Vgl. BVerfGE 11, 336 (338 sub II); 9, 160 (161/2); 9, 89 (93/4); offengelassen bei KÖRNER, a. a. O.

[554a] Zur methodischen Rechtfertigung vgl. oben S. 98 Anm. 428a.

[555] Denselben Weg hat das BVerfG in einem Organstreitverfahren nach Art. 93 Abs. 1 Nr. 1 GG beschritten (E 1, 372, 379 oben). Vgl. auch BVerfGE 9, 261 ff. (Strafbefehl über nur 3 DM); 10, 4 (11 oben) sowie § 93 a Abs. 4 Satz 2 erster Fall BVerfGG.

[556] S. o. Dritter Teil, I. Kapitel, § 15 A, S. 101 f.

[556a] Damit wird die Vb nicht zur Popularklage gemacht und auf diese Weise zu einer Art abstrakter Normenkontrolle umgewandelt. Denn es ist nur an Fälle gedacht, bei denen das RSchB zur Zeit der Verfahrenseinleitung vorhanden war und erst *nachträglich* wieder weggefallen ist.

4. Erfordernis schutzwürdigen Interesses

Schließlich bedarf es des kurzen Eingehens auf die *Schutzwürdigkeit* des Interesses. Es ist bereits dargetan worden[557], daß die Inanspruchnahme der Rechtspflegeorgane nur dann und insoweit zulässig ist, als schutzwürdige Interessen damit wahrgenommen werden. Dieses besondere Element ist als eine Erscheinungsform des Instituts des RSchB erkannt und letzterem dogmatisch zugeordnet worden. Es gilt selbstverständlich auch — man kann sagen: gerade auch — für das Verfahren der Vb vor dem BVerfG. Denn das Moment der Schutzwürdigkeit des RSchB ist gerade dasjenige, das insbesondere berufen ist, die Durchführung des relevanten Prozeßzwecks im Einzelverfahren, hier also den der Vb, zu gewährleisten[558]. Wie die Erfahrung gezeigt hat, ist es gerade die Vb, die wie kaum ein anderes Verfahren der Gefahr ausgesetzt ist, mit *verfahrensfremden*[559], *rechtsmißbräuchlichen*[560] oder *bagatellartigen*[561] Beschwerden von seiner eigentlichen Aufgabe abgehalten zu werden. Solche Grundrechtsbeschwerden sind mangels RSchB als unzulässig zu verwerfen. Was die mißbräuchlich eingelegte Vb betrifft, ist zur Begründung auf die derselben Grundhaltung entspringende Vorschrift des § 34 Abs. 4 BVerfGG zu verweisen[562]. Soweit Bagatellsachen[563] in Frage stehen, ergibt sich der

---

557 S. o. Erster Teil, II. Kapitel, § 4 B II 4, S. 43—51.

558 Vgl. die vorhergehende Anmerkung.

559 S. o. Erster Teil, II. Kapitel, § 4 B II 4 a, S. 44—46.

560 S. o. Erster Teil, II. Kapitel, § 4 B II 4 b, S. 46—48. Vgl. auch BayVerfGH, in: NJW 1962, 339 f., wo die Verwirkung des Verfassungsbeschwerderechts angenommen wird. Zutreffender Verwerfungsgrund war jedoch der Mangel des RSchB. Dazu vgl. oben § 4 E IV, S. 74.

561 S. o. Erster Teil, II. Kapitel, § 4 B II 4 c, S. 48—51. Es wird hier also bewußt anders entschieden, als grundsätzlich oben im „allgemeinen Teil" (a. a. O., bes. bei Anm. 201) geschehen.

562 Vgl. hierzu BVerfGE 7, 241 (244 sub 3); 7, 327 (330); 11, 1 (6 a. E.); 11, 339 (343 sub 4; Begründung des Mißbrauchs hier interessanterweise mit der „Aussichtslosigkeit" des gestellten Antrages).

563 „Die Arbeit des Gerichts soll auf die einer Entscheidung durch das *Verfassungs*gericht ***bedürftigen*** Fälle konzentriert werden" (BVerfGE 9, 1, 2 sub II; 9, 120, 121 Mitte; Hervorhebungen vom Verf.). Sodann: „Ist der Wert, der für den Beschwerdeführer auf dem Spiele steht, so gering, daß ein sonst gegebenes ordentliches Rechtsmittel ausgeschlossen ist, weil für Bagatellsachen der Instanzenzug nicht zur Verfügung gestellt wird (z. B. § 511 a Abs. 1 ZPO), so wird im allgemeinen auch eine Inanspruchnahme des Bundesverfassungsgerichts nicht angemessen sein." Dabei muß es jedoch auf jeden Fall auch „darauf ankommen, wie intensiv die dem Beschwerdeführer widerfahrene Grundrechtsverletzung seine Persönlichkeit berührt . . ." (BVerfGE 9, 120, 121/2; vgl. hierzu auch E 4, 387, 411, 412; 8, 256, 259 vor b; 19, 148, 149 a. E.). Die Annahme eines „schweren und unabwendbaren Nachteils" i. S. von § 90 Abs. 2 Satz 2 BVerfGG hat das Gericht eben-

Zulässigkeitsausschluß auch bereits aus § 93 a Abs. 4 Satz 2 BVerfGG zweite Alternative[564], wonach der zuständige Senat die Vb nur annimmt, wenn „dem Beschwerdeführer durch die Versagung der Entscheidung zur Sache ein *schwerer* und unabwendbarer Nachteil entsteht"; dementsprechend hat sich das Gericht bereits für befugt gehalten, sogar offensichtlich begründete (!) Beschwerden zu verwerfen[565]. Diese Grundsätze sind jedoch nicht anzuwenden, wenn es sich um Bagatell-Vb von grundsätzlicher oder präjudizieller Bedeutung handelt[565a].

§ 16 Die Verfassungsstreitigkeiten

Im folgenden ist zu untersuchen, ob und inwieweit das RSchB Sachentscheidungsvoraussetzung auch für Verfassungsstreitigkeiten[566] — dem Kern der Verfassungsgerichtsbarkeit[567] — ist. Zweckmäßigerweise soll dies getrennt nach den einzelnen Verfahrensarten geschehen.

A. Die Organstreitigkeiten innerhalb des Bundes

Nach Art. 93 Abs. 1 Nr. 1 GG entscheidet das Bundesverfassungsgericht „über die Auslegung dieses Grundgesetzes aus Anlaß von Streitigkeiten über den Umfang der Rechte und Pflichten eines obersten

---

falls abgelehnt, wenn z. B. nur eine „geringe Höhe der festgesetzten Steuer" gegeben war (BVerfGE 8, 222, 226 Mitte). Ähnlich bei der einstweiligen Anordnung BVerfGE 11, 329 (330). Vgl. schließlich auch BVerfGE 13, 167 (174). Im Grundsatze zustimmend SCHUMANN, Verfassungs- und Menschenrechtsbeschwerde gegen richterliche Entscheidungen (1963), S. 107 a. E.; jüngst auch R. SCHNEIDER, ZZP 79, 46, der mit den Kriterien „Entbehrlichkeit", „Nutzlosigkeit" und „Überflüssigkeit" (a. a. O., S. 48) jedoch wieder gefährlich vage und daher abzulehnende Begriffe ins Spiel bringt (s. o. S. 52 f.).

[564] Ebenso schon der 1963 aufgehobene § 91 a Abs. 2 Satz 1 BVerfGG, der jedoch nicht für den Senat, sondern den Richterausschuß galt. Wie im Text jüngst BVerfGE 19, 148 (149 sub II), wo jedoch von der Zulässigkeit der Vb eines Schlachtermeisters wegen 27,04 DM ausgegangen wird.

[565] BVerfGE 9, 120 (LS, 121 oben). Dazu KNIESTEDT, NJW 1960, 853 m. w. N.

[565a] Vgl. oben Dritter Teil, I. Kapitel, § 15 B II 3 c bb, S. 127. Mit Recht hat daher BVerfGE 19, 303 (310) die Vb wegen einer Geldbuße von nur 5 DM — allerdings ohne näheres Eingehen auf die Frage — für zulässig gehalten, da von der Entscheidung „die Klärung einer verfassungsrechtlichen Frage zu erwarten" war (Koalitionsbetätigung im Personalvertretungswesen).

[566] Zum Begriff vgl. bereits oben Zweiter Teil, II. Kapitel, § 9, S. 88 Anm. 387.

[567] DRATH, Die Grenzen der Verfassungsgerichtsbarkeit, VVDStRL 9 (1952), 48 zu 16.

Bundesorgans oder anderer Beteiligter ...". In Ausführung von Art. 94 Abs. 2 GG ist das hierbei einzuhaltende Verfahren in den §§ 13 Nr. 5, 63—67 BVerfGG durch Umsetzung der allgemeinen Verfassungsnorm in besonderes Verfahrensrecht in verfassungsrechtlich zwar umstrittener, vom BVerfG jedoch für einwandfrei gehaltener Weise[568] näher geregelt worden.

I. Die Anwendbarkeit des Rechtsschutzbedürfnisses

Sinn und Zweck des Organstreitverfahrens innerhalb des Bundes ist der Schutz der obersten staatlichen Willensbildung[569], also die Gewährleistung ihrer Grundgesetzmäßigkeit und damit die Bewahrung des Verfassungsrechts überhaupt. Das ergibt sich vor allem daraus, daß die Parteifähigkeit in diesem Verfahren ausschließlich den Trägern der obersten staatlichen Willensbildung, den Verfassungsorganen oder ihren Teilen, vorbehalten ist (vgl. § 63 BVerfGG). Mit dieser Feststellung ist jedoch für die Frage der Geltung des RSchB noch nichts gewonnen. Wie bereits ausführlich dargelegt[570], kann hierfür nur die konkrete Verfahrensgestaltung ausschlaggebend sein. Es kommt daher darauf an, ob der genannte Zweck „durch Schutz subjektiver Rechte und Pflichten der Verfassungsorgane und ihrer Teile oder durch Gewährleistung objektiv rechtmäßigen Verfassungshandelns oder -unterlassens und damit durch Schutz des objektiven Verfassungsrechts erreicht wird"[571]. Daß ersteres im Ergebnis der Fall ist, hat bereits *Goessl*[572] umfassend und zutreffend nachgewiesen. Das Verfahren

---

568 Vgl. BVerfGE 1, 208 (231 f.); 2, 143 (157/8); 2, 347 (366); auch E 13, 54 (72 sub a). — Die Bedenken, die vor allem GOESSL, Organstreitigkeiten innerhalb des Bundes, S. 33—76, 83 f. sub IV, insbesondere gegen die Gültigkeit des § 64 BVerfGG vorgetragen hat und seine Lösung, für Organstreitigkeiten innerhalb des Bundes zwei verschiedene, grundsätzlich selbständig nebeneinander stehende Verfahrenswege — nämlich den der sog. prinzipalen Grundgesetzinterpretation nach Art. 93 Abs. 1 Nr. 1 GG und den eines streitentscheidenden Feststellungsjudizes nach § 67 Satz 1 BVerfGG — bereit zu halten, haben sich somit bisher nicht durchzusetzen vermocht. Ein näheres Eingehen hierauf würde den Rahmen dieser Arbeit zweifellos überschreiten.

569 GOESSL, a. a. O., S. 174 sub II.

570 S. o. Zweiter Teil, II. Kapitel, § 9, S. 87—89. Der SPD-Entwurf eines BVerfGG (BT-Drucks. 1950 I Nr. 328) sah übrigens zunächst ein objektiv-rechtlich konzipiertes Organstreitverfahren innerhalb des Bundes vor (vgl. §§ 17, 36 Abs. 1 das.); hierzu näher GOESSL, a. a. O., S. 184 sub 2. C. ARNDT, Zum Begriff der Partei im Organstreitverfahren, AöR 87 (1962), 216 oben, 221 vor III hält dies für verfassungswidrig.

571 GOESSL, a. a. O., S. 174 sub II.

572 A. a. O., S. 174—177. — Ebenso bereits früher zu Art. 19 WRV W. JELLINEK, Der Schutz des öffentlichen Rechts, in: VVDStRL 2 (1925), S. 37 sub II und 38 vor 1. Jüngst BVerfG, JZ 1966, 316 (317 l. Sp.).

nach Art. 93 Abs. 1 Nr. 1 GG/§§ 13 Nr. 5, 63—67 BVerfGG für Organstreitigkeiten innerhalb des Bundes stellt somit im Sinne unserer Terminologie überwiegend ein *Rechtsschutzverfahren*[573] dar, für dessen Zulässigkeit das Vorhandensein des RSchB erforderlich ist[574]; fehlt es, so ergeht Prozeßabweisung.

Es ist jedoch unrichtig anzunehmen, das RSchB werde in § 64 Abs. 1 BVerfGG *ausdrücklich* gefordert[575] oder § 64 a. a. O. enthalte gar eine „gesetzliche Begrenzung des Begriffs des Rechtsschutzinteresses für den Bereich der Verfassungsstreitigkeiten“[576]. Beides wird vom Wortlaut und Sinn der Vorschrift nicht getragen. Auch ist es nicht haltbar zu sagen, die Rechts- oder Pflichtverletzung (-gefährdung) durch eine Maßnahme oder Unterlassung i. S. von § 64 Abs. 1 enthalte Elemente des RSchB oder verberge Regelungen über das RSchB[577]. § 64 Abs. 1 BVerfGG regelt nicht und auch nicht teilweise, was nach richtiger Ansicht unter dem technischen Begriff „RSchB“ zu verstehen ist, sondern stellt klar, in welchem Umfange der *Gesetzgeber* die *Notwendigkeit* oder das rechtspolitische oder gesetzgeberisch anzuerkennende (untechnisch verstandene!) Bedürfnis/Interesse nach Eröffnung eines Organ-

---

[573] S. o. Zweiter Teil, II. Kapitel, § 7, S. 81—84.

[574] Davon geht auch die das Vorliegen des RSchB prüfende Rechtsprechung des BVerfG aus: vgl. E 1, 351 (359 sub III); 1, 372 (379 oben); 2, 347 (365 f.); 10, 4 (11 oben); JZ 1966, 312/3 (sub II: RSchB für Richterablehnungsgesuch); JZ 1966, 316 (317 l. Sp.). Im Ergebnis wie hier in der Literatur: GEIGER, BVerfGG, § 24 A. 5 b ff. (S. 91), § 64 A. 1 (S. 211), § 64 A. 4 (S. 213); LECHNER, BVerfGG, § 64 vor A. 1 (S. 225), § 13 Nr. 6 A. IV (S. 84), ErgänzErl. § 65 zu A. 3 (S. 69); LECHNER-HÜLSHOFF, Parlament und Regierung, § 64 BVerfGG (Nr. 40) A. 1 (S. 481); POHLE, Verfassungsbeschwerde und Normenkontrolle, S. 36 Mitte; GOESSL, a. a. O., S. 177 sub III; FEDERER, Aufbau, Zuständigkeit und Verfahren des BVerfG, in: Das Bundesverfassungsgericht, S. 44 sub I; MAUNZ, Deutsches Staatsrecht, § 26 II 3 a aa, S. 245; andeutungsweise früher RITTER, Die verfassungsrechtlichen Streitigkeiten vor dem RStGH, S. 56 oben („rechtsschutzbedürftige Partei“), sowie KÜHN, Formen des verfassungsgerichtlichen Rechtsschutzes, S. 45 oben (aber viel zu weit formuliert). Ablehnend jedoch SPANNER, Festschrift für Jahrreiß, S. 413 f., 417 f., der die gebotene prozessuale Betrachtungsweise (s. o. §§ 7, 8, 9, S. 81 ff.) über Gebühr vernachlässigt.

[575] So jedoch BVerfGE 2, 347 (365 f.); GEIGER, a. a. O., § 24 A. 5 b ff. (S. 91), § 64 A. 4 (S. 213); POHLE, a. a. O.; v. MANGOLDT, Das Bonner Grundgesetz, Art. 93 A. 2 (S. 507 oben); wohl auch FEDERER, a. a. O.; sowie MAUNZ, a. a. O.; neuerdings auch F. KLEIN, in: Maunz u. a., BVerfGG, § 24 Rdnr. 6. Insoweit wie hier GOESSL, a. a. O., S. 172 g. E.

[576] Wie GEIGER, a. a. O., § 64 A. 4 (S. 213) behauptet.

[577] So GOESSL, a. a. O., S. 152/3 (sub 5) und S. 172 g. E., der das RSchB zudem zu eng sieht und hier praktisch auf das Gegenwärtigkeitserfordernis verkürzt (a. a. O., S. 153).

streitverfahrens anerkannt hat[578]. Das hat jedoch nichts mit der rein prozessualen Frage zutun, ob für ein an und für sich zulässiges Verfahren dem Verfahrensführer auch ein RSchB zur Seite steht[579].

II. Einzelfälle

1. Erfordernis des eigenen Interesses: Problem der Prozeßstandschaft

Nach § 64 Abs. 1 BVerfGG kann der Antragsteller zulässigerweise auch geltend machen, daß das Organ, dem er angehört, durch eine Maßnahme oder Unterlassung des Antragsgegners in seinen ihm durch das GG übertragenen Rechten und Pflichten verletzt oder unmittelbar gefährdet ist. Damit ist ex lege den Organ*teilen* auch insoweit die *Prozeßführungsbefugnis*[580] zuerkannt, als sie nicht eigene Rechte, sondern solche des Gesamtorgans verfolgen. Denn das Wort „seinen" bezieht sich sowohl auf „er" als auch auf „das Organ, dem er angehört"[581]. Es handelt sich somit um einen typischen Fall einer *gesetzlichen Prozeßstandschaft*[582].

---

[578] Vgl. v. MANGOLDT, a. a. O., Art. 93 A. 3 (S. 507): „Abs. 1 Z. 1 beruft das BVerfG *bewußt nicht generell* zur Entscheidung von Streitigkeiten zwischen den obersten Bundesorganen über den Umfang ihrer Rechte und Pflichten. In einer sehr großen Anzahl von Fällen würde es sich dabei nämlich um echte politische Entscheidungen handeln, um Fragen, die nur durch die dazu berufenen Organe politisch entschieden, von einem Verfassungsgerichtshof in einem Rechtsverfahren aber nur schwer bewältigt werden können . . ." (Hervorhebung vom Verf.). Diese bewußt einschränkende Tendenz wird durch die Entstehungsgeschichte bestätigt (vgl. GEIGER, a. a. O., § 63 A. 3, S. 208).

[579] Vgl. hierzu oben Erster Teil, II. Kapitel, § 3 A, S. 16—18. Ähnlich im Grundsatz OVG Berlin, Urt. v. 6. 5. 1963 — OVG II B 35/62, in: NJW 1963, 1939 (1940 l. Sp. oben). Vgl. auch LECHNER, BVerfGG, § 24 A. B I 5 b (S. 161): „Soweit hierbei das Gesetz die Klage an ein besonderes Rechtsschutzinteresse (?) knüpft (siehe z. B. § 64), handelt es sich um eine dem Rechtsschutzbedürfnis des Zivil- und Strafprozeßrechts (?) zwar ähnliche, aber nicht wesensgleiche Prozeßvoraussetzung."

[580] Das BVerfG unterscheidet (leider!) nicht zwischen Sachlegitimation und Prozeßführungsbefugnis und meint sowohl das letztere als auch die Rechts- oder Pflichtenzuständigkeit, wenn es von Aktiv- (oder Passiv-)legitimation spricht. Auch die Terminologie GEIGERS, a. a. O., § 64 A. 3 (S. 212/3) ist nicht haltbar. Das hier erforderliche klärende Wort hat frühzeitig bereits BACHOF, Rechtsweg, Parteifähigkeit, Prozeßführungsrecht und Sachlegitimation im Verfassungsstreit, AöR 79 (1953/54), 112 ff., 118 ff., gesprochen.

[581] GEIGER, a. a. O., § 64 A. 3 (S. 212 oben).

[582] Allgemein über Prozeßstandschaft und RSchB, oben Erster Teil, II. Kapitel, § 4 B I, S. 29—32.

Wegen dieser ausdrücklichen gesetzlichen Zulassung der Prozeßstandschaft ist für eine daneben bestehende oder darüber hinausgehende *gewillkürte* Prozeßstandschaft weder Raum noch Bedürfnis[583]. Denn es ist davon auszugehen, daß der Gesetzgeber mit der Einräumung der gesetzlichen Prozeßstandschaft für Organteile eine abschließende Regelung der Prozeßstandschaft getroffen hat.

Angesichts des scheinbar uneingeschränkten Wortlauts des § 64 Abs. 1 BVerfGG könnte jeder Organteil sämtliche Rechte und Pflichten seines Gesamtorgans in (gesetzlicher) Prozeßstandschaft verfolgen. Denn da, wo der Gesetzgeber die Prozeßstandschaft ausdrücklich zugelassen hat. hat er die Interessenlage und die Notwendigkeit hierzu bereits erwogen und in dem normierten Umfang bejaht, so daß für den zusätzlichen Nachweis eines RSchB an der Geltendmachung fremder Rechte und der Prozeßführung darüber überhaupt kein Raum mehr verbleiben kann[584]. Es ist kein Grund für die Annahme ersichtlich, daß die hier eröffnete gesetzliche Prozeßstandschaft ausnahmsweise nur nach Maßgabe des RSchB gewährt sein soll. Einschränkungen der Zulässigkeit von Prozeßstandschaften im Organstreitverfahren innerhalb des Bundes können sich daher keinesfalls aus einer Heranziehung des RSchB ergeben — diese Schranke ist durch die gesetzliche Zulassung gewissermaßen „verbraucht" —, sondern allein aus einer *restriktiven Interpretation* des § 64 Abs. 1 BVerfGG.

Unter Beachtung der hierzu entwickelten Auslegungsprinzipien[585] bestehen keine Bedenken gegen die vom BVerfG[586] vorgenommenen beiden Einschränkungen der Zulässigkeit von Prozeßstandschaften der Organteile. Dies sind folgende: Entweder muß die Aufgabe des Organteils gerade darin bestehen, die Arbeit des Gesamtorgans zu ermöglichen und zu erleichtern[587]; oder es muß durch die geltend gemachte Beeinträchtigung der Rechte und Pflichten des Gesamtorgans der Status des Organteils mitbetroffen sein[588]. Soweit in diesen nur durch restriktive Interpretation zu gewinnenden Einschränkungen der Zulässigkeit von Prozeßstandschaften im Verfahren nach Art. 93 Abs. 1 Nr. 1 GG/§§ 13 Nr. 5, 63—67 BVerfGG der Sache nach Fälle gesehen werden könnten, in denen Elemente des RSchB verwertet sind,

---

[583] A. A. GOESSL, a. a. O., S. 60/61 und 159 sub 2, für das von ihm angenommene Sonderverfahren nach Art. 93 Abs. 1 Nr. 1 GG (hierzu oben Dritter Teil, I. Kapitel, § 16 A I, S. 130 Anm. 568).

[584] Vgl. Erster Teil, II. Kapitel, § 4 B I, S. 29—32. A. A. zu Unrecht GOESSL, a. a. O., S. 157 sub b); wohl auch BVerfGE 2, 347 (365/6) und GEIGER, § 64 A. 3 (S. 212 Mitte: „. . . rechtliches Interesse . . .").

[585] Vgl. z. B. ENNECCERUS-NIPPERDEY, Allgemeiner Teil des bürgerlichen Rechts, 1. Halbband, §§ 56/57.

[586] BVerfGE 2, 143 (160, 166); vgl. auch E 13, 54 (84 sub 3, 95 g. E.).

[587] A. a. O., S. 160 g. E.

[588] A. a. O., S. 166 sub c).

wäre eine solche Übereinstimmung zwar nicht rein akzidentiell, doch allenfalls durch Gesichtspunkte des RSchB *motiviert*[588a]. Ein besonderes RSchB für die nach § 64 Abs. 1 BVerfGG bereits von Gesetzes wegen zulässige Prozeßstandschaft ist jedenfalls nicht erforderlich.

2. Erfordernis prozessualen Interesses

a) Außergerichtliche Durchsetzung

Im vorangestellten „allgemeinen Teil" dieser Arbeit ist bereits dargelegt worden, daß es grundsätzlich an einem ausreichenden prozessualen Interesse, den jeweiligen Streitgegenstand zum Objekt eines Verfahrens zu machen, fehlt, wenn der Verfahrensführer das erstrebte Ziel durch eine lediglich von seinem Willen abhängige Handlung selbst herbeiführen kann, wenn er also auch ohne Inanspruchnahme der Gerichte außergerichtlich zum Ziel gelangen kann[589].

Ob dieser Grundsatz auch für das Organstreitverfahren zu gelten hat, ist von besonderer Bedeutung für die Fälle *positiver Kompetenzklagen*. Denn hier ließe sich die Ansicht vertreten, dem Antragsteller fehle das RSchB, weil er lediglich die von ihm behauptete angebliche Zuständigkeit auszuüben brauche und es dann dem möglicherweise Verletzten überlassen könne, gegen die betreffende Maßnahme oder Unterlassung das BVerfG anzurufen[590]. Davon hängt aber z. B. auch die Frage ab, ob das Gericht bei einem Streit zwischen nach Art. 76 Abs. 1 GG gesetzesinitiativberechtigten Organen den Antragsteller unter dem Gesichtspunkt des RSchB auf diesen Weg außergerichtlicher Durchsetzung verweisen kann[591].

Einer Übernahme des angeführten allgemeinen Maßstabs auf das Organstreitverfahren steht mit *Goessl*[592] indes entscheidend entgegen, daß dieses Verfahren zwar überwiegend dem Schutz subjektiver Rechte und Pflichten, jedoch daneben auch *betont*[592a] der Gewährleistung ob-

---

588a Vgl. oben S. 118 Anm. 510a.

589 S. o. Erster Teil, II. Kapitel, § 4 B II 1, S. 33 f.

590 Auf dieses Beispiel weist GOESSL, Organstreitigkeiten innerhalb des Bundes, S. 178 sub IV 1, hin.

591 In diese Richtung weist der folgende Satz aus dem Hessen-Urteil (BVerfGE 13, 54, 76/77): „Das gemäße Mittel, ihr (sc. der Länder) politisches Interesse . . . durchzusetzen, ist nicht die Klage beim Bundesverfassungsgericht, sondern sind die politischen Mittel der Einwirkung auf die Bundesorgane, vor allem durch den Bundesrat als dem Organ, das die politischen Interessen der Länder im Bund zur Geltung bringen soll."

592 GOESSL, a. a. O., S. 178 sub 1 b.

592a Hierauf muß abgestellt werden, da ein ähnlicher Doppelzweck auch bei den meisten anderen Rechtsschutzverfahren bestehen dürfte. Denn sonst könnte mit der obigen Begründung der Hinweis auf den Weg der außergerichtlichen Durchsetzung immer zurückgeschlagen werden.

jektiv rechtmäßigen Verfassungshandelns und -unterlassens dient[593]. Denn mit diesem Zweck ist es unvereinbar, „den Antragsteller auf die Durchsetzung seines Rechtsstandpunktes im Machtwege zu verweisen, auch wenn dies möglicherweise zu verfassungswidrigen Maßnahmen oder Unterlassungen führt".

Selbst wenn also der Antragsteller sich möglicherweise auch außergerichtlich durchsetzen könnte[594], sollte ihm allein aus diesem Grunde das RSchB an der Durchführung des betreffenden Organstreitverfahrens grundsätzlich nicht[595] abgesprochen werden.

Ein interessanter Sonderfall ist mit dem Abschluß öffentlich-rechtlicher[595a], insbesondere verfassungsrechtlicher *Schiedsverträge*[595b] gegeben. So ist z. B. auf Grund von § 9 Satz 2 des Bonner Wahlkampfabkommens vom 9. Januar 1965[595c] am 3. August 1965 eine Vereinbarung über Einrichtung und Procedere des in § 9 Satz 1 das. vorgesehenen Schiedsgerichts getroffen worden, vor dem Verstöße gegen das Wahlkampfabkommen verhandelt werden sollen. Wendet sich dagegen eine der beteiligten politischen Parteien nicht an diese Schiedsstelle, sondern an das BVerfG[595d], so sollte auch in einem solchen Fall nicht mit dem RSchB operiert werden, da das erstrebte Ziel vor dem

---

[593] S. o. Dritter Teil, I. Kapitel, § 16 I, S. 130 Anm. 572.

[594] Das ist rechtlich undenkbar bei Organteilen als Prozeßstandschafter von Rechten des Gesamtorgans.

[595] Die von GOESSL, a. a. O., S. 179 oben, genannten Ausnahmen gehören zum Bereich der Schutzwürdigkeit des RSchB. S. u. Dritter Teil, I. Kapitel, § 16 2 d, S. 139. — Vgl. auch BVerfGE 2, 143 (158); unrichtig SÜSTERHENN-SCHÄFER, Komm. d. Verf. f. Rhld.-Pfalz, S. 453/4, zu Art. 130 Abs. 1 das.

[595a] Die unter bestimmten Voraussetzungen zulässig sind; vgl. BVerwG, NJW 1959, 1985 f. (nicht abgedruckt in BVerwGE 8, 334); WOLTERECK, Schiedsgerichte des Verwaltungsrechts, DöV 1966, 324 f. mit Nachweisen.

[595b] Schiedsklauseln sind unter dem Gesichtspunkt des Organstreits hier nur insofern von Interesse, als ihnen mindestens *zwei* nach § 63 BVerfGG parteifähige Organe oder Organteile unterfallen. Bereits deshalb hat die partei*interne* Schiedsgerichtsbarkeit außer Betracht zu bleiben. Dazu jüngst LAUFER, Die Schiedsgerichtsbarkeit der deutschen Parteien, in: Österr. Z. öff. Recht XV (1965), S. 1—17.

[595c] „Vereinbarung über die Führung eines fairen Wahlkampfes und über die Begrenzung der Wahlkampfkosten", abgedruckt in AöR 90 (1965), 83 ff. — Interessant ist in diesem Zusammenhang auch der Vorschlag des Sachverständigengutachtens über die Finanzreform von 1966 (Tz. 113 ff.), daß Zweifel, ob ein neues beabsichtigtes Vorhaben vom Bund finanziert werden darf, auf Antrag der Bundesregierung oder einer Landesregierung durch die „gutachtliche Feststellung" eines zu errichtenden gemischten Bund-Länder-Ausschusses geklärt werden soll, der mit Zweidrittel-Mehrheit entscheiden und dessen Feststellungen die Beteiligten binden soll. Vgl. hierzu PATZIG, Der kooperative Föderalismus, DVBl 1966, 394.

[595d] Weil sie z. B. das gesamte Wahlkampfabkommen oder insbesondere die finanzielle Einschränkung ihrer Aktionsfähigkeit als verfassungswidrig

Schiedsgericht nicht durch eine lediglich vom Willen der antragstellenden Partei abhängige Handlung erreicht werden kann[595e]. Vielmehr könnte allenfalls eine vorsichtige Übernahme der prozeßhindernden Einrede (!) des Schiedsvertrages (§ 274 Abs. 2 Nr. 3 ZPO) erwogen werden.

b) Vorhandensein einfacherer Rechtsschutzformen

Wie bereits dargetan worden ist[596], ist im Falle der Konkurrenz mehrerer zulässiger Verfahrensarten der Verfahrensführer gehalten, den Weg zu wählen, der bei im wesentlichen gleichem Ergebnis auf Grund der verfahrensrechtlichen Ausgestaltung oder aus sonstigen, insbesondere tatsächlichen Gründen wesentlich kürzer, billiger und vor allem einfacher ist. Andernfalls steht ihm kein vom Gericht anzuerkennendes prozessuales Interesse zur Seite; sein Gesuch ist dann mangels RSchB zu verwerfen.

Was das Verhältnis des Organstreitverfahrens nach Art 93 Abs. 1 Nr. 1 GG zur Vb betrifft, ist bereits nachgewiesen worden[597], daß ein Konkurrenzverhältnis beider Verfahrensarten — jedenfalls seit dem Plenarbeschluß in BVerfGE 4, 27 ff. — nicht mehr denkbar ist. Damit stellt sich insoweit auch nicht die Frage nach dem RSchB unter dem Gesichtspunkt geringstmöglicher Verfahrenskompliziertheit.

Wie *Goessl*[598] in gründlicher und zutreffender Analyse dargelegt hat, wird das Organstreitverfahren ferner auch durch das abstrakte Normenkontrollverfahren nach Art. 93 Abs. 1 Nr. 2 GG weder ausgeschlossen (auf Grund etwaiger Spezialität[599]) noch eingeschränkt (auf

---

(Art. 21 Abs. 1, 38 Abs. 1 GG) betrachtet. Die Grenzen derartiger Abkommen bedürfen noch eingehender Untersuchung, worauf SCHÜLE, AöR 90, 82 a. E., bereits hingewiesen hat.

[595e] S. o. § 4 B II 1, S. 33 f. — Dagegen ist Pressemitteilungen (vgl. Süddeutsche Zeitung v. 4. 8. 1965, S. 1, und v. 5. 8. 1965, S. 4) zu entnehmen, daß der Schiedsvertrag eine Einigkeitsklausel enthält. Danach lautet sein § 5: „Beschlüsse der Schiedsstelle bedürfen der Zustimmung aller (sc. sechs) Mitglieder." Die auf Grund der Zusatzvereinbarung vom 6. 5. 1965 zum Wahlkampfabkommen („Vereinbarung über die Einrichtung einer Schiedsstelle") zustande gekommene Verfahrensordnung der Schiedsstelle ist jetzt abgedruckt bei ZWEIGERT, AöR Bd. 90 (1965), S. 501 f.

[596] S. o. Erster Teil, II. Kapitel, § 4 B II 2 a, S. 35—36.

[597] S. o. Dritter Teil, I. Kapitel, § 15 B II 2 a, S. 109 f. Ebenso ausführlich GOESSL, a. a. O., S. 224—228.

[598] A. a. O., S. 218—222. Dagegen löst er das aus seiner These von den mehreren Antragsformen für das Organstreitverfahren innerhalb des Bundes (s. o. Dritter Teil, I. Kapitel, § 16 A, S. 130 Anm. 568) zwangsläufig entstehende Konkurrenzproblem unter Zuhilfenahme des RSchB; s. a. a. O., S. 85 und 180 vor 3.

[599] GOESSL, a. a. O., S. 221 sub a)—c). Vgl. auch BVerfGE 8, 104 (110 sub B I).

Grund fehlenden RSchB für den Organstreit[600]). Es bleibt bereits deshalb[600a] festzuhalten, daß die Bundesregierung oder ein Drittel der Mitglieder des Bundestages[601] somit die *freie* Wahl haben, in welchem Verfahren sie die Frage der Vereinbarkeit oder Unvereinbarkeit einer Norm mit dem GG[602] dem BVerfG zur Entscheidung stellen wollen[603]. — Da in beiden Verfahren der Streitgegenstand bei der Prüfung von Bundesrecht die Vereinbarkeit oder Unvereinbarkeit einer Norm mit dem GG ist[604], dürfte die bisher — soweit ersichtlich — nicht erörterte Frage der Zulässigkeit eines Neben- und Nacheinander beider Verfahren mit Hilfe der Rechtshängigkeits- bzw. Rechtskraft-„einrede" zu lösen sein[605].

c) Erfordernis gegenwärtigen Interesses

Wie auch sonst[606] ist der für das Erfordernis der Gegenwärtigkeit des RSchB maßgebliche Zeitpunkt auch für das Organstreitverfahren innerhalb des Bundes die der gerichtlichen Entscheidung vorausgehende letzte mündliche Verhandlung, d. h. es muß dann entweder noch vorhanden sein oder sich bis dahin eingestellt haben.

aa) Nur drohende Rechts- oder Pflichtverletzungen

Angewandt auf das Verfahren nach Art. 93 Abs. 1 Nr. 1 GG/§§ 13 Nr. 5, 63—67 BVerfGG könnte dies bedeuten, daß es am RSchB man-

---

600 GOESSL, a. a. O., S. 221/2 sub d).

600a Auch könnte andernfalls nicht anerkannt werden, daß das Verfahren der abstrakten Normenkontrolle wesentlich einfacher sei als die Organklage — und umgekehrt.

601 Die Antragsbefugnis „einer Landesregierung" nach Art. 93 Abs. 1 Nr. 2 GG interessiert hier nicht (vgl. § 63 BVerfGG).

602 Auch die Schaffung einer Rechtsnorm durch einen unzuständigen Normgeber stellt eine „Maßnahme" i. S. von § 64 Abs. 1 BVerfGG dar; der Normsetzungsakt selbst ist „Maßnahme". So BVerfGE 1, 144 (145/6); 1, 208 (211, 216, 220); 4, 115 (119).

603 Daß wegen §§ 14 Abs. 2, 13 Nr. 5 bzw. §§ 14 Abs. 1/2, 13 Nr. 6 BVerfGG hiermit die Möglichkeit gegeben ist, den jeweils zuständigen Senat selbst zu bestimmen, muß dabei — bis zur Grenze des offenkundigen Mißbrauchs (vgl. BVerfGE 2, 79, 94 sub VIII; 7, 305, 310/11) — leider in Kauf genommen werden.

604 Vgl. BVerfGE 1, 396 (414 sub c) einerseits, oben in Anm. 602 andererseits. Der Unterschied der Entscheidungsgegenstände — das abstrakte Normenkontrollverfahren kennt keine § 67 Satz 2 BVerfGG vergleichbare Bestimmung — kann hier vernachlässigt werden. — Es kann ZEIDLER, AöR 86, 382 vor 5, nicht zugestimmt werden, wenn er vom „völligen Dunkel des Streitgegenstandes bei verfassungsgerichtlichen Verfahren" spricht.

605 S. o. Erster Teil, II. Kapitel, § 4 B II 2b und c, S. 42f., S. 112 Anm. 474a.

606 S. o. Erster Teil, II. Kapitel, § 4 B II 3, S. 38—43.

gelt, wenn der Antragsteller Rechts- oder Pflichtverletzungen geltend macht, die noch nicht bestehen, sondern nur drohen. Das ist indes nicht der Fall.

Nach § 64 Abs. 1 BVerfGG genügt es, daß der Antragsteller[607] — bei unterstellter Grundgesetzwidrigkeit der streitigen Maßnahmen oder Unterlassungen — in seinen grundgesetzlichen Rechten und Pflichten *„unmittelbar gefährdet"* wird. Eine solche unmittelbare Gefährdung ist gegeben, wenn eine Verletzung durch die streitige Handlung oder Unterlassung ernstlich und unmittelbar bevorsteht und nicht zugemutet werden kann, den Eintritt der Rechtsverletzung abzuwarten[608]. Durch die Aufstellung dieses ausdrücklichen Zulässigkeitsmerkmals hat der Gesetzgeber damit genau bezeichnet, inwieweit er die Notwendigkeit oder ein (untechnisch verstandenes!) Bedürfnis/Interesse für einen derartigen präventiven Rechtsschutz anerkennt. Ob die Geltendmachung nur drohender Rechts- oder Pflichtverletzungen zulässig ist, ist somit keinesfalls nach den Grundsätzen des RSchB[609], sondern allein auf Grund eines Subsumtionsvorganges zu beurteilen, der freilich im einzelnen nicht ohne Schwierigkeit sein mag[610].

bb) Bereits erledigte Maßnahmen oder Unterlassungen

Für die Durchführung eines Organstreitverfahrens[611] besteht bei erledigten Maßnahmen oder Unterlassungen nur dann noch ein RSchB, wenn diese noch rechtliche Nachwirkungen äußern oder wenn Wiederholungsgefahr[612] besteht. Diese allgemeine Erkenntnis wird bestätigt

---

[607] Oder im Falle der Prozeßstandschaft das Gesamtorgan.

[608] Vgl. BETTERMANN, Der Schutz der Grundrechte in der ordentlichen Gerichtsbarkeit, in: GR III/2, S. 815 oben; GOESSL, a. a. O., S. 181 sub 4 a.

[609] GOESSL, a. a. O., S. 64 vor bb) und S. 181 vor b), sieht hierin eine zutreffende Konkretisierung dessen, was bereits kraft des RSchB gelten würde und — entsprechend seiner These der Doppelspurigkeit der Antragsformen im Organstreitverfahren innerhalb des Bundes (s. o. Dritter Teil, I. Kapitel, § 16 A, S. 130 Anm. 568) — bereits bei Art. 93 Abs. 1 Nr. 1 GG gelten soll.

[610] Die im bürgerlichen sowie im Zivil- und Verwaltungsprozeßrecht zur Zulässigkeit von vorbeugenden Unterlassungs- und Feststellungsklagen entwickelten Grundsätze werden hier mit Gewinn herangezogen werden können. Vgl. die Nachweise bei GOESSL, a. a. O., S. 209 Anm. 838 und 839 sowie S. 54 Anm. 222.

[611] Wie auch sonst nach gesicherter Erkenntnis. S. o. Erster Teil, II. Kapitel, § 4 B II 3 a, S. 41, sowie Dritter Teil, I. Kapitel, § 15 B II 3 c, S. 126 bis 127.

[612] A. A. GEIGER, BVerfGG, § 64 A. 4 a. E. (S. 213), § 24 A. 5 b ff. a. E. (S. 91), aber ohne Begründung. Wie hier GOESSL, a. a. O., S. 181 sub 4 b; gegen GEIGER auch POHLE, Verfassungsbeschwerde und Normenkontrolle, S. 36 g. E.

durch die Zeitform der Entscheidungsformel in § 67 Satz 1 BVerfGG, wonach das BVerfG in seiner Entscheidung feststellt, ob die beanstandete Maßnahme oder Unterlassung des Antragsgegners gegen eine Bestimmung des GG *„verstößt"*. Daher fehlt einem Antragsteller z. B. das gegenwärtige RSchB[612a], wenn die Maßnahme, die sein Recht ursprünglich und zunächst verletzt hatte, nachträglich unter Anerkennung des Rechtsstandpunktes des Antragstellers rückgängig gemacht worden ist[613], und wenn der Antragsteller dennoch i. S. von § 64 Abs. 1 BVerfGG weiterhin geltend macht, verletzt (= rechtswidrig *betroffen)* zu sein. Bloßer Zeitablauf vermag dagegen das einmal mit der Verletzung oder unmittelbaren Gefährdung regelmäßig gegebene RSchB selbstverständlich nicht zu beseitigen[614].

Trotz Erledigung der Maßnahme oder Unterlassung ist das RSchB aber auch dann ausnahmsweise als fortdauernd zu betrachten, wenn es in dem Verfassungsrechtsstreit um *Fragen grundsätzlicher und präjudizieller Bedeutung* geht[615]. Insoweit schlagen die vorhandenen[616] Ansätze zu einem Verfahren zur Gewährleistung objektiv rechtmäßigen Verfassungshandelns und -unterlassens gegenüber dem rein subjektivrechtlich konzipierten Erfordernis des RSchB durch[617].

d) Erfordernis schutzwürdigen Intresses

Schließlich setzt die Durchführung eines Organstreitverfahrens — wie auch sonst[618] — voraus, daß der Antragsteller an der Inanspruchnahme des BVerfG ein schutzwürdiges Interesse hat. Dieser Bestandteil des RSchB fehlt, wenn z. B. die Zulässigkeit der gegnerischen Kompetenzausübung durch den Antragsteller nicht *ernstlich* bestritten ist oder wenn ihm ein Abwarten nach der Sachlage bei bloß drohender Maßnahme zumutbar ist[619].

612a Wenn man den Antrag schon nicht als *unbegründet* zurückweisen will. Vgl. dazu oben § 4 B II 3 a, S. 41.

613 Insoweit zutreffend GEIGER, a. a. O., § 64 A. 4 a. E. (S. 213), anders jedoch § 24 A. 5 b ff a. E. (S. 91). Wie hier im Grunde auch bereits LANGHEINEKEN, Urteilsanspruch (1899), S. 36 bei und in Anm. 1.

614 Das scheint auch GEIGER, a. a. O., zum Ausdruck bringen zu wollen; ähnlich BVerfGE 10, 4 (11 oben).

615 So zu Recht BVerfGE 1, 372 (379 oben); vgl. auch BVerfGE 1, 351 (359 sub III). — Zur näheren Begründung dieser neuen RSchB-Type s. o. S. 98 Anm. 428a und S. 127 bei Anm. 554a.

616 S. o. Dritter Teil, I. Kapitel, § 16 A I, S. 130 Anm. 572.

617 Zu Unrecht zweifelnd GOESSL, a. a. O., S. 182 oben.

618 S. o. Erster Teil, II. Kapitel, § 4 B II 4, S. 43—51 (vgl. insbes. auch S. 46 Anm. 179).

619 Ebenso der Sache nach GOESSL, a. a. O., S. 179 vor 2, der diese Fälle jedoch im Zusammenhang mit der möglichen außergerichtlichen Durchsetzung erörtert (vgl. bereits Dritter Teil, I. Kapitel, § 16 A II 2 a, S. 135 bei und in Anm. 595).

B. Verfassungsstreitigkeiten zwischen Bund und Ländern

Nach Art. 93 Abs. 1 Nr. 3 GG entscheidet das Bundesverfassungsgericht bei Meinungsverschiedenheiten[620] über Rechte und Pflichten des Bundes und der Länder, insbesondere bei der Ausführung von Bundesrecht durch die Länder (Art. 84 Abs. 4 Satz 2 GG) und bei der Ausübung der Bundesaufsicht. Die Umsetzung dieser Verfassungsnorm in besonderes Verfahrensrecht ist gemäß Art. 94 Abs. 2 GG durch die §§ 13 Nr. 7, 68—70 BVerfGG geschehen.

I. Anwendbarkeit des Rechtsschutzbedürfnisses

Ob im Bund-Länder-Streit zur Zulässigkeit des Verfahrens das Vorhandensein eines RSchB zu verlangen ist, bemißt sich auch hier nach der konkreten Verfahrensausgestaltung[621].

Während § 68 BVerfGG die Parteifähigkeit und § 70 BVerfGG die Anfechtungsfrist gegen den Beschluß des Bundesrats nach Art. 84 Abs. 4 Satz 1 GG näher regeln, sind nach § 69 BVerfGG die §§ 64 bis 67 BVerfGG — also die entscheidenden Verfahrensvorschriften für die Organstreitigkeiten innerhalb des Bundes — für entsprechend anwendbar erklärt. Es muß sich wegen der völligen Angleichung somit hier, wie dort[622], um ein Rechtsschutzverfahren im Sinne unserer Terminologie[623] handeln, es sei denn, die lediglich entsprechende Geltung der §§ 64 bis 67 BVerfGG stoße dieses Ergebnis um. Das ist indes nicht der Fall: Nach §§ 64 Abs. 1, 69 BVerfGG muß der Antragsteller (§ 68 BVerfGG) geltend machen, daß der Bund (bzw. der Gliedstaat) durch eine Maßnahme oder Unterlassung des Landes (bzw. des Bundes) in seinen ihm durch das GG übertragenen Rechten und Pflichten verletzt oder unmittelbar gefährdet ist. Daß hierbei naturgemäß nur eine Verletzung (Gefährdung) des Bundes oder Landes *selbst* behauptet werden kann, ist in unserem Zusammenhang bedeutungslos. Jedenfalls handelt es sich bei den Bund-Länder-Streitigkeiten demnach um ein Verfahren, das seine Zwecke prozessual über und durch den Schutz von Zuständigkeiten, den „Rechten und Pflichten", erreicht; es ist ein „subjektives", ein *Rechtsschutzverfahren*[624]. Damit[625] gelangt auch hier

---

[620] Es ist unstreitig, daß sich die „Meinungsverschiedenheit" jedoch bereits zu einem „Streit" verdichtet haben muß (vgl. §§ 64 Abs. 1, 69 BVerfGG). Dies ist bereits von TRIEPEL, Streitigkeiten zwischen Reich und Ländern (1923), S. 44 a. E., erkannt worden, der darauf hinwies, daß der Ausdruck „Meinungsverschiedenheiten" auf der „diplomatischen Ausdrucksweise föderativer Geschäftssprache" beruhe. Man habe ein hartes durch ein sanfter klingendes Wort ersetzen wollen.

[621] S. o. Zweiter Teil, II. Kapitel, § 9, S. 87—89.

[622] S. o. Dritter Teil, I. Kapitel, § 16 A I, S. 130—132.

[623] S. o. Zweiter Teil, II. Kapitel, § 7, S. 81—84.

die Sachentscheidungsvoraussetzung des RSchB grundsätzlich zur Anwendung[626].

II. Einzelfälle

Was die einzelnen Anwendungsfälle des RSchB für Verfassungsstreitigkeiten zwischen dem Bund und den Ländern betrifft, gilt das oben[627] bereits Ausgeführte grundsätzlich entsprechend. Es sei nur noch auf folgendes hingewiesen:

1. Nach Art. 84 Abs. 4 Satz 2 GG kann das BVerfG im Verfahren nach Art. 93 Abs. 1 Nr. 3 GG/§§ 13 Nr. 7, 68—70 BVerfGG erst dann angegangen werden, wenn über die sog. staatsrechtliche Mängelrüge vorher ein Bundesratsbeschluß herbeigeführt worden ist[628, 629]. Hierbei handelt es sich keinesfalls um eine Regelung des RSchB, sondern vielmehr um eine Zulässigkeitsbeschränkung des Rechtsweges zum BVerfG[630].

---

[624] So auch GEIGER, BVerfGG, § 76 A. 9 (S. 246); LECHNER, BVerfGG, § 13 Nr. 7 A. 3 (S. 96); HOLTKOTTEN, in: Bonner Kommentar Art. 93 A. II B 3 (S. 37 f.); wohl auch ZEIDLER, AöR 84 (1961), 381 Anm. 50; jüngst BVerfG, JZ 1966, 316 (317 l. Sp.: „kontradiktorisches Streitverfahren").

[625] Vgl. Anm. 623.

[626] Wie hier GEIGER, a. a. O., § 24 A. 5 b ff., S. 91 („RSchI *ausdrücklich* gefordert ..."); LECHNER, a. a. O., § 13 Nr. 7 A. 4 b, S. 97 („§ 13 Ziff. 7 verlangt ein *besonderes* Rechtsschutzbedürfnis") und § 24 A. B I 5 b, S. 161; ders., Verfassungsgerichtsbarkeit, in: GR III/2, S. 706 sub 6; POHLE, Verfassungsbeschwerde und Normenkontrolle, S. 36 Mitte („Das BVerfGG erwähnt das Rechtsschutzinteresse an verschiedenen Stellen: . . . § 69 das."); das Land Hessen in BVerfGE 13, 54 (62 Mitte); neuerdings auch F. KLEIN, in: MAUNZ u. a., BVerfGG, § 24 Rdnr. 6, unter Zitierung von § 69 BVerfGG; für früher zu Art. 19 Abs. 1 Weimarer Verfassung bereits HOFMANN, Die Verfassungsstreitigkeit innerhalb eines Landes (1933), S. 80 ff. Soweit das RSchB unzutreffend als *ausdrücklich* gefordert bezeichnet wird, ist auf das oben (Dritter Teil, I. Kapitel, § 16 A I, S. 131 f.) bereits Gesagte zu verweisen.

[627] Dritter Teil, I. Kapitel, § 16 A II, S. 132—139. Ausgenommen sind selbstverständlich die Ausführungen über die Prozeßstandschaft nach § 64 Abs. 1 BVerfGG, vgl. §§ 68, 69 BVerfGG.

[628] Das gilt nur für die sog. abhängige Bundesaufsicht; BVerfGE 6, 309 (329/30) und 8, 122 (131). Im übrigen ist die direkte Anrufung des BVerfG zulässig.

[629] Ob es sich hierbei der Sache nach um ein Rechtsmittel oder um Anfechtung (Rügeverfahren = Vorverfahren) handelt, braucht hier nicht entschieden zu werden.

[630] Vgl. MAUNZ-DÜRIG, GG, Art. 84 Rdnr. 71, sowie oben Dritter Teil, I. Kapitel, § 15 B II 1, S. 108 bei und in Anm. 458. In Anbetracht des Fehlens einer verfassungsgerichtlichen Generalklausel wäre es lediglich ein Streit um Worte, wollte man hierin vielmehr eine besondere Zulässigkeitsvoraussetzung erblicken.

2. Das RSchB für einen Bund-Länder-Streit kann wegen Vorhandenseins von möglicherweise einfacheren Rechtsschutzformen[631] bereits begrifflich nie ausgeschlossen sein. Denn die Zuständigkeit des BVerfG für ein solches Verfahren ist seinem Sinne nach in Art. 93 Abs. 1 Nr. 3 GG abschließend geregelt[632].
3. Als neuartige, spezifisch verfassungsprozessuale Typisierung fehlenden RSchB[632a] könnte unter dem Gesichtspunkt außergerichtlicher Streiterledigung[632b] erwogen werden, Bund und Länder die Pflicht[632c] zum Versuch gütlicher Beilegung von Streitigkeiten (z. B. Schlichtung durch rechtskundige Beratung seitens Dritter oder Vereinbarung einer Schiedsgerichtsbarkeit[632d]) oder die Pflicht aufzuerlegen, zunächst selbständig vorzugehen und die Reaktion der Gegenseite abzuwarten — um bei dennoch erhobenem Antrag hierfür das RSchB zu verneinen.

Unter dem Gesichtspunkt des RSchB zu verlangen, zunächst den Machtweg zu beschreiten, ist bereits entgegengetreten worden[632e]. Bei vereinbarter Schiedsgerichtsbarkeit kann nicht die Anwendung des RSchB, sondern allein die Einrede des Schiedsvertrages vom BVerfG erwogen werden[632d]. Aber auch bei fehlendem Versuch, Bund-Länder-Streitigkeiten gütlich beizulegen, sollte allein deshalb das RSchB für einen Antrag an das BVerfG gemäß Art. 93 Abs. 1 Nr. 3 GG nicht verneint werden. Andernfalls bestünde die ernste Gefahr, daß Art. 93 Abs. 1 Nr. 3 GG mit Hilfe des RSchB in seiner Struktur verändert würde: Statt bei „Meinungsverschiedenheiten" wäre die Vorschrift nur noch bei „*unbehebbaren* Meinungsverschiedenheiten" anwendbar. Ein solches Ergebnis sollte allenfalls durch Verfassungs*auslegung* erzielt werden können, keinesfalls durch Anwendung einer Prozeßvoraussetzung.

---

[631] Hierzu s. o. Dritter Teil, I. Kapitel, § 16 A II 2b, S. 136f.

[632] Ebenso GOESSL, Organstreitigkeiten innerhalb des Bundes, S. 179 bei und in Anm. 726 und S. 114 oben; v. MANGOLDT, Das Bonner Grundgesetz, Art. 93 A. 5 (S. 509 Mitte); vgl. aber BVerfGE 1, 14 (30/1) zur Möglichkeit der Überschneidung mit Art. 93 Abs. 1 Nr. 2 GG; dazu BABEL, Probleme der abstrakten Normenkontrolle, S. 26 Anm. 69 mit umfassenden Nachweisen. Die Zuständigkeit des BVerfG gemäß Art. 93 Abs. 1 Nr. 4 Fall 1 GG bezieht sich nicht auf verfassungsrechtliche Streitigkeiten (vgl. BVerfGE 13, 54, 72 g. E.).

[632a] Zur methodischen Rechtfertigung einer möglichen Erweiterung der Typenlehre vgl. oben S. 98 Anm. 428a.

[632b] S. o. § 4 B II 1, S. 33f.; § 15 B II 1, S. 107f.; § 16 A II 2a, S. 134 bis 136.

[632c] Unter Erweiterung des Prinzips der Bundestreue gegebenenfalls; vgl. BVerfGE 12, 205 (254ff.) mit Nachweisen. Die Frage braucht hier indes nicht vertieft zu werden.

[632d] Vgl. bereits oben § 16 A II 2a, S. 135f.

[632e] S. o. § 16 A II 2a, S. 134f.

C. Organstreitigkeiten innerhalb eines Landes

Für Verfassungsstreitigkeiten innerhalb eines Landes kann die Zuständigkeit des BVerfG sowohl nach Art. 93 Abs. 1 Nr. 4 Fall 3 GG als auch nach Art. 99 GG begründet sein. Es ist daher zweckmäßigerweise getrennt zu untersuchen, ob auch für sie das Vorhandensein eines RSchB zu fordern ist.

I. Verfahren nach Art. 93 Abs. 1 Nr. 4 Fall 3 GG

Nach Art. 93 Abs. 1 Nr. 4 Fall 3 GG entscheidet das BVerfG auch über verfassungsrechtliche Organstreitigkeiten innerhalb eines Landes, soweit nicht ein anderer Rechtsweg gegeben ist. Als ein solcher Rechtsweg kommen nur der nach Art. 99 GG an das BVerfG oder der nach Landesrecht an das jeweilige Landesverfassungsgericht[633] in Betracht. Bis auf die Bundesländer Schleswig-Holstein und Berlin haben alle übrigen Länder eigene Verfassungsgerichte errichtet. Gemäß Art. 37 Nr. 1 seiner Landessatzung hat Schleswig-Holstein von der Ermächtigung des Art. 99 GG Gebrauch gemacht und so die Zuständigkeit des BVerfG nach dieser Vorschrift begründet. Der Versuch, denselben Weg für das Land Berlin zu beschreiten[634], scheiterte 1952 am Einspruch der Alliierten. Die Subsidiärzuständigkeit des BVerfG nach Art. 93 Abs. 1 Nr. 4 Fall 3 GG ist wegen der alliierten Berlin-Vorbehalte[635] ebenfalls versperrt, so daß in diesem Bundesland z. Z. noch überhaupt keine richterliche Zuständigkeit für Organstreitigkeiten[636] besteht. Es läßt sich daher mit Fug sagen, daß die Subsidiärzuständigkeit des

---

[633] Vgl. z. B. BVerfGE 10, 331 f.; 6, 367 (374 f.). Die Verfahrensregelungen der Länder für Organstreitigkeiten innerhalb eines Landes vor dem *Landes*verfassungsgericht bilden auch dort, wo sie ausnahmsweise eigene Wege gehen, ganz überwiegend ebenfalls Rechtsschutzverfahren (vgl. GOESSL, a. a. O., S. 31/2), so daß auch dort das Institut des RSchB zur Anwendung gelangen dürfte.

[634] Vgl. den Entwurf eines Gesetzes über den Verfassungsgerichtshof vom 8. 7. 1952, 1. Wahlperiode, Drucksache des Abgeordnetenhauses Nr. 1299.

[635] Die Ziff. 4 des in den Souveränitätsverträgen von 1952/54 (vgl. insbes. Art. 2 des sog. Deutschlandvertrages vom 26. 5. 1952) aufrechterhaltenen Berlin-Vorbehalts des Genehmigungsschreibens der Militärgouverneure zum GG lautet: „Berlin ... may not be governed by the Federation." Vgl. auch BVerfGE 7, 190 (192).

[636] Daß eine Reihe anderer Zuständigkeiten des BVerfG in „Berliner Sachen" sehr wohl besteht (z. B. Art. 93 Abs. 1 Nr. 2, 100 Abs. 1 Satz 1, 100 Abs. 2, 126 GG, Vb gegen übernommene Bundesgesetze und Urteile oberer Bundesgerichte!), sollte jedenfalls seit den Darlegungen von STERN, Probleme der Errichtung eines Verfassungsgerichts in Berlin, DVBl. 1963, 696 ff., bes. 703 f., nicht mehr in Zweifel gezogen werden können.

BVerfG nach Art. 93 Abs. 1 Nr. 4 Fall 3 GG heute nicht praktisch werden kann[637].

Dennoch können und wollen wir uns der Frage nach dem RSchB in diesem Verfahren nicht entziehen. Seine prozessuale Einzelausgestaltung ist durch die §§ 13 Nr. 8, 71—72 BVerfGG geschehen. Hiernach ist die Anlehnung an das Organstreitverfahren innerhalb des Bundes nicht zu übersehen: § 71 Abs. 1 Nr. 3 BVerfGG entspricht einer Kombination von Art. 93 Abs. 1 GG und § 63 BVerfGG einerseits mit § 64 Abs. 1 BVerfGG andererseits; § 64 Abs. 3 das. gilt nach § 71 Abs. 2 das. entsprechend; § 72 Abs. 2 Satz 1 das. regelt den Entscheidungsgegenstand analog zu § 67 Satz 1 das.; schließlich sind auch § 67 Satz 2 und 3 das. entsprechend anzuwenden (§ 72 Abs. 2 Satz 2 das.). Wegen der fast völlig identischen verfahrensrechtlichen Ausgestaltung muß es sich daher hier, wie dort[638], ebenfalls um ein Rechtsschutzverfahren im Sinne unserer Terminologie[639] handeln, so daß auch die Sachentscheidungsvoraussetzung des RSchB grundsätzlich[640] und in den dort angegebenen Fällen[640a] sowie Grenzen zur Anwendung gelangt.

II. Verfahren nach Art. 99 GG

Das BVerfG entscheidet über Organstreitigkeiten innerhalb eines Landes auch dann, wenn der Landesgesetzgeber von der Ermächtigung des Art. 99 GG Gebrauch gemacht hat und so deren Entscheidung ihm im Wege der Organleihe[641] zugewiesen worden ist. Das anzuwendende Verfahrensrecht ist in §§ 13 Nr. 10, 73—75 BVerfGG geregelt.

---

[637] Anders könnte es sein, wenn die Landesregelungen oder die von Schleswig-Holstein vorgenommene Übertragung nach Art. 99 GG hinter der des GG und des BVerfGG zurückblieben (letzteres ist jedoch nicht der Fall; s. u. Dritter Teil, I. Kapitel, § 16 C II, S. 146). Vgl. LECHNER, BVerfGG § 13 Nr. 8 A. 5 d (S. 101) und BVerfGE 4, 375 (377).

[638] S. o. Dritter Teil, I. Kapitel, § 16 A I, S. 130—132.

[639] S. o. Dritter Teil, II. Kapitel, § 7, S. 81—84.

[640] Ebenso GEIGER, BVerfGG, § 24 A. 5 b ff (S. 91): „ausdrücklich" gefordert in § 71 Abs. 1 Nr. 3; ähnlich neuerdings F. KLEIN, in: Maunz u. a., BVerfGG, § 24 Rdnr. 6. Hierüber und dagegen bereits oben Dritter Teil, I. Kapitel, § 16 A I, S. 131. Für früher zu Art. 19 der Weimarer Reichsverfassung vgl. HOFMANN, Die Verfassungsstreitigkeit innerhalb eines Landes (1933), S. 80 ff.

[640a] Ausgenommen sind auch hier die Ausführungen über die Prozeßstandschaft, da deren Zulässigkeit nicht ausdrücklich vorgesehen ist (vgl. § 71 Abs. 1 Nr. 3 BVerfGG: „. . . in *ihren* Rechten . . .").

[641] Damit wird das BVerfG nur Verfassungsgericht *für* ein Land, keinesfalls Verfassungsgericht *des* Landes, es bleibt natürlich Bundesinstanz. Vgl. hierzu STERN, a. a. O., S. 698 r. Sp. bei und in Anm. 34 m. w. N.

Es ist umstritten, ob die von der Ermächtigung des Art. 99 GG Gebrauch machenden Länder die Befugnis haben, im Rahmen der §§ 73—75 BVerfGG eigene Verfahrensregelungen zu treffen[642]. Sollte dies entgegen *Stern*[642] zu bejahen sein, wäre nach *dieser* prozessualen Ausgestaltung zu bestimmen, ob es sich primär um ein „Rechtsschutzverfahren" oder um ein sog. „objektives" Verfahren handelt. Hat der Landesgesetzgeber jedoch wegen des eine ausschließliche Bundeskompetenz[642a] enthaltenden Art. 94 Abs. 2 GG keine Zuständigkeit zu verfahrensrechtlicher Regelung, ist der Verfahrenszweck allein aus der *bundes*rechtlichen Verfahrensausgestaltung zu entnehmen. Danach gilt folgendes: Nach § 74 BVerfGG findet für Inhalt und Wirkung der Entscheidung des BVerfG die Vorschrift des § 72 Abs. 2 BVerfGG entsprechende Anwendung. Das bedeutet, daß praktisch die gesamte Regelung des § 67 BVerfGG auch hier gilt[643]. § 73 Abs. 1 BVerfGG entspricht § 63 BVerfGG. Allerdings wird auf den für die Bestimmung des Verfahrenszwecks besonders wichtigen § 64 Abs. 1 BVerfGG nicht verwiesen[644]. Doch dürfte dies als ein Redaktionsversehen anzusehen und seine entsprechende Anwendbarkeit aus dem Verweis auf § 67 BVerfGG zu schließen sein[645]. Damit ist eine fast völlig identische Verfahrensausgestaltung mit dem Organstreitverfahren innerhalb des Bundes gegeben. Es muß sich daher auch hier, wie dort[646], um ein Rechtsschutzverfahren im Sinne unserer Terminologie[647] handeln, so daß die Sachentscheidungsvoraussetzung des RSchB grundsätzlich[648] und in den dort angegebenen Fällen[648a] sowie Grenzen zur Anwendung gelangt.

---

[642] Dafür anscheinend BVerfGE 4, 31 (36 sub 3). Überzeugend dagegen Stern, BK, Art. 99 Rdnr. 42, 45.

[642a] Stern, a. a. O., Rdnr. 42.

[643] § 67 Satz 1 BVerfGG findet seine Entsprechung in § 72 Abs. 2 Satz 1 BVerfGG (s. o. Dritter Teil, I. Kapitel, § 16 C I, S. 144); § 67 Satz 2 und 3 BVerfGG findet ausdrücklich entsprechende Anwendung nach § 72 Abs. 2 Satz 2 BVerfGG.

[644] Der Verweis in dem 1956 nachträglich eingefügten § 73 Abs. 2 BVerfGG auf § 64 Abs. 3 BVerfGG (Fristvorschrift) ist hier ohne Belang. Hierzu vgl. BVerfGE 4, 31 (36 ff.).

[645] Vgl. Geiger, BVerfGG, § 73 A. 3 (S. 236).

[646] S. o. Dritter Teil, I. Kapitel, § 16 A I, S. 130—132.

[647] S. o. Zweiter Teil, II. Kapitel, § 7, S. 81—84.

[648] Vgl. BVerfGE 1, 208 (230 sub 10). Unrichtig Lechner, BVerfGG, § 13 Nr. 10 A. 2 a (S. 106); vgl. aber auch die Anm. zu § 73 (S. 234).

[648a] Ausgenommen sind auch hier die Ausführungen über die Prozeßstandschaft, da deren Zulässigkeit nicht ausdrücklich vorgesehen ist; vgl. §§ 73, 74, 72 Abs. 2 BVerfGG. Vgl. BVerfGE 1, 208 (229 vor a).

Als einziges[649] Bundesland hat bisher Schleswig-Holstein in Art. 37 Nr. 1 seiner Landessatzung vom 13. 12. 1949 von der Ermächtigung des Art. 99 GG Gebrauch gemacht, ohne indes abweichende Verfahrensregelungen aufgestellt zu haben; Art. 37 Nr. 1 das. ist vielmehr eindeutig dem Art. 93 Abs. 1 Nr. 1 GG nachgebildet[650]. Das Organstreitverfahren vor dem BVerfG für Streitigkeiten innerhalb des Landes Schleswig-Holstein ist daher nur zulässig, wenn für die Anrufung des Gerichts das erforderliche RSchB besteht.

D. Verfassungsstreitigkeiten zwischen verschiedenen Ländern

Unstreitig ist, daß auch für Verfassungsstreitigkeiten zwischen zwei oder mehreren Bundesländern der Rechtsweg zum BVerfG gegeben sein muß. Allerdings haben weder das GG noch das BVerfGG ihrer expressis verbis gedacht. Streit besteht daher darüber, in welchem Verfahren diese Streitigkeiten verfassungsrechtlicher[651] Art zwischen verschiedenen Ländern erledigt werden sollen. Während *Geiger*[652] die Auffassung vertritt, Art. 93 Abs. 1 Nr. 3 GG i. V. m. §§ 13 Nr. 7, 68—70 BVerfGG umfasse in entsprechender Anwendung auch Streitigkeiten zwischen Ländern, ist *Lechner*[653] dafür, sie unter Art. 93 Abs. 1 Nr. 4 Fall 2 GG i. V. m. §§ 13 Nr. 8, 71—72 BVerfGG fallen zu lassen. Eine Entscheidung dieser Streitfrage ist in unserem Zusammen-

---

[649] Über den gescheiterten Versuch des Landes Berlin s. o. Dritter Teil, I. Kapitel, § 16 C I, S. 143.

[650] BVerfGE 1, 208 (219 Mitte). — SCHUMANN, Verfassungs- und Menschenrechtsbeschwerde gegen richterliche Entscheidungen, S. 64 bei und in Anm. 7, scheint diesen Passus mißverstanden zu haben, wenn er ihn als Unterstützung für seine Behauptung heranzieht, es liege eine Anlehnung an Art. 93 Abs. 1 Nr. 2 GG vor.

[651] Streitigkeiten *nicht*verfassungsrechtlicher Art zwischen verschiedenen Ländern werden von Art. 93 Abs. 1 Nr. 4 Fall 2 GG ausdrücklich erfaßt, soweit nicht ein anderer Rechtsweg gegeben ist (vgl. §§ 13 Nr. 8, 71 Abs. 1 Nr. 2, 72 Abs. 1 BVerfGG). Ob die Vorschrift auch so gedeutet werden kann, daß „andere" nur heißt: „andere als die in Nrn. 1—3 genannten verfassungsrechtlichen Streitigkeiten", kann hier dahinstehen. Vgl. sogleich im Text.

[652] BVerfGG, Vorbem. 2 vor § 68 (S. 219 f.). Hiernach dürfen die Verfassungsstreitigkeiten jedoch nur auf Bundesverfassungsrecht beruhen. — Für Art. 93 Abs. 1 Nr. 3 GG spricht, daß es dort nicht heißt: *„zwischen* Bund und Ländern", sondern vielmehr: *„über* Rechte und Pflichten *des* Bundes und *der* Länder". Das sollte daher auch Streitigkeiten über Rechte und Pflichten *zwischen* den Ländern erfassen. Wesentlich dürfte für Art. 93 Abs. 1 Nr. 3 GG nur sein, daß es sich um bundesstaatsrechtliche Streitigkeiten handeln muß.

[653] BVerfGG, § 13 Nr. 7 A. 3 (S. 96/97). Ebenso GOESSL, Organstreitigkeiten innerhalb des Bundes, S. 231 sub 3.

hang jedoch nicht erforderlich[654]. Denn in jedem Fall[655] handelt es sich bei den Land-Land-Streitigkeiten um ein Rechtsschutzverfahren, für dessen Zulässigkeit das Vorhandensein des erforderlichen RSchB verlangt ist[656]. Was die einzelnen Anwendungsfälle des RSchB für Verfassungsstreitigkeiten zwischen verschiedenen Ländern betrifft, gelten die obigen[656a] Ausführungen grundsätzlich auch hier entsprechend.

II. KAPITEL

Überwiegend objektive Verfahren vor dem Bundesverfassungsgericht

Es ist bereits eingehend dargelegt worden[657], daß und warum für die Anwendbarkeit des Instituts des RSchB in solchen Verfahren vor dem BVerfG kein Raum ist, die nicht primär rechtsschutzmäßig, sondern als reine (Verfassungs-)Rechtsbewahrungsverfahren — sog. objektive Verfahren[658] — ausgestaltet sind. Die folgenden abschließenden Ausführungen sind dem Nachweis gewidmet, daß bis auf die Vb[659] und die Verfassungsstreitigkeiten[660] derzeit in keinem anderen Verfahren vor dem BVerfG die Sachentscheidungsvoraussetzung „RSchB" gefordert ist.

§ 17 Echte Rechtsbewahrungsverfahren

A. Abstrakte Normenkontrolle

Nach Art. 93 Abs. 1 Nr. 2 GG i. V. m. §§ 13 Nr. 6, 76—79 BVerfGG entscheidet das BVerfG bei Meinungsverschiedenheiten oder Zweifeln über die förmliche und sachliche Vereinbarkeit von Bundes- oder Landesrecht mit dem GG oder die Vereinbarkeit von Landesrecht mit sonstigem Bundesrecht, und zwar nur auf Antrag der Bundesregierung, einer Landesregierung oder eines Drittels der Mitglieder des Bundestages. Gegenstand der abstrakten Normenkontrolle ist somit die Feststellung[661], daß ein bestimmter Rechtssatz gültig oder

---

[654] In BVerfGE 3, 267 (277 sub 2) ist sie ebenfalls dahingestellt gelassen; sog. Lippischer Schulstreit.

[655] Einerseits s. o. Dritter Teil, I. Kapitel, § 16 B I, S. 140 f., andererseits s. o. Dritter Teil, I. Kapitel, § 16 C I, S. 144.

[656] Ebenso LECHNER, Die Verfassungsgerichtsbarkeit, in: GR III/2, S. 706 sub 6.

[656a] S. o. § 16 A II, S. 132—139; § 16 B II, S. 141 ff.

[657] S. o. Zweiter Teil, II. Kapitel, S. 80—89 (insbes. § 7, S. 81—84).

[658] Dazu näher oben a. a. O., § 7, S. 83.

[659] S. o. Dritter Teil, I. Kapitel, § 15 A, S. 100—103.

[660] S. o. Dritter Teil, I. Kapitel, § 16, S. 129—147.

[661] Vgl. die Tenorierungsvorschrift des § 78 Satz 1 BVerfGG.

ungültig ist, daß er als objektives Recht besteht oder nicht besteht[662]. Es geht folglich allein um die *rein objektiv-rechtliche Frage der Vereinbarkeit zweier Normen miteinander*, so daß Sinn und Zweck des Verfahrens letztlich der Schutz der Verfassung ist[663]. Als ein Verfahren zur Klärung von Zweifelsfragen über Normenkollisionen findet es lediglich im öffentlichen Interesse statt und dient *nicht* dem Schutz einer Rechtsstellung des Antragstellers[664]. Dieser verfolgt keine eigenen Rechte, sondern gibt nur den *Anstoß* zum Verfahren[665]. Dem entspricht auch die verfahrensrechtliche Ausgestaltung, da es nach § 76 BVerfGG für die Zulässigkeit des Antrags genügt, daß einer der Antragsberechtigten Bundes- oder Landesrecht „für nichtig hält" (Nr. 1 das.) oder „für gültig hält" (Nr. 2 das.).

Daraus folgt für unseren Untersuchungsgegenstand: Das abstrakte Normenkontrollverfahren[666] ist der typische Fall eines rein „objektiven" Verfahrens, in dem der Antragsteller nicht durch die Gültigkeit oder Ungültigkeit der betreffenden Norm in seinen Rechten oder rechtlich geschützten Interessen berührt zu sein braucht[667]. Es ist daher

---

[662] TRIEPEL, Streitigkeiten zwischen Reich und Ländern, in: Festgabe für Kahl, S. 68.

[663] BVerfGE 1, 396 (LS 2, 407 a. E.); 2, 213 (217 oben); 2, 307 (311 sub B I). Vgl. BABEL, Probleme der abstrakten Normenkontrolle, S. 11.

[664] BVerfGE 1, 396 (LS 2, 407 a. E., 414 g. E.); 2, 213 (217 oben); 2, 307 (311 sub B I); LECHNER, BVerfGG, § 24 A. B I 5 b (S. 161 oben); ders., Die Verfassungsgerichtsbarkeit, in: GR III/2, S. 706 sub 6; GEIGER, BVerfGG, § 76 A. 9 (S. 246); RENCK, NJW 1965, 1792 r. Sp. vor 1. — Allerdings wird — neben der Kontrolle — auch ein „Schutz" der Legislative gemäß § 76 Nr. 2 BVerfGG mitbewirkt („no contempt of parliament") und zukünftige potentielle (Grund-)Rechtsverletzungen gegenüber dem Bürger werden mittelbar verhütet (insofern ausnahmsweise *präventive* Funktion der abstrakten Normenkontrolle). Eine bloß objektive „Rechtsschutz"-funktion vermag an dem im Text Gesagten jedoch nichts zu ändern. Vgl. oben § 7, S. 81 ff., sowie § 9, S. 87 f.

[665] BVerfGE 1, 208 (219 sub 3); 2, 79 (91 sub V); 2, 143 (176 sub c).

[666] Das sollte auch für dasjenige nach § 47 VwGO gelten (s. u. in Anm. 668 a. E.); so auch jüngst OVG Bremen, DöV 1965, 209 (210). Umfassend hierzu OBERMAYER, DVBl. 1965, 628 ff.; RENCK, JuS 1966, 273 ff.; RUPP, Grundfragen, S. 159 Anm. 163 (subj. Beanstandungsklage).

[667] BVerfGE 1, 208 (219/20); 1, 396 (LS 2, 407 a. E.); 2, 79 (91 sub V); 2, 143 (151 sub a, 156 g. E., 176 sub c); 2, 213 (217 oben); 2, 307 (311 sub B I); 13, 54 (72 g. E., 96 a. E.); GEIGER, a. a. O.; LECHNER, a. a. O., § 13 Nr. 6 A. 6 a (S. 91); GOESSL, Organstreitigkeiten innerhalb des Bundes, S. 173 bei Anm. 706; WAGNER, Zehn Jahre Bundesverfassungsgericht, in: DRiZ 1961, 284 sub III 4; FEDERER, Aufbau, Zuständigkeit und Verfahren des Bundesverfassungsgerichts, in: Das Bundesverfassungsgericht, S. 45 sub II; MENGER, VerwArch 52 (1961), S. 309 nach Anm. 17; ZEIDLER, AöR 86 (1961), S. 381 Anm. 50; BABEL, a. a. O., S. 11. — Ebenso bereits früher W. JELLINEK, Der Schutz des öffentlichen Rechts, in: VVDStRL 2 (1925), S. 37 sub II.

gänzlich verfehlt, wenn immer wieder auch hier das Vorhandensein eines RSchB gefordert wird[668]. Vielmehr ist es per definitionem[669] ausgeschlossen[670]; es *entfällt* ersatzlos[671]. Es kann sich demnach auch um Normen handeln, die die Rechtsposition des Antragstellers selbst nicht unmittelbar berühren.

---

[668] GEIGER, a. a. O., § 24 A. 5b ff., S. 91 („ausdrücklich gefordert"!); DRATH, Grenzen der Verfassungsgerichtsbarkeit, in: VVDStRL 9 (1952), S. 83/4; POHLE, Verfassungsbeschwerde und Normenkontrolle, S. 36 Mitte; MENGER, a. a. O., S. 309 vor Anm. 20; jüngst auch F. KLEIN, in: Maunz u. a., BVerfGG, § 24 Rdnr. 6; ferner Deutsches Obergericht für das Vereinigte Wirtschaftsgebiet, AöR 76, 98 (102 f.); MAUNZ, Deutsches Staatsrecht, § 26 II 3 a ee, S. 247 („besonderes Rechtsschutzinteresse" gefordert); auch BVerfGE 1, 14 (30 oben) spricht zunächst verfehlt vom „rechtlichen Interesse" an „abstrakter Feststellung"; ähnlich ungenau und mißverständlich BVerfGE 6, 104 (110 g. E.). Gegen die Entscheidung des Deutschen Obergerichts frühzeitig und zutreffend W. WEBER in seiner Anmerkung AöR 76, 103 (105/6), sowie HOLTKOTTEN, in: Bonner Kommentar, Art. 93 A. B 2 c β (S. 32), der auch darauf hinweist, daß in den Verhandlungen des Rechtsausschusses des Bundestages der Vertreter des Bundesjustizministeriums auf der ausdrücklichen Aufnahme des „Rechtsschutzinteresses" bestand (52. Sitzung vom 6. 7. 1950, StenProt. Bl. 3 und 8). — Unzutreffend auch VGH Mannheim, Beschl. v. 11. 3. 1963 — II 225/ 62, in: NJW 1963, 1687 (1688 sub 3), der in dem gesetzlichen (!) Zulässigkeitserfordernis des § 47 Satz 2 VwGO, der Antragsteller müsse durch die Anwendung der Vorschrift einen Nachteil erlitten oder in absehbarer Zeit zu erwarten haben, „besondere Erfordernisse des allgemein notwendigen Rechtsschutzinteresses für jeden (!) Antrag" erblickt und von einem „rechtlich anerkannten Interesse an der Prüfung der Rechtsgültigkeit des Rechtssatzes" spricht (äußerst zweifelhaft erscheint übrigens auch das zusätzlich aufgestellte Erfordernis, der Antragsteller dürfe sich nicht dem Nachteil durch freie Entscheidung enziehen können).Wie dort EYERMANN-FRÖHLER, VwGO, § 47 Rdnr. 28, 29; auch BayVwGH Bd. 12, 61 (62 ff.); 12, 95 (97 sub II 1). Ähnlich wie hier VGH Stuttgart v. 23. 1. 1950, in: VerwRspr. 3, 382 (383 f.), der für den früheren § 25 VGG ebenfalls das RSchB nicht für schlechthin entscheidend hielt, sondern vielmehr das Interesse der Allgemeinheit an einer ein für allemal erfolgten Feststellung der Gültigkeit oder Ungültigkeit einer Vorschrift. Zurückhaltend auch VGH München, DVBl. 1965, 294 vor 2; sowie dediziert OVG Bremen, DöV 1965, 209 (210); RENCK, NJW 1965, 1792 r. Sp. vor 1; BABEL, a. a. O., S. 28 f. Die heftig umstrittene Frage — Individualrechtsschutz oder objektives (subjektives?) Beanstandungsverfahren — braucht hier indes nicht entschieden zu werden.

[669] S. o. Erster Teil, II. Kapitel, § 4 D, S. 56—63 (insbes. S. 62 f.) sowie Zweiter Teil, II. Kapitel, § 7, S. 81—84.

[670] Ebenso BVerfGE 1, 396 (407/8); W. WEBER, a. a. O.; HOLTKOTTEN, a. a. O.; LECHNER, BVerfGG, § 24 A. B I 5 b (S. 161); ders., Die Verfassungsgerichtsbarkeit, in: GR III/2, S. 706 sub 6; LECHNER-HÜLSHOFF, Parlament und Regierung, § 13 Nr. 6 A. 2 (Nr. 40, S. 453) sowie § 76 A. 11 (Nr. 40, S. 486); GOESSL, a. a. O., S. 173 a. E.; FEDERER, a. a. O., S. 46 sub 1; neuerdings auch SCHUMANN, Verfassungs- und Menschenrechtsbeschwerde (1963),

Immerhin seien folgende Bemerkungen angeknüpft:

1. Das Erfordernis von „Meinungsverschiedenheiten oder Zweifeln“[671a] im Sinne des Art. 93 Abs. 1 Nr. 2 GG hat die Aufgabe zu verhindern, daß das Gericht mit theoretischen Zweifelsfragen ohne unmittelbar praktischen Hintergrund befaßt wird[672]. Es ist daher vertretbar, die hierfür durch § 76 BVerfGG getroffene nähere Konkretisierung[673] als gesetzlich gefordertes „Entscheidungs- oder *Kontrollbedürfnis*“ zu bezeichnen[674]. Hieran könnte es z. B. fehlen, wenn die Feststellung der Nichtigkeit einer Bundesverordnung wegen Verstoßes gegen das GG beantragt ist, diese aber bereits wegen Verstoßes gegen die Ermächtigung ungültig ist. Denn dann fehlt es an der zu fordernden Erheblichkeit der Meinungsverschiedenheit. All dies hat jedoch mit dem allgemein-prozessualen, technischen Institut des RSchB nichts[675] zu tun!
2. Ein Antrag, der die Überprüfung einer vor oder nach Rechtshängigkeit außer Kraft getretenen Norm verlangt, nach der kein Gericht und keine Behörde mehr entscheiden darf[676], ist jedoch weder wegen fehlenden „Kontrollbedürfnisses“ oder gar mangelnden RSchB[676a],

---

S. 66 bei Anm. 17; Spanner, Festschrift für Jahrreiß, S. 412/3; Renck, JZ 1964, 250 sub III 1; Babel, a. a. O., S. 29, 51, 89. Für früher zu Art. 13 Weimarer Verfassung bereits ebenso Flad, Verfassungsgerichtsbarkeit und Reichsexekution, S. 40: „Den Nachweis eines besonderen rechtlichen Interesses für die Anrufung braucht sie (sc. die Reichs- oder Landeszentralbehörde) im Rechtsstreit nicht zu führen.“

[671] Nicht dagegen wird es „vom Gesetz unterstellt“, wie Goessl (a. a. O.) meint. Unzutreffend ferner die Ansicht von Lechner, BVerfGG, a. a. O., „Meinungsverschiedenheiten oder Zweifel“ erfüllten für den Prozeß eine ähnliche Funktion wie das „Rechtsschutzbedürfnis“. Welche gemeint sein soll, wird zudem nicht mitgeteilt. Vgl. hierzu sogleich im Text.

[671a] Vgl. hierzu bereits oben S. 88 Anm. 385a mit Verweisungen.

[672] Vgl. Lechner, a. a. O., § 13 Nr. 6 A. 6b (S. 92).

[673] Deren Gültigkeit jedoch nicht völlig außer Zweifel steht: vgl. Lechner, a. a. O., § 76 A. 3 (S. 237); BVerfGE 6, 104 (110 g. E.) läßt die Frage dahingestellt; verneinend Goessl, a. a. O., S. 173/4 Anm. 708; Zeidler, Gedanken zum Fernseh-Urteil, in: AöR 86 (1961), 381; Renck, Zur Verfassungsmäßigkeit von § 76 BVerfGG, in: JZ 1964, 249 ff. (251).

[674] So Goessl, a. a. O., S. 173 g. E. — Vgl. auch Renck, JZ 1964, 250 sub III 2.

[675] Es ist daher zumindest äußerst ungenau und mißverständlich, wenn BVerfGE 6, 104 (110 g. E.) meint, „ein Antrag auf abstrakte Normenkontrolle“ sei „nur bei Vorliegen eines besonderen objektiven Interesses (!) an der Klarstellung der Geltung einer Norm zulässig“. Das hat neuerdings Schumann, a. a. O., S. 65 a. E., übernommen.

[676] In BVerfGE 5, 25 (28 sub B) war das angegriffene Apothekenstoppgesetz zwar nach Rechtshängigkeit außer Kraft getreten, äußerte jedoch noch Rechtswirkungen, z. B. auf schwebende Verwaltungsstreitverfahren.

[676a] So jedoch neuerdings wohl Schumann, a. a. O., S. 65 Anm. 16.

sondern allein wegen § 76 BVerfGG unzulässig (vgl. das Wort „Bundes*recht*" in Nr. 1 und 2 das.). Denn hiernach sind Vorschriften vorausgesetzt, die mit dem Anspruch auftreten, schon und noch geltende — d. h. formell in Kraft befindliche — Rechtssätze zu sein[677]. Bereits aus demselben Grunde ist auch die abstrakte Normenkontrolle gegen Norm*entwürfe* oder Gesetzesbeschlüsse — also die sog. vorbeugende Normenkontrolle — unzulässig[678].

3. Die Fragen der Konkurrenz zwischen abstrakter Normenkontrolle und Verfassungsstreitverfahren sind bereits in anderem Zusammenhang unter dem Gesichtspunkt des RSchB untersucht worden[679].
4. Schließlich ein Wort zur Antragsbefugnis des Bundeslandes Berlin. Zumindest seit den Ausführungen von *Stern*[680] sollte kein Zweifel mehr daran möglich sein, daß das BVerfG tätig werden darf und muß, wenn der Senat von Berlin von seinem Antragsrecht nach Art. 93 Abs. 1 Nr. 2 GG Gebrauch macht. Diese Rechtslage kann nun nicht durch die Hintertür auf verfahrensrechtlichem Wege wieder beseitigt werden, indem man bezüglich von Bundesgesetzen ohne die sog. Berlin-Klausel (z. B. die Wehrgesetze) bei gegebenen „Meinungsverschiedenheiten oder Zweifeln" über die Gültigkeit einer solchen Norm dem Land Berlin das „Kontrollbedürfnis" oder gar — auch prozessual abwegig — das RSchB abspricht[681]. Ganz abgesehen davon, daß eine solche Ansicht auch in tatsächlicher Hinsicht[681a] sich wohl fast nie halten ließe, würde sie vor allem auf eine unzulässige, verfassungswidrige Verkürzung der Bundesstaatsqualität des Landes Berlin hinauslaufen, da sie von den alliierten Vorbehalten[682] nicht gedeckt wäre.

B. Abstrakte Normenqualifikation

Nach Art. 126 GG i. V. m. §§ 13 Nr. 14, 86 Abs. 1, 87, 89 BVerfGG entscheidet das BVerfG über das Fortgelten von Recht als Bundes-

---

[677] BVerfGE 1, 396 (406 g. E., 409 Mitte, 410 sub 5); Geiger, BVerfGG, § 76 A. 5 (S. 242); Goessl, a. a. O., S. 219 bei Anm. 873.

[678] Eine Ausnahme soll für die sog. Vertragsgesetze nach Art. 59 Abs. 2 Satz 1 GG gelten; vgl. BVerfGE 1, 396 (413 sub 3).

[679] S. o. Dritter Teil, I. Kapitel, § 16 A II 2b, S. 136f.

[680] Stern, Probleme der Errichtung eines Verfassungsgerichts in Berlin, in: DVBl. 1963, 703 r. Sp. oben.

[681] Dazu könnte BVerfGE 6, 104 (110 g. E.) verleiten, wenn dort das Vorliegen eines „besonderen objektiven Interesses" an der Klarstellung der Geltung einer Norm gefordert wird. Zudem ist diese Formulierung als unzutreffend abzulehnen (s. o. im Text, S. 149 bei und in Anm. 668).

[681a] Der Wegfall der alliierten Vorbehalte ist ja nicht ausgeschlossen; dann aber gelten die Wehrgesetze usw. auch in Berlin ohne weiteres.

[682] Siehe dazu bereits oben Dritter Teil, I. Kapitel, § 16 C I, S. 143/4.

recht. Damit ist dem Gericht eine besondere Art der abstrakten Normenkontrolle zur Entscheidung übertragen[683]. Zwar wird hier nicht kontrolliert, ob eine Norm gültig oder ungültig ist, sondern es ist die Prüfung ermöglicht, ob ein *geltender* Rechtssatz als *Bundes*recht fortgilt. Nach § 87 Abs. 1 BVerfGG setzt die Zulässigkeit des Antrags lediglich voraus, daß von der Entscheidung die Zulässigkeit einer bereits vollzogenen oder unmittelbar bevorstehenden Maßnahme abhängig ist. Auch dieses Erfordernis hat als die verfahrensrechtliche Umsetzung der „Meinungsverschiedenheiten" in Art. 126 GG nur die Funktion, das BVerfG nicht mit theoretischen Zweifelsfragen ohne praktischen Hintergrund zu belasten, läßt sich somit allenfalls als gesetzlich normiertes „Entscheidungs- oder Kontrollbedürfnis"[684] bezeichnen. Sowohl nach Aufgabe und prozessualer Ausgestaltung handelt es sich daher auch hier um ein rein objektives Verfahren[685], für dessen zulässige Einleitung keineswegs ein RSchB zu bestehen braucht[686]. Dieses ist begrifflich ausgeschlossen und entfällt.

C. Wahlprüfungsbeschwerde

Nach Art. 41 Abs. 2 GG i. V. m. §§ 13 Nr. 3, 48 BVerfGG ist das BVerfG zur Entscheidung berufen über „Beschwerden"[687] gegen Entscheidungen des Bundestages in Wahlprüfungssachen, d. h. solche, die die Gültigkeit einer Wahl zum Bundestag (§ 1 Abs. 1 Wahlprüfungsgesetz vom 12. 3. 1951) oder den Erwerb oder nachträglichen Verlust des Mandats eines Abgeordneten beim Bundestag (Art. 41 Abs. 1 Satz 2 GG i. V. m. § 15 Satz 1 Wahlprüfungsgesetz sowie §§ 46 ff. Bundeswahlgesetz vom 7. 5. 1956) betreffen.

Nach einhelliger Auffassung[688] ist Ziel dieses Verfahrens nicht der Schutz subjektiver Rechte z. B. des einzelnen Wählers, Kandidaten oder Abgeordneten, sondern allein die Gewährleistung der gesetz-

---

[683] GEIGER, a. a. O., Vorbem. 2 vor § 86 (S. 267); MAUNZ, Deutsches Staatsrecht, § 26 II 3 b (S. 249) und 3 b dd (S. 253).

[684] Hierzu s. o. Dritter Teil, II. Kapitel, § 17 A, S. 150.

[685] GEIGER, a. a. O.

[686] Unzutreffend daher GEIGER, a. a. O., § 24 A. 5 b ff. (S. 91; „RSchI . . . ausdrücklich gefordert . . . nach § 87") und § 87 A. 1/2 (S. 269; „§ 87 Abs. 1 fordert den Nachweis . . . eines besonderen Rechtsschutzinteresses"); LECHNER, BVerfGG, § 86 zu Abs. 1 (S. 252), wonach „§ 86 Abs. 1 (!) auch ein besonderes Rechtsschutzbedürfnis" verlange, sowie ebenso § 87 zu Abs. 1 (S. 254); POHLE, Verfassungsbeschwerde und Normenkontrolle, S. 36 Mitte; LECHNER-HÜLSHOFF, Parlament und Regierung, § 86 A. 1 (Nr. 40, S. 491) im Gegensatz zu § 87 A. 1 ebda.; jüngst auch F. KLEIN, in: Maunz u. a., BVerfGG, § 24 Rdnr. 6.

[687] Es dürfte sich um die Eröffnung einer zweiten Instanz, d. h. um ein Rechtsmittel, handeln. So BVerfGE 2, 300 (305 oben); wohl auch MAUNZ-DÜRIG, GG, Art. 41, Rdnr. 15.

mäßigen Zusammensetzung des Bundestages, d. h. die Einhaltung des objektiven Rechts. Dieser Aufgabe entspricht auch die Verfahrensausgestaltung sowohl des Wahlprüfungsgesetzes (vgl. die Auswahl der Einspruchsberechtigten nach § 2 Abs. 2 das.) als auch von § 48 BVerfGG. Ein Unterschied zwischen dem Wahlprüfungsverfahren im engeren Sinne[689] und dem Mandatsverlustverfahren besteht nicht (vgl. § 15 a. a. O.)[690]. Es handelt sich folglich um ein rein objektives Verfahren[691], in dem für die Sachentscheidungsvoraussetzung des RSchB keinerlei Raum ist[692].

§ 18 Zwischenverfahren zur Vorfrageentscheidung für andere gerichtliche Verfahren

Die hier in Frage kommenden verschiedenen Zwischenverfahren sollen aus Gründen der Übersichtlichkeit getrennt behandelt werden.

A. Konkrete Normenkontrolle

I. Verfahren nach Art. 100 Abs. 1 GG

Nach Art. 100 Abs. 1 GG i. V. m. §§ 13 Nr. 11, 80—82 BVerfGG haben die Gerichte ein bei ihnen anhängiges Verfahren auszusetzen und die Entscheidung des BVerfG einzuholen, wenn sie ein Gesetz, auf dessen Gültigkeit es bei ihrer Entscheidung ankommt, positiv für ver-

---

[688] Vgl. LECHNER, BVerfGG, ErgänzErl. 2 zu § 48 (S. 68); MAUNZ-DÜRIG, a. a. O., Art. 41 Rdnr. 6 (m. w. N. in Anm. 1 und 2); BVerfGE 1, 208 (238 oben); 1, 430 (432/3). — Ebenso bereits früher W. JELLINEK, Der Schutz des öffentlichen Rechts, in: VVDStRL 2 (1925), S. 38 oben. — A. A. neuerdings SCHUMANN, Verfassungs- und Menschenrechtsbeschwerde gegen richterliche Entscheidungen (1963), § 16, S. 56 ff.

[689] Zu den terminologischen Fragen eingehend MAUNZ-DÜRIG, a. a. O., Art. 41 Rdnr. 1—4. Überhaupt zu Fragen des Wahlrechtsschutzes GOESSL, Organstreitigkeiten innerhalb des Bundes, S. 109—113 und S. 134/5.

[690] Vgl. auch MAUNZ-DÜRIG, a. a. O., Art. 41 Rdnr. 10 („Unterscheidung . . . ohne praktische Bedeutung").

[691] So ausdrücklich BETTERMANN, Zur Verfassungsbeschwerde gegen Gesetze, in: AöR 86, 144 oben. Wohl auch BVerfG a. a. O. — SCHUMANN, a. a. O., erkennt zwar den „vornehmlich objektiven Zweck" (S. 56 a. E.) an, sieht jedoch daneben eine „teilweise subjektive Zielsetzung" (S. 58 oben) gegeben. Die Begründung mit dem angeblich geforderten RSchB enthält einen Zirkelschluß, da seine Anwendbarkeit ja gerade erst von dem Charakter des Verfahrens abhängig ist.

[692] Vgl. ähnlich LECHNER, a. a. O.: „Eine materielle Beschwer . . . ist für den Erfolg nicht notwendig"; ähnlich auch § 48 A. 1 b (S. 207 g. E.); in § 48 A. 12 (S. 208) ist nicht das technisch verstandene RSchB gefordert, wie sich aus dem Schlußsatz ergibt. A. A. GEIGER, BVerfGG, § 48 A. 2; Bad.-Württ.StGH, DöV 1961, 744 (745); SCHUMANN, a. a. O., S. 58 oben.

fassungswidrig oder wenn sie ein Landesgesetz positiv für unvereinbar mit sonstigem Bundesrecht halten.

Die konkrete Normenkontrolle bildet zusammen mit der abstrakten nach Art. 93 Abs. 1 Nr. 2 GG ein trotz aller Verschiedenheit im Grunde einheitliches Rechtsinstitut[693], wobei jedes Verfahren nur eine der beiden Grundformen der prinzipalen Normenkontrolle darstellt[694]. Bereits daraus folgt, daß die für sie maßgeblichen Regeln grundsätzlich einheitlich gelten müssen. Unabhängig davon ist darauf zu verweisen, daß die konkrete Normenkontrolle ihrer Funktion nach überwiegend ein Instrument zur Klärung und Gewährleistung des objektiven Rechts ist. Hierbei ist ohne Gewicht, daß sie nicht selten mittelbar auch der subjektiven Rechtsposition zumindest einer der vor dem vorlegenden Gericht streitenden Parteien dienen mag. Ebensowenig steht entgegen, daß das BVerfG[695] in der Konzentration der Normenkontrolle bei diesem Gericht eine Maßnahme mit vornehmlich staatspolitischer Zielsetzung — nämlich zum Schutze des Gesetzgebers vor ungerechtfertigter Beeinträchtigung durch die Gerichte („no contempt of parliament"!) — erblickt.

Wie das abstrakte Normenkontrollverfahren[696] ist daher auch die konkrete Normenkontrolle als ein überwiegend objektives Verfahren zum Schutz der Verfassung zu kennzeichnen[697]. Für das Erfordernis des RSchB ist bereits deshalb keinerlei Raum; es entfällt[697a]. Außerdem ist darauf hinzuweisen, daß in diesem unselbständigen Verfahren überhaupt kein Antragsteller vorhanden ist, zu dessen Lasten das etwaige Fehlen des RSchB gehen könnte. Die vom BVerfG aus naheliegenden Gründen geforderte „Entscheidungserheblichkeit" eines Gesetzes[698] ist

---

[693] Geiger, BVerfGG, Vorbem. 1 vor § 80 (S. 254), unter Hinweis auf Brill, sten. Prot. der 52. Sitzung des Bundestagsrechtsausschusses, S. 3.

[694] Zu beachten ist u. a. freilich, daß es sich bei der konkreten Normenkontrolle um ein überhaupt nicht selbständiges Verfahren handelt.

[695] BVerfGE 1, 184 (197/8); 2, 124 (128/9).

[696] S. o. Dritter Teil, II. Kapitel, § 17 A, S. 147—151.

[697] Übereinstimmend Geiger, a. a. O., § 82 A. 1 (S. 259); Lechner, BVerfGG, § 82 zu Abs. 2 (S. 249); ders., Die Verfassungsgerichtsbarkeit, in: GR III/2, S. 664 a. E., 665 Mitte; Pfeiffer, Verfassungsbeschwerde in der Praxis, S. 306 sub III. — Menger, System des verwaltungsgerichtlichen Rechtsschutzes, S. 45 in Anm. 20, sieht zu Unrecht einen Gegensatz zwischen „Inzidentverfahren" und „objektivem Verfahren".

[697a] Wie hier neuerdings Spanner, Festschrift für Jahrreiß, S. 413 vor III; a. A. dagegen jüngst F. Klein, in: Maunz u. a.., BVerfGG, § 24 Rdnr. 6, der auf § 86 Abs. 2 BVerfGG (!) verweist.

[698] So die ständige Rspr. Vgl. die Zusammenstellung in BVerfGE 7, 171 (175) sowie 10, 251 (255); 10, 258 (261); 11, 330 (334/5); 12, 151 (173). Zum ganzen ausführlich zuletzt Schlitzberger, Die Entscheidungserheblichkeit des Gesetzes bei einer Vorlage nach Art. 100 Abs. 1 GG, in: NJW 1963, S. 1901 ff., mit umfassenden Nachweisen.

zwar ebenfalls u. a.[699] eine „Voraussetzung für eine sachliche Prüfung der Vorlage“[700], doch hat dieses Zulässigkeitserfordernis mit dem RSchB nicht gemein.

II. Verfahren nach Art. 100 Abs. 3 GG

Nach Art. 100 Abs. 3 erster Halbsatz GG i. V. m. §§ 13 Nr. 13, 85 BVerfGG haben die Verfassungsgerichte der Länder die Entscheidung des BVerfG einzuholen, wenn sie bei der Auslegung des GG von einer Entscheidung des BVerfG oder eines anderen Landesverfassungsgerichts abweichen wollen. Dieses Verfahren, das demjenigen ähnelt, welches z. B. bei der Herbeiführung einer Entscheidung des Großen Senats für Zivil- oder Strafsachen beim Bundesgerichtshof beobachtet wird (§ 136 Abs. 1 GVG), ist in erster Linie im Interesse der Einheitlichkeit der Rechtsanwendung eingeführt worden[701]. Es ist kein Verfahren zur Austragung von Kompetenzstreitigkeiten zwischen dem BVerfG und den Verfassungsgerichten der Länder[702]. Es dient daher — wie das Verfahren nach Art. 100 Abs. 1 GG[703] — ganz überwiegend dem Schutz des objektiven Rechts[704]. Das Erfordernis des RSchB hat in ihm bereits deshalb keinerlei Raum[704a].

B. Konkrete Normenqualifikation

I. Verfahren nach Art. 126 GG

Nach § 86 BVerfGG sind zwei Wege zur Einleitung eines Verfahrens nach Art. 126 GG i. V. m. §§ 13 Nr. 14, 86—89 BVerfGG zur Klärung von Meinungsverschiedenheiten über das Fortgelten von Recht als Bundesrecht gegeben: Neben der Auslösung durch einen

---

[699] Daneben ist sie Voraussetzung schon für den Erlaß des Vorlagebeschlusses als solchen.

[700] BVerfGE 3, 225 (236 sub 3).

[701] BVerfGE 3, 261 (265 Mitte); GEIGER, a. a. O., § 13 A. 18 (S. 46 oben); LECHNER, BVerfGG, § 13 Nr. 13 A. 1 (S. 117).

[702] BVerfGE 3, 261 (267).

[703] S. o. Dritter Teil, II. Kapitel, § 18 A I, S. 153—155.

[704] Übereinstimmend LECHNER, Die Verfassungsgerichtsbarkeit, in: GR III/2, S. 665 Mitte.

[704a] Ebenso neuerdings SCHUMANN, Verfassungs- und Menschenrechtsbeschwerde (1963), S. 68 Mitte.

[705] S. o. Dritter Teil, II. Kapitel, § 17 B, S. 151 f. Bei der Auslassung des „Bundestages“ in § 87 Abs. 1 BVerfGG (im Gegensatz zu § 86 Abs. 1 das.) dürfte es sich um ein Redaktionsversehen handeln.

Antrag bestimmter privilegierter Antragsteller gemäß § 86 Abs. 1 BVerfGG[705] ist das BVerfG auch auf Vorlage eines Gerichts nach §§ 86 Abs. 2, 80 BVerfGG[706] hierüber zur Entscheidung berufen.

Ein solches konkretes Normenqualifikationsverfahren kann in unserem Zusammenhang nicht anders beurteilt werden als die konkrete Normenkontrolle oder auch die abstrakte Normenqualifikation. Es handelt sich auch hier um ein objektives Verfahren[707]; das Erfordernis des RSchB ist begrifflich ausgeschlossen und entfällt[707a].

II. Verfahren nach Art. 100 Abs. 2 GG

Die Aufgabe des BVerfG in dem Verfahren nach Art. 100 Abs. 2 GG i. V. m. §§ 13 Nr. 12, 83—84 BVerfGG ist die „Beantwortung der abstrakten Frage, ob eine von dem vorlegenden Gericht zu formulierende Regel Bestandteil des allgemeinen Völkerrechts im Sinne des Art. 25 GG und als solche infolge der Transformationswirkung dieses Artikels Bundesrecht ist"[708]. Das Gericht soll also eine einheitliche Rechtsprechung darüber gewährleisten, ob Regeln des Völkerrechts Bestandteil des Bundesrechts sind[709]. Für die Zulässigkeit der Vorlage genügen „Zweifel" (Art. 100 Abs. 2 GG: „zweifelhaft") des Gerichts oder irgendeines Prozeßbeteiligten[709a]. Es ist hiernach offensichtlich, daß es sich um ein rein objektives Verfahren handelt[710], in dem für unseren Untersuchungsgegenstand kein Raum ist[710a].

§ 19 Strafrechtsähnliche und Anklageverfahren

Unter der Vielzahl der dem BVerfG zur Entscheidung übertragenen Zuständigkeiten finden sich schließlich auch solche, die — z. T. mit langer staatsrechtlicher Tradition, zum anderen aber auch Ergebnis der jüngsten Verfassungsentwicklung in Deutschland — etwas am Rande

---

[706] Die Grundgesetzmäßigkeit dieses Verfahrens ist im Hinblick auf den Umfang der Einschränkung des richterlichen Prüfungsrechts durch Art. 100 Abs. 1 GG nicht unbestritten. Vgl. GOESSL, Organstreitigkeiten innerhalb des Bundes, S. 230 in Anm. 909 m. w. N.; BVerfGE 4, 358 (368 sub 1). Über das Verhältnis beider Verfahren zueinander im übrigen, vgl. BVerfGE 4, 214 (216 sub II); Beschl. v. 7. 5. 1963 — 2 BvL 8/63, in: NJW 1963, 1347 (1349 a. E. sub B 2 c). Zu dem Erfordernis des „‚streitig' und erheblich" in § 86 Abs. 2 BVerfGG, vgl. BVerfGE 4, 358 (369/70).

[707] Übereinstimmend GEIGER, a. a. O., Vorbem. 2 vor § 86 (S. 267).

[707a] A. A. neuerdings F. KLEIN, in: Maunz u. a., BVerfGG, § 24 Rdnr. 6.

[708] WENGLER, Anmerkung zu BVerfGE 15, 25 ff., in: NJW 1963, 435 l. Sp. a. E.

[709] BVerfGE 15, 25 (33 vor 4).

[709a] A. A. BFH, NJW 1964, 1296 (LS c).

[710] So wohl auch LECHNER, a. a. O., S. 666 vor 2.

[710a] A. A. F. KLEIN, a. a. O.

der heutigen Verfassungsgerichtsbarkeit stehen. Es sind dies die Verfahren der Präsidenten-[711] und Richteranklage[712] sowie das Parteiverbots-[713] und Grundrechtsverwirkungsverfahren[714]. In keinem dieser Verfahren geht es um den Schutz verletzter oder gefährdeter Rechte oder Pflichten, sondern um die Untersuchung verfassungsschädlichen Verhaltens, d. h. unter verschiedenen Aspekten stets um die Aufrechterhaltung der objektiven (Verfassungs-)Rechtsordnung. Wenn in ihnen auch durchweg ähnlich dem normalen Strafverfahren starke verfahrensrechtliche Kautelen zum Schutze der betroffenen Personen oder Partei eingebaut sind, so vermag dies — wie in diesem[715] — keine Abweichung hiervon zu begründen. Das Erfordernis des RSchB ist daher in den genannten Verfahren für keine denkbare Erwirkungshandlung gefordert[715a].

III. KAPITEL

§ 20 Die einstweilige Anordnung

Schließlich ein Wort zu der allgemeinen Verfahrensnorm[716] des § 32 BVerfGG, wonach unter bestimmten besonderen Voraussetzungen das BVerfG einen Zustand durch einstweilige Anordnung vorläufig regeln kann[717].

---

[711] Vgl. Art. 61 GG i. V. m. §§ 13 Nr. 4, 49—57 BVerfGG.

[712] Vgl. Art. 98 Abs. 2 und 5 GG i. V. m. §§ 13 Nr. 9, 58—62 BVerfGG.

[713] Vgl. Art. 21 Abs. 2 GG i. V. m. §§ 13 Nr. 2, 43—47 BVerfGG.

[714] Vgl. Art. 18 Satz 2 GG i. V. m. §§ 13 Nr. 1, 36—42 BVerfGG.

[715] Weder das normale Strafverfahren noch das Privatklageverfahren kennen das Erfordernis des RSchB. Vgl. STEPHAN, Rechtsschutzbedürfnis auch im Strafprozeß?, in: NJW 1966, 2394 f. Nichts anderes hat m. E. für das Adhäsionsverfahren nach §§ 403 ff. StPO zu gelten (vgl. dazu BERNHARDT, Rechtsstreit, § 4 II 4, S. 19, sowie § 7 I, S. 32 g. E.). — A. A. für den Fall einer Berichtigungsbeschwerde während des Revisionsverfahrens OLG Hamburg, NJW 1966, 362 = JZ 1966, 150 (LS). Hier hätte besser mit der (straf)prozessualen Überholung gearbeitet werden sollen (dazu oben S. 68 ff.). Im übrigen kann und muß das Strafverfahren, da es sich nicht in Individualrechte auflösen läßt, im Rechtsmittelbereich — neben der Statthaftigkeit, Form- und Fristgerechtheit — mit der Beschwer (vgl. SCHWARZ-KLEINKNECHT, StPO, 26. Aufl. 1966, Bem. 4 vor § 296) auskommen. Eine Parallele zum RSchB bietet allenfalls das „als berechtigt anzuerkennende Vergeltungsbedürfnis" im Klageerzwingungsverfahren (hierzu MOLLER, NJW 1966, 1253 f.). Nicht eindeutig R. SCHNEIDER, RSchB im Verfahren der Vb, ZZP 79, 6 Anm. 5.

[715a] Dies gilt selbstverständlich auch für einen gemäß § 61 Abs. 1 und 2 BVerfGG gestellllten Wiederaufnahmeantrag. A. A. für die zivilprozessualen Wiederaufnahmeklagen SCHÖNKE, Rechtsschutzbedürfnis, S. 14 oben und 54. Vgl. auch BGH — Urt. v. 20. 3. 1963, IV ZR 147/62 — in: NJW 1963, 1353 (1354 l. Sp.). — Verfehlt KOEHLER, Verfahren und Gerichtsverfassung, DöV 1963, 750 sub 7, 352, der behauptet, daß „bei den Anklageverfahren ein Rechtsschutzinteresse festgestellt werden" müsse.

Wie bei der Zwangsvollstreckung nach Zivilprozeßrecht[718] ist auch hier grundsätzlich festzustellen, daß für den Antrag auf Erlaß einer einstweiligen Anordnung ein RSchB bestehen muß[719]. Doch liegt es in der Natur dieses Verfahrens begründet, daß das Erfordernis des RSchB dann nicht gefordert sein kann, wenn es auch nicht im Hauptverfahren zu bestehen braucht. Demnach muß es nur dann vorliegen, wenn es sich beim Hauptverfahren um eine Verfassungsbeschwerde[719a] oder eine Verfassungsstreitigkeit handelt. Dabei wird ein strenger Maßstab anzulegen sein[720], da sich das BVerfG[721] bei dem Erlaß einer einstweiligen Anordnung mit Recht „größte Zurückhaltung" auferlegt.

---

[716] BVerfGE 12, 36 (39 sub B I); 1, 281 (282).

[717] Zu der umstrittenen Zulässigkeit einstweiliger Anordnungen durch den RStGH in Weimar s. o. Zweiter Teil, II. Kapitel, § 8, S. 85 f.

[718] Vgl. z. B. GOLDSCHMIDT, Zivilprozeßrecht, 1. Auflage (1929), § 115 Nr. 1 a β, S. 327; SCHÖNKE, Das Rechtsschutzbedürfnis, S. 74 ff.; SCHÖNKE-SCHRÖDER-NIESE, Zivilprozeßrecht, § 94 VI, S. 445 oben m. w. N.; ROSENBERG, Zivilprozeßrecht, § 214 I 4, S. 1106; BAUMBACH-LAUTERBACH, ZPO, § 935 A. 1 A; THOMAS-PUTZO, ZPO, Vorbem. VII 2 f vor § 704.

[719] Davon scheint auch das BVerfG auszugehen, wenn es in E 4, 110 (113 vor III) erklärt hat, „für die bloße Wiederholung eines bereits abgelehnten Antrages würde kein Rechtsschutzbedürfnis bestehen". In der Sache ist dieser Begründung mit dem RSchB entschieden zu widersprechen; die *Rechtskraft*einrede ist die dogmatisch zutreffende Schranke (s. o. Erster Teil, II. Kapitel, § 4 B II 2 c, S. 37, 112 Anm. 474a)! Vgl. auch BVerfGE 7, 367 (371: schnelle Hauptsachentscheidung); 11, 339 (343 vor 4); 15, 77 (79 a. E.).

[719a] So wohl auch SCHLITZBERGER, Einstweilige Anordnungen des BVerfG im Einzelinteresse, JR 1965, 404 (406 r. Sp.), mit näherer Erörterung der übrigen Zulässigkeitserfordernisse und Nachweisen.

[720] So die ständige Rechtsprechung des Gerichts. Vgl. BVerfGE 3, 34 (37); 3, 41 (44); 6, 1 (4 vor 2); 7, 367 (371); 11, 102 (104); 11, 306 (308/9); 12, 36 (39 sub II); 12, 276 (279 sub B I); 18, 151 (153 sub II).

[721] E 11, 102 (104); 18, 151 (153 sub II).

PERSONENREGISTER

Die Zahlen bezeichnen die Seiten, „N" nennt die Fußnote auf der angegebenen Seite.

SACHREGISTER

Die Zahlen bezeichnen die Seiten, „N" nennt die Fußnote auf der angegebenen Seite. „Art." und „§" bedeuten Vorschriften des GG bzw. des BVerfGG. „RSchB" steht für Rechtsschutzbedürfnis.

A

B

G

H

I

J

K

L

M

N

O

P

S

W

Z

FSC
www.fsc.org
MIX
Papier | Fördert gute Waldnutzung
FSC® C083411

Kolibri 360 GmbH
Ferdinand-Jühlke-Straße 7
99095 Erfurt, Deutschland
produktsicherheit@kolibri360.de